普通高等院校"十三五"规划教材

国际结算与贸易融资

GUOJI JIESUAN YU MAOYI RONGZI

陈　琳　徐桂华　李顺萍◎主　编
刘　琳　焦习燕　寻晶晶　陈湘杰◎副主编

清华大学出版社
北　京

内 容 简 介

本书全面、系统地阐述了国际结算与贸易融资的基本理论、基础知识和实务操作技能，内容丰富、应用性和实用性强，并能反映当前国际结算发展的新趋势和新变化。本书共 10 章，主要内容有国际结算概述、国际结算工具(票据)、国际结算方式(汇款、托收、信用证、银行保函与备用信用证)、国际结算中的单据、国际贸易融资、跨境贸易人民币结算，以及跨境电商支付与结算。此外，各章均设有本章学习要点、导入案例、知识拓展、拓展案例、思考与练习等内容，便于老师的教学和学生的自学。

本书适合普通高等院校国际经济与贸易、国际金融等专业的学生使用，也可作为银行、进出口企业相关人员的参考用书和培训教材。

本书封面贴有清华大学出版社防伪标签，无标签者不得销售。
版权所有，侵权必究。举报：010-62782989，beiqinquan@tup.tsinghua.edu.cn。

图书在版编目(CIP)数据

国际结算与贸易融资 / 陈琳，徐桂华，李顺萍主编．—北京：清华大学出版社，2018(2025.1重印)
(普通高等院校"十三五"规划教材)
ISBN 978-7-302-49653-3

Ⅰ.①国… Ⅱ.①陈… ②徐… ③李… Ⅲ.①国际结算-高等学校-教材 ②国际贸易-融资-高等学校-教材 Ⅳ.①F830.73 ②F831.6

中国版本图书馆 CIP 数据核字(2018)第 033871 号

责任编辑：刘志彬
封面设计：汉风唐韵
责任校对：宋玉莲
责任印制：刘海龙

出版发行：清华大学出版社
网　　址：https://www.tup.com.cn, https://www.wqxuetang.com
地　　址：北京清华大学学研大厦 A 座　　邮　编：100084
社 总 机：010-83470000　　邮　购：010-62786544
投稿与读者服务：010-62776969, c-service@tup.tsinghua.edu.cn
质量反馈：010-62772015, zhiliang@tup.tsinghua.edu.cn
印 装 者：三河市人民印务有限公司
经　　销：全国新华书店
开　　本：185mm×260mm　　印　张：15　　字　数：348 千字
版　　次：2018 年 2 月第 1 版　　印　次：2025 年 1 月第 8 次印刷
定　　价：42.00 元

产品编号：075562-01

前 言

随着全球贸易自由化的不断加深,国际结算的经济、技术、法律环境也发生了较大变化,国际结算和贸易融资业务有了更多、更有效的工具选择,各种新型的结算和融资方式不断创新。"国际结算与贸易融资"是一门研究国际结算的支付工具、支付方式,以及贸易结算中的融资业务的应用经济学科,是从事国际贸易和国际金融工作所必须掌握的一门重要实务课程。教材是教学活动的载体和学生学习的重要依据,目前,根据我国高校的教学实际情况,客观上需要一本能够充分反映国际结算领域最新发展的教材,以使读者能够站在此领域的最前沿,适应教学和实践的需要。

基于以上背景,经过多年的酝酿,在总结长期教学实践活动经验的基础上,我们编写了《国际结算与贸易融资》一书。本书内容尽量结合国际结算和贸易融资业务最新的发展和实践,并体现了以下特色。

1. 新颖性

本书除了介绍传统的国际结算业务之外,还根据近年来国际经济贸易中结算业务的新变化,将跨境贸易人民币结算和跨境电商的支付与结算等新内容纳入其中,全方位地反映了当前国际结算业务运作的原理、方式和手段,突出了专业的前沿性。

2. 系统性

本书以国际贸易结算为主线,不仅介绍了国际结算的支付工具、结算方式、结算单据,还详细地介绍了与结算有关的贸易融资方式,并补充了跨境贸易人民币结算和跨境电商的支付与结算的新内容,系统涵盖了当前国际结算和贸易融资的主要领域。

3. 实务性

作为一门具有较强的应用性和国际性的学科,在阐述国际结算和贸易融资的基本原理的同时,本书注重与国际接轨,并和我国国际结算实践相结合,通过案例、业务单据和图表,使每项业务具有直观性和可操作性,使学生掌握国际结算业务的操作技巧。另外,每一章都设置了本章学习要点、导入案例、知识拓展、拓展案例、思考与练习等内容,便于老师的教学和学生的自学。

在编写本书的过程中,我们参阅了大量的有关国际结算和贸易融资的同类教材和相关论著,在此谨对参考资料的作者表示真诚的感谢。由于水平和经验所限,本书难免存在疏漏和不足之处,敬请同行和广大读者不吝赐教!

目　录

第一章	国际结算概述	1
	本章学习要点	1
	第一节　国际结算的基本概念	2
	第二节　国际结算中的银行和银行清算系统	7
	思考与练习	10

第二章	国际结算工具——票据	12
	本章学习要点	12
	第一节　票据概述	13
	第二节　汇票	19
	第三节　本票	37
	第四节　支票	40
	思考与练习	42

第三章	国际结算方式——汇款	44
	本章学习要点	44
	第一节　国际汇兑	45
	第二节　汇款业务的种类及流程	46
	第三节　汇款头寸调拨和退汇	54
	第四节　汇款在国际贸易中的应用	57
	思考与练习	61

第四章	国际结算方式——托收	65
	本章学习要点	65
	第一节　托收业务概述	66
	第二节　托收业务的种类和流程	74

第三节　跟单托收的风险及其防范 ··· 79
　　思考与练习 ··· 82

第五章　国际结算方式——信用证　86

　　本章学习要点 ··· 86
　　第一节　信用证概述 ·· 87
　　第二节　跟单信用证的业务流程和内容 ································· 95
　　第三节　信用证的种类 ·· 112
　　第四节　信用证的风险及其防范 ··· 121
　　思考与练习 ·· 127

第六章　国际结算方式——银行保函与备用信用证　135

　　本章学习要点 ·· 135
　　第一节　银行保函 ·· 136
　　第二节　备用信用证 ··· 146
　　思考与练习 ·· 150

第七章　国际结算中的单据　152

　　本章学习要点 ·· 152
　　第一节　单据概述 ·· 153
　　第二节　商业发票 ·· 157
　　第三节　海运提单 ·· 160
　　第四节　保险单据 ·· 169
　　第五节　其他单据 ·· 175
　　思考与练习 ·· 178

第八章　国际贸易融资　181

　　本章学习要点 ·· 181
　　第一节　短期贸易融资 ··· 181
　　第二节　中长期贸易融资 ·· 189
　　第三节　我国的对外贸易融资 ·· 194
　　思考与练习 ·· 197

第九章　跨境贸易人民币结算　　　199

- 本章学习要点 …………………………………………………… 199
- 第一节　跨境贸易人民币结算概述 …………………………… 199
- 第二节　跨境贸易人民币结算流程及清算模式 ……………… 204
- 第三节　跨境贸易人民币结算的风险及其防范 ……………… 213
- 思考与练习 ……………………………………………………… 216

第十章　跨境电商支付与结算　　　218

- 本章学习要点 …………………………………………………… 218
- 第一节　跨境电商支付与结算概述 …………………………… 219
- 第二节　跨境电商第三方支付 ………………………………… 224
- 第三节　跨境电商支付风险 …………………………………… 227
- 思考与练习 ……………………………………………………… 229

参考文献 ……………………………………………………………… 231

第一章
国际结算概述

本章学习要点

- 掌握国际结算的概念和种类；
- 了解国际结算的基本内容；
- 熟悉国际结算的历史演变和发展趋势；
- 熟悉国际结算中的银行及银行清算系统。

导入案例

甲国的 X 公司欲销售一批价值 20 万美元的货物给乙国的 Y 公司，其货款的收取可选择下面的结算方式：

(1) Y 公司准备好 20 万美元现金，在约定的交货地点直接将现金交付给 X 公司。

(2) X 公司开出要求 Y 公司支付 20 万美元的商业票据，得到 Y 公司的承兑后，X 公司即可将其作为 20 万美元的等价物用于购买其他商品。

(3) Y 公司向其本国银行 W 银行提出开立信用证的申请，W 银行同意并开立了以 X 公司为受益人的信用证。在信用证有效期内，X 公司委托其往来银行向 W 银行提交信用证项下的全套单据，开证行 W 银行审核 X 公司提交的单据相符后，向 X 公司支付信用证项下的全部款项。

思考： X 公司该如何选择货款结算方式？

分析： 国际贸易是国际结算的基础。在国际贸易的初期，结算方式多为一手交钱一手交货，货款两讫。但如果交易金额巨大，现金的携带就极不方便。随着社会经济的不断发展，票据结算也逐渐发展起来。通过第(2)种的票据结算方式可以解决国际贸易中现金携带的不安全和不方便问题，但由于货款的收取仍是以买方的商业信用为基础，仍存在一定的风险。现代国际结算以银行为中介，以银行信用介入商业贸易，并提供专业化服务，可以有效解决国际贸易中的各类问题。在信用证结算方式下，货款的收取以银行信用为基础，使国际贸易结算更安全、更快捷。

第一节 国际结算的基本概念

一、国际结算的含义

在国与国之间的交往中，由于经济、政治、文化、军事和外交等官方以及民间方面的活动往来等，就会产生国际间的债权债务关系以及资金的跨国移动，产生了国际间不同的货币结算方式。所谓国际结算，是指为清偿国际间债权债务关系或跨国转移资金而发生在不同国家之间的货币收付活动。

国际结算包含以下要点。

▶ 1. 国际结算涉及的对外活动范围广

国际结算涉及跨国的政治、经济、文化、外交、军事等各种活动，这些活动基本上都涵盖在了一国的国际收支平衡表中。

▶ 2. 国际结算的中介是银行

任何国际结算业务中的跨国资金流动都要通过银行渠道进行，在当今非现金结算体系下，银行业务网络和结算网络的发达和安全与否直接影响国际结算业务的发展。

▶ 3. 国际结算的目的是清偿国际间的债权债务或者实现国际间的资金转移

在各种对外活动中，有的会产生交易双方当事人之间的债权债务关系，如国际贸易活动。有的活动不会产生业务双方的债权债务关系，如侨民汇款、对外援助等，只涉及单方面的资金转移。

二、国际结算的种类

国际结算通常分为国际贸易结算与国际非贸易结算。

（一）国际贸易结算

国际贸易结算源于国际贸易活动而产生的货币收付，是指国与国之间为清偿由商品进出口贸易引起的债权债务关系所发生的货币收付行为，这是国际结算最重要的组成部分。

与国际非贸易结算相比，国际贸易结算的业务更为复杂，几乎所有的结算方式在国际贸易结算中都会用到。国际贸易结算包括以下内容。

▶ 1. 有形贸易结算

有形贸易结算是指有形贸易即商品进出口贸易引起的货币收付活动，是全球经济活动中最重要的组成部分。

▶ 2. 记账贸易结算

记账贸易结算也称协定贸易结算，是指根据两国政府双边支付协议，以互开清算账户的方式集中抵消、结算两国间贸易和其他往来所产生的收支。它不涉及现汇的收付，但要确定专门的清算货币、清算账户，并规定专门的清算机构办理记账结算。

▶ 3. 国际资本流动中涉及的商品贸易或资本性货物贸易结算

一国国际收支平衡表中的国际直接投资与跨国企业经营都属于长期资本流动范畴，伴随资金的投入，也会产生商品的进出口交易。例如，买方信贷就是一种普遍适用于国际资本货物交易的中长期资本借贷行为，进口商往往需要通过信用证方式最终实现对买方信贷款项的使用。

▶ 4. 综合类交易中的商品贸易结算

在国际经济交往中，一些经济交易既包括商品贸易，又包括非商品贸易。例如，国际工程承包和技术服务贸易既包括无形资产的进出口，又包括有形资产的进出口。这种综合类经济交易，除了可以用货币清偿债权债务外，还可以用融资款项及采用抵补、反销、回购产品等方式结算。

（二）国际非贸易结算

国际非贸易结算主要源于服务贸易而产生的货币收付，是指国与国之间进行的由国际贸易之外的其他活动引起的资金调拨或转移行为。与国际贸易结算相比，国际非贸易结算更多地体现为一国对外交往的广度，它也是一国外汇收入的重要来源。而随着国际投资的不断加强、国际游资的大量跨国流动，国际非贸易结算的地位不断提高，但由于国际贸易在一国国际收支中占据重要地位，加之国际贸易结算涉及的业务更复杂，因此，国际贸易结算在国际结算中处于重要地位。

三、国际结算的历史演进

国际结算起源于国际贸易，是随着国际贸易的发展而产生与发展的。从国际结算的发展历史来看，国际结算是逐步从现金结算发展到非现金结算的。

（一）从早期贸易间的现金结算发展到非现金结算

在漫长的历史时期中，国际结算的具体形式随着整个社会政治、经济以及科学技术的发展而发展，形成各种为世界各国都能接受的结算工具和方式。在资本主义社会初期，货币以一般等价物的形式出现后，最初的国际结算形式是现金结算。

中国从汉代开始，对中亚及中东、近东的陆上贸易和对日本及南洋各国的海上贸易，以及古代和中世纪初期欧洲地中海沿岸各国的对外贸易，都长期采用现金结算。从 15 世纪末起，封建社会逐渐向资本主义社会过渡，在重商主义思想的影响下，各国都很重视发展出口贸易。由于在交易中现金的携带既不方便又不安全，于是促使国际结算从现金结算方式逐步转变为非现金的票据结算方式。

近代银行的产生和发展，使国际结算从商人间的直接结算逐渐转变为通过银行中介的间接结算，银行成为沟通国际结算的渠道。由于银行信用较商业信用有更多的优越性，因此银行发展成为国际间债权债务的清算中心。这是国际结算的一个进步。

（二）由票据结算发展到票据单据化结算

在资本主义社会化大生产的推动下，国与国之间的经济交往不断加强，国际贸易有了更大的发展。国际贸易中单据的"证券化"使商品买卖可以通过单据买卖来实现，卖方提交单据代表提交了货物，买方付款赎取单据代表取得了货物。这种变化使远隔重洋的国际贸易商可以不必见面，而以邮件、电报等通信手段即可完成交易。国际间商品买卖的结算从"凭货付款"转变为"凭单付款",这是国际结算的又一个进步。

19世纪70年代,票据和单据在国际结算中已经完全结合起来,跟单汇票广泛地运用于国际间商品买卖的结算,并且形成了通过银行办理跟单托收和跟单信用证的结算方式。这使贸易商不仅能依靠银行信用安全地收回货款,同时还能以单据作为抵押品向银行取得资金融通,使在途资金占用的时间日益缩短。至此,国际结算进入一个比较完善的阶段。

(三)银行等金融机构介入非现金结算

第一次世界大战后,金本位制度逐步走向崩溃,特别是1929—1933年的经济危机给资本主义世界带来严重的打击,大批工厂企业破产,拒付毁约的情况普遍发生,外汇管制以及各种排他性的结算方式在大多数国家广为流行,造成出口收汇落空的风险比过去大大增加了,从而迫使出口商不得不减少使用以商业信用为基础的跟单托收方式,更多地依靠以银行信用为基础的跟单信用证方式。

随着现代通信手段和电子计算机技术的飞速发展,最新的科技成果逐步运用于国际结算中。20世纪70年代中期,国际结算已经广泛采用了综合电子技术,使国际结算工作电子化和网络化。

四、国际结算的发展趋势

随着国际经济的迅猛发展和跨国公司的蓬勃兴起,必然导致国际金融竞争的加剧,国际贸易和结算也呈现出一些新的特点和发展趋势。例如,国际结算功能的多元化正变革为多种金融要素的综合性金融服务,结算业务的电子化和网络化的加深,使国际结算制度进一步向着多元化和自由化的多边结算制度方向发展,国际结算与贸易融资更加紧密地结合在一起。

(一)信用证结算方式的作用日渐边缘化,混合结算方式日益增多

长期以来,信用证这种以银行信用作为付款保证的支付方式,一直处于主导地位,但随着世界经济的发展,买方市场在全球贸易中逐步形成,信用证结算方式由于存在费用高、占压资金大、手续比较繁杂等许多不利影响,买方更愿意选择对其有利的商业信用支付方式,商业信用重新成为国际贸易发展的重心,使整个国际结算市场出现了信用证结算方式被边缘化的倾向。信用证在欧美发达国家的使用比率,已经由20世纪70年代的85%,下降为当前的10%~20%,其中,北欧和欧盟分别只有11%和9%,即使在发展中国家和地区,信用证的使用比例也在逐渐下降之中。

目前,国际结算方式的混合运用正日益增多,例如,部分货款采用信用证结算,部分货款采用托收结算,或者部分货款采用预付款结算,部分货款采用信用证结算。采用混合结算方式的优点在于使买卖双方能够分摊一些结算风险,有利于达成双方都可以接受的结算方式合同。

(二)国际结算和贸易融资日益紧密结合

随着国际结算的发展,贸易融资和国际结算的相互促进作用越来越明显。一方面,贸易融资以国际结算为基础并依附于国际结算;另一方面,贸易融资又能促进国际结算。融资越方便,对客户越有吸引力,结算业务也就不断增加。因此,国际贸易融资已经成为国

际商业银行的一项重要任务，所有的商业银行都把贸易融资放在重要的地位。

（三）国际结算的电子化和网络化程度日益加深

20世纪中期以来，全球进入了电子信息技术的时代。电子技术的广泛使用使国际贸易往来的过程不再依赖于纸面的单证，而逐渐被电子单证所取代，电子技术把有关物流、信息流和资金流整合起来，通过电子的方式来进行传递、交换数据和文件。当今国际结算的资金调拨，主要通过世界各大金融市场的清算系统来完成。一个由欧盟发起创立，以互联网为基础，支持国际贸易流程参与各方参数，交换电子单据与数据的BOLERO网已经建立并运作。它通过互联网交换单据，核查数据，从而完成贸易过程。面对汹涌而来的电子商务大潮，传统的结算工具、结算方式、结算运作流程也将随之进行变革与创新。

（四）跨境人民币结算日趋普遍

2008年国际金融危机后，为降低巨额外汇储备的风险，提升中国在国际市场上的话语权，人民币的国际化进入了加速发展阶段。国务院决定于2009年4月8日在上海和广东省的广州、深圳、珠海、东莞这几个城市先行开展跨境人民币结算试点工作，地域范围暂定为我国港澳地区和东盟国家，由中国人民银行、财政部、商务部海关总署、税务总局、银监会共同制定的《跨境人民币结算试点管理办法》于2009年7月2日正式实施，2010年6月22日，境内试点范围扩大到浙江等18个省，境外扩展至所有国家和地区。2011年8月23日，人民银行、财政部等六部委联合发布《关于扩大跨境人民币结算地区的通知》，明确跨境贸易人民币结算境内范围扩大至全国。开展跨境贸易人民币结算，可以使我国进出口企业在跨境或国际贸易中，通过选择本国货币办理结算而规避汇率风险，对推动我国国际贸易稳定增长具有十分重要的意义。

五、国际结算研究的基本内容

国际结算研究的基本内容包括国际结算中使用的货币、国际结算票据、国际结算方式、国际结算单据、国际结算中的国际惯例、国际结算中的银行和国际结算中的银行清算系统。

（一）国际结算中使用的货币

国际结算中使用的货币必须是自由兑换货币，即货币持有人可以随时、随地、不受限制地将其兑换为任何其他国家的货币。根据《国际货币基金协定》的规定，所谓自由兑换是指对国际经常往来的付款和资金转移不得施加限制。作为一种自由兑换货币，必须具备三个条件：①能自由兑换为其他货币；②在国际收支经常项目下的支付不受限制；③该国货币管理当局不采用或不实行多种汇率制度或差别歧视汇率制度。

在全世界各国使用的货币中，美元、欧元、日元和英镑是国际结算中最常用的四种货币。我国的人民币仅实现了经常项目下的自由兑换，还不是一种可完全自由兑换的货币，虽然在全球范围内不能被广泛地采用作为国际结算的货币，但人民币已被周边国家作为国际贸易结算货币使用。

（二）国际结算票据

作为替代现金发挥支付手段和流通手段功能的票据，国际结算票据在当代以银行为中介的非现金结算中发挥了重要的作用。国际结算中使用的票据包括汇票、本票和支票。不同结算方式下使用的票据不同。从票据性质来看，有时采用的是具有付款命令性质的汇票和支票，有时采用的是具有付款承诺性质的本票。从票据出票人来看，有时采用的是卖方开立的汇票，有时采用的是买方开立的支票和本票。从票据付款保证程度来看，有时依靠买方的商人信用，有时依靠银行信用。例如，在票汇业务中，采用的是由汇出行作为出票人、汇入行作为付款人的银行即期汇票；在托收业务中，可以采用由卖方作为出票人和收款人（收款人也可以是卖方的银行）、买方作为付款人的商业汇票，也可以采用由买方作为出票人、卖方作为收款人的支票；在信用证业务中，采用的是由卖方作为出票人和收款人（收款人也可以是卖方的银行）、买方银行开证行作为付款人的汇票。

（三）国际结算方式

国际结算方式又称支付方式，在国际贸易合同中称为支付条件。常见的国际结算方式包括汇款、托收和信用证，此外还有国际保函和备用信用证等。买卖双方签订贸易合同时，应根据交易情况、市场销售情况、对方资信状况、权衡安全、费用和收汇速度选择合适的结算方式。汇款业务和托收业务依靠的是买方的商业信用，卖方收汇风险较大，但是费用相对较低，业务程序相对较简单。信用证业务依靠的是银行信用，买方银行提供保证，替代买方对卖方付款，卖方收汇风险较小，但是收费较贵，业务处理程序较复杂。实际业务中，不同的贸易类型可采用不同的结算方式。

（四）国际结算单据

单据是出口商根据贸易合同规定备妥并提交的，代表货物所有权、索赔权或收款权，以及对货物情况进行说明的文件。单据包括对货物各方面说明的发票、证明货物运输情况的提单、证明货物投保情况的保险单据、证明货物原产地的原产地证明书、证明货物状况的各种检验证明书等。

（五）国际结算中的国际惯例

为了确保国际结算业务顺利进行，国际商会（International Chamber of Commerce, ICC）制定了多项国际惯例作为业务处理和发生纠纷后的指导。国际惯例不是法律，因此对一般当事人没有约束力，只有在有关当事人事先约定的条件下，才受有关惯例的约束。目前，由国际商会颁布的适用于国际结算业务的主要国际惯例如下：

- 1992年，《多式运输单据规则》（ICC481号）
- 1995年，《托收统一规则》（URC522）
- 1996年，《跟单信用证项下银行间偿付统一规则》（URR525）
- 1998年，《国际备用信用证惯例》（ISP98）
- 2000年，《国际保理业务惯例规则》
- 2003年，《审核跟单信用证项下单据的国际标准银行实务》（ISBP645）
- 2007年，《跟单信用证统一惯例》（UCP600）
- 2010年，《见索即付保函统一规则》（URDG758）
- 2010年，《2010年国际贸易术语解释通则》（INCOTERMS2010）
- 2013年，《审核跟单信用证项下单据的国际标准银行实务》（ISBP745）

第二节 国际结算中的银行和银行清算系统

一、国际结算中的银行

在现代国际结算活动中,银行作为不可替代的中介服务机构,正扮演着越来越重要的角色。一方面,由于银行资金实力雄厚、信誉卓著,可以为国际贸易结算双方提供信用保障,并向买卖双方提供贸易融资;另一方面,由于银行拥有快捷安全、准确便利的资金转移网络,加快了资金的周转和利用速度,促进了国际贸易总量和国际结算业务量的增加,迅速提高了银行处理结算业务的效率。银行在全世界设立了规模庞大的海外网络,在全球范围内建立起资金划转通畅的账户网络,是国际结算业务顺利进行的前提和关键条件。

(一)海外分支行

海外分支行是商业银行设在本国之外的营业性分支机构,是母国银行的一个组成部分。它本身不具备独立的法人地位,不但受其总行所在地金融管理法令和条例的约束,也受其营业地管理法令和条例的约束。海外分支行的业务范围,以及经营政策必须与母行保持完全一致,业务规模必须以母行的资本、资产和负债为基础,母行对分支行的活动负有完全责任。一般来说,分支行可以进行完全的银行业务,但不能经营非银行业务。

(二)代理行

代理行是指相互间建立委托代理业务,具有往来关系的银行。国内银行与国外银行建立代理关系,旨在通过代理行在国外代为收款、传递指令和联系国外客户。国外代理行是国内银行完成国际结算业务的基本条件,国内银行与国外代理行之间的有效合作是提高国际结算效率的前提。

代理行的建立一般要经过以下三个步骤:

(1)开展资信调查,主要考察对方银行的资信,通过多个渠道了解对方银行所在国的有关政策、法规和市场信息等。

(2)确定代理行关系的层次。在综合分析和评价对方银行资信和财务状况后,确定拟建立代理行关系的层次,包括一般代理关系、账户代理关系,并议定透支额度。

(3)签订代理协议。代理协议由双方银行负责人签署后开始生效,代理协议包括双方银行的名称,如果总行签订的代理协议包括分支行,还必须将分支行的名称在协议中加以明确。此外,双方银行还要交换和确认控制文件,控制文件包括密押、印鉴和费率表。

密押是双方银行之间事先约定的专用押码,在发送电报时,由发送电报的银行在电文前加注,经接收电报的银行核对相符,用以确认电报的真实性。密押机密性强,银行设有专门人员进行保管,使用1~2年后进行更新。印鉴是银行列示的每个有权签字人的有权签字额度、有权签字范围、有权签字组合方式及亲笔签字字样,是代理行用以核对对方邮寄信函真实性的凭证。费率表是银行办理各项业务的收费标准,一般由总行制定,分行和支行执行。

(三) 账户行

代理行关系建立后,就可以根据协议办理委托业务。为了便于汇款、托收和信用证等涉及外汇资金收付业务的处理,需要双方银行建立账户来处理资金的清算。代理行之间单方或双方互相在对方银行开立账户,代理行就成为账户行。账户行是在代理行关系的基础上建立的,因此,账户行一定是代理行,但代理行不一定是账户行。

经营国际业务的银行都应在国际清算货币的清算中心开立账户,否则会影响该货币收付的正常进行。开立账户时,如果本国银行在境外其他银行开立账户的,称为往账。往账通常开立的是境外货币的账户,如中国银行在纽约花旗银行开立美元账户,在东京三井住友银行开立日元账户。开立账户时,如果境外银行在国内开立账户的,称为来账。来账通常以本币开立,也可以用境外货币开立,如德意志银行在上海开立人民币账户和美元账户。

一笔国际结算中使用的货币可以是出口国货币、进口国货币或第三国货币。在账户行关系下,如果采用出口国货币收付,则由出口国银行借记进口国银行账户,并向进口国银行发送已借记报单,如"We have debited your account with us"。如果采用进口商货币收付,则由进口国银行贷记出口国银行账户,并向出口国银行发送已贷记报单,如"We have credited your account with us"。如果采用第三国货币收付,则由进口国银行通知位于第三国的共同账户行借记进口国银行的账户、贷记出口国银行的账户,如"Please debit our account and credit ×× Bank's account with you"。

二、国际结算中的银行清算系统

国际结算与国际清算是紧密联系且不可分割的,结算是清算的前提,清算是结算的继续和完成。结算主要是指债权人和债务人通过银行清偿债权债务关系,清算是指银行之间通过清算网络来结算债权债务关系,而银行之间的债权债务关系又主要是由结算引起的。

银行间债权债务的清算是通过票据清算所自动清算完成的。票据清算所或清算网络是指由许多银行参加的、彼此进行资金清算的场所,参加票据清算所的银行叫清算银行。在票据清算所里,清算银行之间的债权债务大部分可以互相抵消,实际清算的只是彼此之间的差额。清算系统是指由结算和清算过程中诸要素组成的有机整体,它包括一笔款项从付款人账上付出,中间经过清算,收入到收款人账户,或从收入收款人账户,中间经过清算,到付款人付账的全过程。

在国际结算和国际清算中,任何货币的收付最终必须通过在该货币发行国的货币清算中心进行。国际结算中使用得最多的货币是美元、欧元、日元、英镑,其中美元的清算中心在纽约,欧元的清算中心在法兰克福,日元的清算中心在东京,英镑的清算中心在伦敦。为了便利结算和清算,从事国际业务的银行一般都要在主要货币的清算中心设立分支机构并在当地银行开立当地货币账户,以便加入该货币的清算网络。

(一) 环球同业银行金融电讯协会

环球同业银行金融电讯协会(Society for Worldwide Interbank Financial Telecommunication,SWIFT),是一个国际银行间非营利的国际合作组织,能够给国际金融业务提供快捷、准确、安全的服务,银行和其他金融机构通过它与同业交换电文,完成金融交易。

SWIFT 于 1973 年 5 月在比利时布鲁塞尔成立，是一个由会员机构组成的合作组织。迄今全球已有 209 个国家和地区的 9 700 多家银行机构、证券机构和企业客户通过该系统提供的金融行业标准化报文传输服务与相关接口软件，进行 80 多个国家和地区的实时支付清算系统。SWIFT 传送报文共有十类，分别是客户汇款与支票、金融机构间头寸调拨、资金市场交易、托收与光票、证券、贵金属、跟单信用证和保理、旅行支票、现金管理与账务、SWIFT 系统电报。SWIFT 的每类业务报文都有专门的格式，如客户汇款采用 MT103 格式电文，跟单信用证开立采用 MT700/701 格式电文。SWIFT 电文的结构均有固定区段，包括基本首区段、应用文首区段、用户文首区段、主文区段和文尾区段。SWIFT 密押独立于电传密押，在代理行之间交换，仅供双方在收发 SWIFT 电讯时才使用，具有安全可靠、保密性强等特征。SWIFT 密押由在字母 a～f 和数字 0～9 中随机产生的包含 32 个字符的字符串组成，其准确程度大大高于电传密押。交换 SWIFT 密押的两家银行可以各用各押，也可共用你押或我押。双方银行在 SWIFT 密押文件中输入约定的押值，并互发测试电报予以证实后，双方的收发电将由 SWIFT 系统密押文件自动审核。

中国是 SWIFT 会员国，中国银行于 1983 年加入 SWIFT，成为中国第一个 SWIFT 会员，于 1985 年 5 月 13 日开通使用该系统，成为我国与国际金融标准接轨的重要里程碑。20 世纪 90 年代后，中国所有可以办理国际银行业务的股份制商业银行和外资、侨资银行以及地方性银行均加入了 SWIFT，开通了 SWIFT 网络系统。

（二）美元清算系统

美元的清算主要通过境外美元支付系统和境内美元支付系统进行。

境外美元清算采用的是纽约清算所银行同业支付系统（Clearing House Interbank Payment System，CHIPS），设立于 1970 年，主要办理国际银行间资金交易和电子资金划转及清算，由纽约清算所协会（NYCHA）负责其运行。通过 CHIPS 处理的美元交易额约占全球美元总交易额的 95%，日均交易量超过 34 万笔，金额约 1.9 万亿美元。参加 CHIPS 的 100 多家美国银行和外国银行在纽约的分支机构中，有 48 家是清算银行，它们都在联邦储备银行开立账户，作为联邦储备系统成员银行能够直接参与清算交割。通过 CHIPS 支付和收款的双方必须都是 CHIPS 会员银行，通过 CHIPS 系统，全世界所有银行都能间接将美元汇至世界各地。

境内美元清算采用的是联邦储备电子转账系统（Federal Reserve Communication System，FEDWIRE），于 1918 年建立，是美国境内美元的清算系统。FEDWIRE 主要用于处理各银行间的清算业务，包括头寸调拨、票据清算、证券清算和账户余额划拨，它还为美国政府和美联储提供各种金融信息和相关政策。FEDWIRE 拥有 12 000 家成员银行，日均交易量高达 53 万笔，金额超过 2 万亿美元。

（三）英镑清算系统

伦敦票据交换所银行同业支付系统（Clearing House Automated Payment System，CHAPS），是于 1984 年在英国的交换银行建立的电脑收付系统，属于票据交换所系统。它不仅是伦敦同城电支付清算中心，也是全球英镑电支付清算中心。英国 11 家清算银行和中央银行英格兰银行共 12 家交换银行集中进行票据交换，其他商业银行则通过往来的交换银行交换票据。非交换银行须在交换银行开立账户，以便划拨差额，而交换银行之间交换的最后差额则通过它们在英格兰银行的账户划拨。加入 CHAPS 的银行收付电文都采用统一的格式。

(四) 欧元清算系统

欧元清算时使用的欧洲间自动实时全额清算系统(Trans-European Automated Real Time Gross Settlement Express Transfer System，TARGET)，是 1995 年 3 月为了保障欧元结算的顺利进行和货币政策的顺利实施而建立的欧元资金划转系统。该系统构架于欧元区成员国原有的实时全额支付系统(Real Time Gross Settlement，RTGS)之上，由 15 国的 RTGS 系统、欧洲中央银行的支付机构和相互间的连接系统构成，是通过 SWIFT 将各国中央银行的实时清算系统连接起来的泛欧自动实时总额清算系统。

(五) 日元清算系统

日元清算时使用日元清算系统(Foreign Exchange Yen Clearing System，FXYCS)。FXYCS 是于 1980 年建成的日元大额支付系统，为适应外汇交易量的快速增长，东京银行家协会于 1989 年对该系统进行了改造，实现了系统的自动化，并把经营权委托给日本银行。此后 FXYCS 作为日本银行金融网络系统(Bank of Japan Net Funds Transfer System，BOJNET)的一部分，跨境交易的日元清算就通过日本银行 BOJNET 系统进行，包括外汇交易及海外代理行账户收支。

思考与练习

一、思考题

1. 国际结算的含义与种类。
2. 简述国际结算的演变和发展趋势。
3. 代理行关系建立时，双方银行之间互换的控制文件包括哪些？

二、选择题

1. 国际结算中使用最广的票据是(　　)。
   A. 汇票　　　　　B. 本票　　　　　C. 支票　　　　　D. 信用证
2. 代理行关系建立时，双方银行交换的控制文件不包括(　　)。
   A. 印鉴　　　　　B. 密押　　　　　C. 费率表　　　　D. 代理协议
3. 办理国际银行间跨境美元清算的系统是(　　)。
   A. SWIFT　　　　B. CHIPS　　　　C. FEDWIRE　　　D. CHAPS
4. SWIFT 的意思是(　　)。
   A. 环球同业银行金融电讯协会　　　　B. 纽约清算所银行同业支付系统
   C. 联邦储备电子转账系统　　　　　　D. 伦敦票据交换所银行同业支付系统
5. 目前的国际贸易结算绝大多数都是(　　)。
   A. 现金结算　　　B. 非现金结算　　C. 现汇结算　　　D. 记账结算

三、判断题

1. 账户行一定是建立了代理关系的代理行，而代理行不一定是账户行。(　　)
2. 密押主要用于核对银行间往来电文的真实性，印鉴主要用来核对银行间往来信函的真实性。(　　)

3. CHIPS 是美元清算系统，CHAPS 是英镑清算系统。　　　　　　（　　）

4. 目前的国际结算绝大多数采用记账结算。　　　　　　　　　　（　　）

5. 美元的清算中心在纽约，欧元的清算中心在伦敦。　　　　　　（　　）

6. 国际结算中有很多国际惯例，这些国际惯例具有法律约束力，对贸易的当事人具有强制性。　　　　　　　　　　　　　　　　　　　　　　（　　）

7. 国际结算中使用的货币必须是可自由兑换货币，包括美元、英镑、日元、港元、欧元、人民币。　　　　　　　　　　　　　　　　　　　　（　　）

第二章
国际结算工具——票据

本章学习要点

- 掌握票据的概念、性质及基本功能；
- 掌握汇票的定义、必要记载项目；
- 熟悉汇票的票据行为及汇票当事人的权利和责任；
- 理解本票、支票的概念，以及本票、支票与汇票的异同点；
- 了解票据的法律体系。

导入案例

某年10月，广州市A公司（进口商）与国外B公司（出口商）签订了一份进口钢板的合同，合同总金额为500万美元，分5批交货，支付方式为托收方式下的远期付款交单。按照合约规定，第一批价值为100万美元的钢板准时交货，但在第二批货的交货期即将来临之际，国外B公司提出：鉴于A公司资金周转困难，B公司允许A公司远期付款，即A公司给B公司开出一张见票后180天付款500万美元的汇票，请广州市W银行承兑。承兑后，B公司保证将500万美元的钢板在半年内交货，待A公司全部收货后，再付给B公司500万美元的货款。

A公司认为只要开立远期票据就可以得到货物在国内市场销售，还可以将货款再投资，有利可图，于是给B公司签发了一张见票后180天付款500万美元的汇票。但不久后，B公司将这张承兑了的远期票据在其本国的G银行贴现400万美元，此后再也没有发货给A公司，并且音讯全无。

半年后，国外G银行持这张承兑了的远期票据要求广州W银行付款。尽管B公司没有交货，但W银行却不得以此为理由拒绝向善意持票人G银行拒绝付款。该案导致了A公司的巨额损失。

分析： 从本案例可以看出，A公司的损失主要是对金融票据缺乏应有的知识。

在国际结算中，票据作为市场经济中货币信用发展到现代阶段的产物，既是反映现代化经济生活中债权债务的重要凭证，又是有效的信用工具、支付工具和流通工具。票据从签发、背书、承兑、付款，都有其各阶段的行为和责任。本章主要讲述票据的概念、特点、功能、票据行为、汇票、本票和支票等内容。

第一节　票据概述

票据作为国际结算的主要工具，是在国际贸易的长期实践中逐步演变和发展起来的。从最原始的物物交换，到以金属货币作为商品交换的媒介，采取的均是现金结算的方式，虽然便利了交易的进行，但在国际贸易中存在风险大、费用多、积压资金等困难，于是商人们开始用"字据"来代替黄金白银。随着资本主义生产关系的发展和国际贸易的扩张，以商业票据来清算国际间债权债务的结算方式出现了。之后，随着银行的介入和商业银行自身的发展，票据的功能和作用也得以迅速发展，完成国际支付和清算。随着科学技术、通信设备的进一步发展，国际结算又开始电子化，出现了国际性的清算系统。目前，票据仍是国际结算的主要工具。

知识拓展

票据在我国很早就出现了，其历史可以追溯到唐宋时代，如唐朝的"飞钱"、宋代的"交子"，都是类似于汇票的异地汇兑结算凭证。到明清时期，"钱庄""钱铺"发展起来，一种称为"票号"的信用工具出现，但这些票据不够规范和完备，仅在国内结算中起过一定的作用，未被用于对外结算。

从世界范围来看，票据的起源可以追溯到古希腊和古罗马时代。当时有一种"自笔证书"被认为是票据的雏形，这种证书的持有人在请求债务人偿付债务时必须提示该证书，债务获得清偿后退还给债务人，这种制度同现代票据的设权性和返还性是一致的。公元12世纪，意大利商人所使用的由货币兑换商签发的兑换证书与现代的本票和汇票十分接近。到了资本主义时期，票据的应用日益普遍，有关票据制度也在这个过程中不断完善，逐步有了背书、承兑等制度。随着银行业的发展，又出现了专门由银行付款的支票。尽管国际分工和国际经济交易方式不断演变，各种金融创新与信用工具也日新月异层出不穷，但历史悠久的票据仍在世界经济中占有不可替代的位置。

一、票据的含义

票据有广义和狭义之分。广义上的票据也称金融单据、资金票据或流通票据，泛指各种记载一定文字、代表一定权力的书面凭证，如汇票、股票、债券、车船票、发票、提单、保险单等。狭义上的票据是指由出票人签发的、承诺自己或委托他人在见票时或指定日期向收款人或持票人无条件支付一定金额，可以流通转让的一种有价证券，主要指汇票、本票、支票这三种代表货币的支付凭证。国际结算中的票据专指这种狭义上的票据，它代替现金起流通和支付作用，从而抵消和清偿国际间债权债务，是国际结算中的重要工具。

知识拓展

对于票据，国际上并没有统一的概念。各国的立法对票据概念的规定也各不相同，大致有以下几种情况。

第一，票据即指汇票与本票，不包括支票。英国和美国的票据法规定，票据即指汇票与本票，支票被视为汇票的一种类型。

第二，票据只包括汇票与本票，不包括支票。德国票据法、意大利商法、日内瓦统一票据法等规定，汇票和本票是票据，支票是与之并列的一种有价证券，单独立法。

第三，在"票据"的总称下面规定汇票、本票、支票三种。日本明治32年（1899年）的商法中就规定票据为汇票、本票、支票三种。

1995年5月10日，我国第八届全国人大常委会第十次会议通过了《中华人民共和国票据法》。该法第2条规定："本法所称票据，是指汇票、本票和支票。"此项规定表明，我国票据立法采用"包括主义"，票据属于总概念，包括汇票、本票、支票等三种证券。

二、票据的性质

票据作为一种广为流通的结算工具，它能够代替货币（现金）用于结清债权债务，是由于票据具有不同于其他商业文件的性质。

（一）设权性

所谓票据的设权性，是指持票人的票据权利随票据的设立而产生，离开了票据，就不能证明其票据权利。票据开立的目的，是设定票据上的权利与义务关系，以便票据能代替现金履行支付功能的手段。票据上的权利与义务在票据作成之前并不存在，它是根据票据作成而存在，无法提示票据就无法实现票据权利。也就是说，票据作成后经过交付，就创设了给付一定金额的请求权。

[例2-1]甲国A公司从乙国B公司进口了价值10万美元的机器设备，A应向B支付货款10万美元。付款方式可以直接支付现金，也可以通过签发票据付款。由于直接支付现金不方便，A和B商定以票据支付。于是A命令C在见票时即向B付款10万美元。本来B和C之间是没有任何债权债务关系的，这时，C却成了票据债务的承担者，虽然B和A之间因购货而存在债权债务关系，但票据的产生并非是为了证明这种关系，而是通过票据这种工具来向B付款，C是因为与A存在某种特定关系（存款行或债务人等）而被A指定为票据的付款者。

（二）要式性

票据的作成，从形式上来看，必要项目记载必须齐全，各个必要项目又必须符合规定，方可使票据产生法律效力。

为了使票据流通有法可循，各国法律对票据必须具备的形式和内容都做了明确的规定，各当事人必须严格遵守而不能随意更改。只有形式和内容都符合法律规定的票据，才是合格的票据，才能受到法律的保护，持票人的权利才有法律保障。若票据不具备法定要式,或者文义含糊不清,票据当事人的权利义务则难以确定,势必会影响票据的正常流通。

(三)文义性

文义即文字上的含义或其思想内容,票据的文义性是指票据的效力是由文字的含义来决定的,票据上的一切权利义务必须以票据上的文义记载为准。只要票据上的文义记载符合法律的规定,债权人和债务人就受文义的约束,不能进行任意解释或者根据票据以外的任何其他文件确定。

即使票据上记载的文义与实际情况不同,也要以该文义为准。例如,票据上记载的出票日期与实际日期不一致,也只能以票据上记载的日期为准。

(四)无因性

票据的无因性是指持票人持票行使票据权利时,无须证明其取得票据的原因,只要具备法定要式,就能享有票据权利。

"因"是指产生票据权利义务关系的原因,它是票据的基本关系。票据上权利的发生,当然有作为其原因的法律关系即原因关系,例如某出票人命令付款人向收款人付款,为什么出票人能下命令呢?肯定是有原因的,不会无缘无故地出票。总体来看,这个原因包括两方面的内容:一是出票人与付款人之间的资金关系,如出票人在付款人处有存款或付款人愿意向出票人贷款;二是出票人与收款人、票据背书人与被背书人之间的对价关系,如A开出以B为收款人的票据,B又以背书的方式转让给了C,其原因可能是A买了B的货物,所以开立票据向B付款,而B之所以转让给了C,可能因为他欠了C的债等。这种资金关系和对价关系即为票据的基础原因,可见,任何一张票据都有基础原因。

票据的无因性并非否认这种关系,而是指票据一旦做成,票据上权利即与其原因关系相分离,成为独立的票据债权债务关系,不再受先前的原因关系存在与否的影响。如果收款人将票据转让给他人,对受让人来说,无须调查票据背后的原因,只要要式齐全,他就能取得票据文义上载明的权利。这种票据的无因性使票据得以流通。

(五)流通转让性

票据的流通转让是票据的基本特性。票据可以代替货币作为支付工具,是因为票据是一种可以转让流通的有价证券。票据在到期前,可以通过背书或交付的方式转让而流通。若票据不能流通,就不能称其为票据。这一特性,对于票据的广泛应用具有重要的意义。

票据的流通转让性不同于一般的书面凭证的转让,有如下特点。

(1)票据转让不必通知原债务人。根据民法规定,一般的债务在转让时,必须经过债务人的同意,否则,债务人仍应只向原债权人清偿债务,而不会向受让人付款。但票据可以经过背书或交付就可自由地转让、流通,其权利的转让无须通知债务人,债务人不能以没接到通知为由拒绝承担义务。

(2)善意并支付对价的受让人的权利不因前手票据权利的缺陷而受影响。票据转让的原则就是使票据受让人能得到十足的或完全的票据文义记载的权利,只有这样,票据才会得以流通。

(3)票据的受让人接受票据即获得了票据的全部权利,如果票据被拒付或者出现其他问题,票据受让人可以自己的名义起诉。

（六）有价性

票据的有价性是指票据是以货币金额为给付标的的有价证券。票据必须以一定的货币金额表现支付，而不能以实物或其他形式代替。以货币金额表现的价值，随票据的设立而取得，随票据的转让而转让，占有票据即占有票据的价值。票据作为一种有价证券，在经济领域发挥了不可替代的作用。在金融市场，票据融资占有重要地位，在国际贸易结算领域，票据早已取代现金成为最重要的国际支付工具。

（七）提示性

票据的提示性是指持票人要求付款时，必须在法定期限内向付款人出示票据，显示占有这张票据，才能要求付款。否则，付款人不予理会。例如，根据我国票据法的规定，即期汇票自出票日起一个月内向付款人提示付款。

（八）返还性

票据的返还性是指当持票人向票据债务人提示付款并收到款项后，应将票据交还付款人。当付款人是主债务人时，票据关系消灭；如是次债务人，付款后可向前手追索，如不交还，债务人可不付款。

票据不能无限期流通，一旦付款，即结束其流通，所以票据模仿货币功能是有一定的局限的。

在上述票据的各种性质中，最重要的首先是流通转让性，它是票据的基本特性；其次是无因性和要式性，它们是为流通转让性服务的。受让人往往无从了解票据产生或转让的原因，但对票据是否符合法定要式却一目了然，因此要"式"不要"因"的目的，就在于能使票据的授受更加方便地进行，以保证票据的正常流通。

三、票据的功能

票据作为市场经济中的重要工具，其功能主要表现在以下几个方面。

（一）支付和结算功能

票据是一种能起到货币的支付功能和结算作用的支付工具。国际结算的基本方法是非现金结算，结算时必须使用一定的支付工具，而票据就是一种支付工具，它代替现金使用，实现票据的支付功能。结算功能是指利用票据来清偿或抵消当事人之间的债权债务，这在实践中已被广泛使用。例如，甲国的债务人将款项交给本国的银行，买到一张汇票，交给乙国的债权人，由债权人持票向本国当地银行兑取，从而结清双方的债权债务。

（二）信用功能

信用功能是票据的核心功能，被称为"票据的生命"。在商品交易中，票据可以作为预付货款或延期付款的工具，发挥商业信用功能。票据本身不是商品，亦无所谓价值，它是建立在信用基础上的书面支付凭证。卖方之所以接受买方用票据支付，就是向买方提供商业信用。而买方向卖方开出约期支付票据，则可以使债权表现形式明确，保障性强，清偿时间确定，转让方便。所以，票据是信用关系的载体，是债务人开出的保证债权人权利得以实现的信用凭证。例如，某项商品的交易约定买方在收到货物后的某个时间付款，买方可开立一张本票，这时这张本票就代表了买方到时付款的信用。

（三）流通功能

票据经过背书或交付转让给他人，并能连续多次转让。背书人对票据的付款负有担保责任，因此背书次数越多，对票据付款负责的人也就越多，票据的付款保证作用也就越大。背书转让使票据在市场上可以广泛地流通，成为一种流通工具，从而抵偿多方之间的债权债务。

（四）融资功能

票据的融资功能是指通过对远期票据的贴现和再贴现融通资金的功能。票据作为信用工具，在商业和金融中发挥融资作用。票据的持有者可以通过将尚未到期的票据向银行贴现，取得资金，以解决资金周转困难。许多国家通过票据的融资功能发展了本国的票据贴现市场，并进而通过票据贴现市场来调节货币的流通量。此外，还可以将票据抵押给银行进行抵押贷款融资。

票据的以上基本功能，使票据制度成为现代市场经济的一项基本制度。商业信用、银行信用的票据化和结算手段的票据化，是市场经济高度发展的重要标志之一。

四、票据法及其法系

（一）票据法及其法系的形成

▶ 1. 票据法

票据法是指规定票据的种类、签发、转让等制度，以及票据当事人权利义务关系内容的法律规范的总称。票据法有广义和狭义之分。广义的票据法是指各种法律中有关票据的规范的总和，而狭义的票据法仅指名为"票据法"的法律及与之直接相关的法律。

▶ 2. 票据法系

世界法律体系大致可分为英美法系和大陆法系，世界票据法体系也可分为英美法系的票据法和大陆法系的票据法。英美法系国家的票据法是以英国的《票据法》为依据。大陆法系国家的票据法是以《日内瓦统一法》为依据的。前者是英国的国内法，后者则是一种国际公约。

英国于1882年颁布施行票据法，美国及大部分英联邦成员国如加拿大、印度等都以此为参照制定本国的票据法。美国在1952年制定《统一商法法典》，其中第三章商业证券，即是关于票据的法律规定，也就是美国的票据法，它在英美法系国家的票据法中也具有一定的代表性和影响力。美国和其他英联邦国家的票据法虽在具体法律条文上与英国票据法有所不同，但总体来说，英美法系国家的票据法基本上是统一的，这种统一是建立在英国《票据法》基础上的。

法国、德国等20多个欧洲国家参加了1930年在日内瓦召开的国际票据法统一会议，签订了《日内瓦统一汇票、本票法公约》。1931年，又签订了《日内瓦统一支票法公约》。两个公约合称为《日内瓦统一法》，是有关票据方面的国际私法的重要渊源。具体来说，大陆法系国家的票据法又以法国和德国的票据法最有代表性。另有一些非大陆法系国家的票据法也参照《日内瓦统一法》制定本国的票据法（如我国的票据法）。在实际内容上，大陆法系国家的票据法基本趋于统一。

虽然1982年联合国国际贸易法律委员会公布了《国际汇票和国际本票公约（草案）》，

设想将两大票据法体系统一在一个"公约"范围内，至今因签字国过少而未果。所以至今还没有世界统一的票据法，仍然存在英美法与大陆法这两大法系。

知识拓展

英美法和大陆法两大法系的分歧

1. 票据分类不同

日内瓦票据法将汇票和本票视为一类，将支票视为另一类，分别订立两个公约；英国1882年票据法中则是将支票视为汇票的一种类型，1957年的《支票法》实际上是对1882年票据法中支票内容的补充。

2. 票据持票人的权利不同

日内瓦票据法认为，只要票据上的背书是连贯的，持票人就是"合法持票人"，对票据就拥有合法的权利。而英国票据法则强调票据的流通和信贷，特别照顾信贷中金融业持票人的利益，把票据持票人分为对价持票人和正当持票人两种，并赋予不同的权利。对价持票人不仅是本人对票据付过对价的持票人，也可以是任何一个持票人，不论他付过对价与否，只要某一前手付过对价即可。对价持票人的权利不优于前手，而正当持票人的权利优于其前手，不受前手诸当事人中任何权利缺陷的影响。

3. 对伪造背书的处理不同

日内瓦票据法认为，伪造背书的风险由丧失票据的人承担，只要持票人取得的票据合乎要求，并没有与作案者勾结同谋，而且又不知情，就不必承担责任。而英国票据法则认为，背书加签名才能将票据权利转让，假签名的背书根本无效，权利没有让出，以后诸人则根本就未获得权利。

4. 对票据要件的要求不同

日内瓦票据法对票据要件有明确规定，如规定汇票的形式要件有8项，缺任何一项则汇票无效。而英国票据法对票据形式要件的要求不同，如并不要求在票上写明票据的名称等。

（二）我国的票据法

我国的票据起源虽然很早，但关于票据的立法却远远落后于西方发达国家。我国的第一部票据法是在1929年10月30日由国民党政府颁布实施的，全文共139条，内容包括汇票、本票和支票。迄今仍在我国的台湾地区实行。

1949年新中国成立后，旧中国的票据法被废除。随着计划经济的实施，在国内取消了汇票和本票，个人不得使用支票，汇票的使用仅限于国际贸易，对票据的管理完全采用行政方法。

党的十一届三中全会后，随着对内搞活、对外开放政策的实行，改革了金融体制，开放了商业信用，特别是1989年4月1日施行新的《银行结算办法》后，银行汇票、商业汇票、银行本票、支票得到全面推行，为了能对票据关系进行全面而系统的调整，《中华人民共和国票据法》（以下简称《票据法》）终于于1995年5月10日在第八届人大常委会第十三次会议上被审议并通过，于1996年1月1日起施行。这是新中国第一部真正规范的票据法，标志着在经济生活中作用重大、涉及甚广的票据在我国步入了法制化的轨道。

我国《票据法》充分借鉴和吸取了外国票据立法的经验，尽可能地采用被公认并在国际上通行的规则，力求与国际惯例相一致，但基于我国基本国情，也做了一些与西方国家票据法不同的规定，在某些具体内容上与西方国家的票据法存在明显的差异，这就产生了涉外票据在法律上的适用问题。所谓涉外票据，是指在出票、背书、承兑、保证、付款等行为中，既有发生在中华人民共和国境内又有发生在中华人民共和国境外的票据，国际贸易结算中的票据都是涉外票据。我国《票据法》第96条指出："中华人民共和国缔结或者参加的国际条约同本法有不同规定的，适用国际条约的规定。但是，中华人民共和国声明保留的条款除外。本法和中华人民共和国缔结或者参加的国际条约没有规定的，可以适用国际惯例。"这就充分体现了"国际条约优于国内法"的原则：涉外票据首先适用国际条约，然后才适用我国票据法；如果国际条约和我国票据法都没有规定的，则按国际惯例办事。

根据《票据法》的授权，中国人民银行于1997年8月21日发布了《票据管理实施办法》，同年10月1日施行。为配合《中华人民共和国票据法》及《票据管理实施办法》的施行，中国人民银行于1997年9月19日又颁布了《支付结算办法》，同年12月1日生效。为了正确使用《票据法》，公正而及时地审理票据纠纷案件，最高人民法院审判委员会于2000年2月24日通过了《最高人民法院关于审理票据纠纷案若干问题的规定》，并于2000年11月14日公布，于同年11月21日施行。至此，我国票据法体系得以基本完善。

第二节　汇　票

汇票是国际结算中使用最为广泛的一种信用工具和支付工具，也是狭义票据中最具典型意义的票据。它所包含的内容及涉及的票据行为最为全面，各国票据法对汇票的规定也最为详尽具体。

一、汇票的定义

不同体系的票据法对汇票的定义都有不同的文字描述，有的用下定义的方式给出了汇票的含义，有的则从汇票须具备的要素方面进行了描述。

根据英国票据法，"汇票是一人向另一人签发的，要求即期或定期或在可确定的将来时间对某人或某指定人或持票人支付一定金额的无条件书面支付命令。"（A bill of exchange is an unconditional order in writing, addressed by one person to another, signed by the person giving it, requiring the person to whom it is addressed to pay on demand or at a fixed or determinable future time a sum certain in money to or to the order of a specified person, or to bearer.）

《日内瓦统一法》规定，汇票必须具备下列几项内容，才能发生效力：①写明"汇票"字样；②无条件的支付命令；③出票地点和日期；④付款期限；⑤付款金额；⑥付款人名称或商号；⑦收款人名称；⑧出票人名称和签字；⑨付款地点。

我国《票据法》第19条对汇票的定义是：汇票是出票人签发的，委托付款人在见票时或者在指定日期无条件支付确定金额给收款人或者持票人的票据。

二、汇票的内容

汇票的内容分为绝对必要记载项目、相对必要记载项目和任意记载项目。国际结算中使用的汇票属于国外汇票，多用英文，格式是横条式，其式样如图2-1所示。

```
                        BILL OF EXCHANGE
No.         ******
For         USD15272
        (amount in figure)              (place and date of issue)
At          ******              sight of this FIRST Bill of exchange (SECOND being unpaid)
pay to      BANK OF CHINA, GUANGZHOU BRANCH              or order the sum of
            US DOLLARS FIFTEEN THOUSAND TWO HUNDRED AND SEVENTY TWO ONLY
                              (amount in words)
Value received for                  of
            (quantity)                  (name of commodity)
Drawn under METITA BANK LTD., FINLAND
L/C No.     LRT9802457       dated       APRIL 28, 2015

To:     METITA BANK LTD., FINLAND.      For and on behalf of
                                        GREAT WALL TRADING CO., LTD.
                                        RM201, HUASHENG BUILDING,
                                        GUANGZHOU
                                        P.R CHINA

                                        (Signature)
                                        ANDYLVKING
```

图 2-1　汇票式样

（一）汇票的绝对必要记载项目

汇票的绝对必要记载项目简称绝对必要项目，是汇票必须记载的内容，缺项则汇票不成立。绝对必要记载项目记载是否齐全，直接关系到汇票是否有效。

《日内瓦统一法》和我国《票据法》均规定，汇票的绝对必要记载项目必须包括：写明"汇票"字样、无条件书面支付命令、一定的金额、付款人名称、出票日期、收款人名称、出票人签字7项内容。《英国票据法》没有"汇票"字样与出票日期的要求，只有5个绝对必要项目。

▶ 1."汇票"字样

"汇票"字样的主要的目的是表明票据的性质和种类，以区别于本票、支票等其他票据。我国《票据法》和《日内瓦统一法》都要求在汇票的正面标明其名称，英国票据法未加以规定，但在实务中，一般都注有"汇票"字样。有的汇票无上方的"Bill of Exchange"，但"汇票"的字样是通过文中的"Exchange for"显示出的，也可以使用汇票的同义词"draft"。

▶ 2. 无条件书面支付命令

无条件书面支付有三层含义。

（1）汇票是支付命令，而不是请求，因此汇票上不能出现请求的词语，但不排斥用词的礼貌，"请付（Please pat to）"及"付（pay to）"字样是一种命令，但不能用"Would you please pay to…"，这不是命令，而只是请求。

（2）支付必须是无条件的，不能把某一事情的发生或某一情况的出现作为付款的先决条件。如"On arrival of××"或"After clearance"等，表明货物已抵达或所装运的船只已到或货物已通关，这类有条件的文句都是不可以的，此类汇票无效。

知识拓展

英国票据法允许使用"在某特殊事件发生之日或发生之后的固定期限"这样的条件，该事件肯定会发生，尽管时间不确定。如"××逝世之日付给我……"字样的汇票是有效的，一个人必然要死，这是一个肯定的将来事件，尽管不知道实际的日期。但汇票若是"在某人结婚后付款"就是无效的汇票，因为这是或有事件，即使此人后来结了婚，也不能成为有效的汇票。同样，写明"承兑后一定时期付款"的汇票也不是合法的汇票，因为将来付款人不一定会承兑，他可能拒绝承兑。

（3）汇票必须是书面的，而不能是口头的，不然无法签字。书面包括手写的、打字机打的、印刷的、计算机打的。对于票据尺寸大小，票据法中一般未做规定，但实务中都要求以合适的尺寸和不易涂改的方法做成，如不能用铅笔签发票据。

▶ 3. 一定的金额

（1）以金钱表示。票据上的权利必须以金钱表示，否则无效。汇票的金额包括两部分：一是货币名称；二是金额。货币名称一般用缩写（标准代码）表示，要和信用证中使用的货币一致，金额一般保留两位小数。

（2）确定的金额。表明确定或可以确定的金额，在后一种情况下，要求任何人根据票据文义的记载都能得到同样的结果。如果金额是"about USD200"或"USD＄200 or USD100"，由于不是"一定金额"，因此无效。

（3）大小写。实际中，为防止涂改，票据的金额还必须同时用大小写记载。汇票上表示的金额在"Exchange for-"处用阿拉伯数字写，在"The Sum of-"处用文字，当两者出现不一致时，各国票据法一般都规定以文字表示的为准。因为有的国家的票据法中并未规定大小写要并列一起写，所以，有时会出现仅以文字或数字记载金额的汇票，若出现上下文金额不一致时，以其中最小者为汇票金额，实际中大多退票要求出票人修改。我国票据法在第八条中规定，金额要大小写同时记载，两者必须一致，否则票据无效。

许多国家的票据法均允许在金额的后面附有利率条款或汇率条款，但金额仍要确定，若只标明计利息，而未标明利率，也是无效的汇票。如 USD100.00 Plus interest，金额就不是确定的，应为无效。但《日内瓦统一法》规定，这里只是利息的记载无效，汇票本身却是成立的。

知识拓展

常见有关金额不确定的表示：

（1）the sum of about one thousand USD

(2) the sum of circa one thousand USD

(3) the sum of one thousand USD or two thousand USD

(4) Pay to the order of ＿＿ the sum of one thousand US dollars plus interest

(5) Pay to the order of ＿＿ the sum of one thousand US dollars by installments

(6) Pay to the order of ＿＿ the sum of one thousand US dollars converted into sterling equivalent

注意：

(1)～(3)：票面金额的不确定表示将直接导致该汇票无效，汇票需重新开立。

(4)～(6)：其他有关金额的表示（利息条款、分期付款条款、支付等值其他货币条款），这些条款金额表示不明确仅导致这些条款的无效，不会影响整张汇票的有效性。

▶ **4. 付款人名称**

汇票式样中的左下角"To-"表示汇票的付款人（payer），即汇票的被发票人、受票人（drawee）。要注意写清楚其详细地址，以便持票人提示承兑或要求付款。在国际贸易中，如果是信用证交易，则付款人大多是开证行。英国票据法还允许有两个或两个以上的付款人，但任何一个付款人都必须对全部债务负责，没有主次之分，即连带负责。

▶ **5. 出票日期**

出票日期指汇票签发的具体时间，出票日期的作用如下。

(1) 决定出票人的行为效力。出票日期可确定出票人在签发汇票时有无行为能力，若出票时已宣告破产，则票据不成立。

(2) 可用来计算汇票的到期日及利息的起算日等。

(3) 可确定有些汇票的有效期限，因这个有效期限往往自出票日起算。持票人如不在规定时间内要求票据权利，票据权利自动消失。《日内瓦统一法》规定，即期汇票的有效期是从出票日起的1年时间；我国《票据法》规定见票即付的汇票有效期为2年。

英国票据法认为出票日期不是绝对必备项目，规定如未列明日期，任何持票人都可把实际的出票日填上。

▶ **6. 收款人名称**

汇票是债权凭证，收款人是汇票上记名的债权人。汇票上关于收款人的记载是在式样中的 pay to(the order of)字眼之后注明的，也称为汇票的抬头。其作用是表明汇票的最初权利者，并可与第一背书人的签名对照，以判断背书是否连续。

知识拓展

汇票上收款人的填写方法

1. 限制性抬头

此种抬头的汇票只限于付给指定的收款人，即票据的债务人只对记明的收款人负责。限制性抬头的票据不可流通转让。其表示方法如下：

(1) pay to ABC Co.，在汇票的其他地方有"不可转让"字样。

(2) pay to ABC Co. only。

(3) pay to ABC Co. not transferable。

2. 指示性抬头

指示性抬头指可以由收款人或其委托人、指定人提示取款的汇票，它并不强求一定要收款人本人亲自签收，收款人可以通过背书将汇票转让给他人，由受让人以持票人身份取款。这种汇票既实现了汇票流通转让的最基本性质，又要求背书具有一定转让条件，使转让更安全、可靠，在实务中应用广泛。指示性抬头的表示方法如下：

(1) pay to the order of ABC Co.。

(2) pay to ABC Co. or order，英国人喜欢这样用，以防止作弊。

(3) pay to ABC Co.，虽无"order"字样，但在别处无"不可转让"字样，实际上与(1)是一样的。

3. 来人抬头

来人抬头又称持票人抬头。不管谁持有来人抬头汇票，都有权要求付款人付款，该种抬头汇票无须背书即可转让。表示方法如下：

(1) pay to Bearer。

(2) pay to ABC Co. or Bearer。

对"pay to ABC Co. or Bearer"中的"ABC Co."可不予理会，只将其视为"pay to Bearer"。这种抬头的汇票称来人汇票，任何拥有这种汇票的人就是来人，即要成为来人，必须拥有一张"来人汇票"，这和日常使用的"来人"的意思是不同的。另外，经空白背书的指示汇票也是来人汇票。所以，来人汇票是明确注明付给来人或经空白背书的汇票。《日内瓦统一法》和我国的票据法禁止以这种抬头开立汇票。

▶ **7. 出票人签字**

签字原则是票据法的最重要和最基本的原则之一，谁签字，谁负责。汇票须经出票人亲笔签名或盖章方有效。签字的地方是在上列汇票式样的右下方，可以说这是汇票最主要的项目。因票据法是根据某人在票据上的签字来确定他的责任的，不签字就不负责，签字等于承认了自己的债务，收款人因此有了债权，从而票据成为债权凭证。根据英国票据法不完整汇票的规定，只要交付了一张签过字的白纸就算确定了债务，其他的项目可由持票人根据授权来填写。

(二) 汇票的相对必要记载项目

汇票除了上述绝对必要记载项目外，还有其他相对必要记载项目，如出票地点、付款地点、付款期限等。

▶ **1. 出票地点**

出票地点是指出票人签发汇票的地点，记载于汇票的右上方，有时空白汇票已先行印就了出票地，若没有，则以出票人的实际所在地填写。但是汇票不注明出票地点并不会影响其生效。我国《票据法》规定，汇票上未记载出票地点，则出票人的营业场所、住所或经常居住地为出票地。如果这张汇票是在英国开立的，则是有效汇票；如果是在大陆法系国家开立的，则是无效汇票。

出票地还直接关系到汇票适用哪国的法律，当汇票未注明出票地时，则以出票人签名后注明的地址为该汇票的出票地。关于汇票的形式及其有效性，一般以出票地的国家法律为准。

2. 付款地点

汇票的支付地叫付款地，是持票人提示请求付款的地点，一般付款人名字旁边的地址即是。若出口商所开汇票是以外币表示的，有时要在金额的后面注明以何地的货币为付款货币，如 New York Funds、Payable by an approved banker's desk New York 或 Payable in New York Funds 等。付款地涉及适用法律，在付款地发生的"承兑""付款"等行为，都适用于付款地的法律。付款地点也是票据遭到拒付时做出拒绝证书的地点。因此，付款地点的记载是非常重要的。但是不注明付款地点的票据仍然成立。根据我国《票据法》规定，汇票上未记载付款地的，付款人的营业场所、住所或者经常居住地为付款地点。

3. 付款期限

付款期限指付款到期日，是付款人支付汇票金额的日期，根据汇票的付款期限，汇票有即期汇票和远期汇票之分，其表示方法如图 2-2 所示。

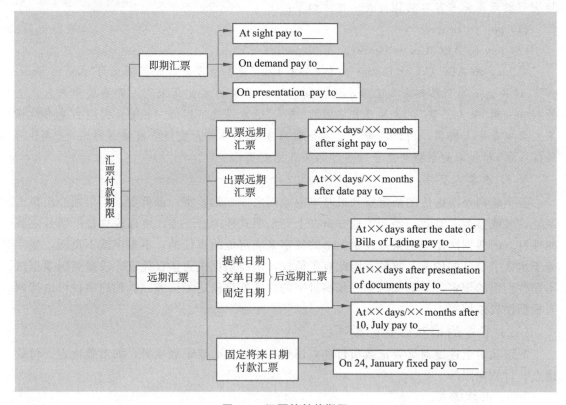

图 2-2 汇票的付款期限

知识拓展

汇票的付款期限

1. 即期付款（at sight/on demand）

即期付款即见票即付，也就是持票人向付款人提示汇票的当天就是该汇票的到期日。这种汇票有时注明"见票即付"，如 on demand（at sight or on presentation）to the order of ____。如果没有表示付款日期，也表明是即期付款。

2. 见票后定期付款(Payable at a fixed period after sight or at…days after sight)

此种汇票是持票人向付款人提示，经承兑后确定付款到期日，等到期日再付款。这里的提示与即期汇票的提示不同，不是要求付款而是要求承兑，到期日从承兑日算起，而且不是以"出票日"而是以"见票日"来决定到期日。如果汇票是"见票后一个月付款"，虽然是3月30日出票，但4月10日付款人才见到，这时到期日是4月10日以后的30天，即5月10日，如果付款人拒绝承兑，持票人应尽快做成拒绝证书，这时汇票的到期日就从做成拒绝证书日算起。但是在做了拒绝证书之后，如果付款人又承兑了汇票，则持票人有权坚持将第一次提示汇票的日期作为承兑日。

3. 出票后定期付款(payable at a fixed period after date)

此种汇票是在汇票开出后的若干时日到期，如"出票后150天付款"(150 days after date)。

4. 确定日期付款(payable at fixed date)

此种汇票是以某一确定的日期为付款日(其期限是可以确定的，否则失效)，如2017年11月1日(on November 1, 2017)。此外，有的信用证将汇票到期日规定为提单后180天(180 days after date of Bill of lading)或"交单后30天"(30 days after date of presentation of the documents)。在这种情况下，起算日是提单签发日或交单日。出票人常在汇票注明提单日或交单日，到期日计算出来后通常要在汇票上注明。

除即期付款之外，其余都属于远期付款。可见，付款期限并不是绝对必须记载的，汇票即使没有载明付款时间，其效力也不受影响。英国票据法及《日内瓦统一法》、我国的票据法都规定，如果汇票没有载明付款期限，一律作为见票即付处理。

以上四种表示方法的到期日：①如遇非营业日(星期六或星期日)及节假日，则顺延；②对非即期的汇票的到期日的算法是"算尾不算头"，即不包括见票日或出票日，但包括付款日。例如，出票后30天付款，如果出票日是1月13日，则到期日就是2月12日；③月为日历月。2月29日后的一个月是3月29日，而不是31日，1月31日后的一个月是2月28日(或29日)，即在相同的日期到期；④半月以15天计；⑤月初为1日，月中为15日，月末为最后一天。

(三) 汇票的任意记载项目

汇票的任意记载项目是指除以上两类项目以外的项目，是由出票人根据需要记载的限制或免除责任的内容，如利息条款、无追索权条款等；有的记载项目票据法并未禁止，加列上也不影响汇票的效力。

▶ 1. 汇票号码

为方便查询起见，发票人可于汇票上加列序号。

▶ 2. 成套汇票

为防止汇票在向海外寄送中丢失，汇票往往同时开出数张内容相同的一组。不过也有单张的情况(有的载有 solo，表示汇票只有一张)，用于信用证指定的议付行向指定的偿付行索偿。

1) 两张式汇票

第一张为"Pay this first bill of exchange (second of the same tenor and date being unpaid)to…",俗称"付一不付二",有时正面上写有"original"字样;第二张为"Pay this second bill of exchange(first of the same tenor and date being unpaid)to…",俗称"付二不付一",有时正面上写有"Duplicate"字样。

2)三张式汇票

前两张同上;第三张为 Third of EXchange。各联汇票均有效,但一联支付后,其余便自动失效。

国际结算中使用的汇票以单张或一式两张最为普遍。

▶ 3. 出票条款

信用证项下的汇票,常规定汇票上须写明汇票的起源,即根据××银行某年、月、日开出的某号信用证所发汇票。例如,Drawn under L/C No×× issued by×× bank dated ××。

▶ 4. 对价条款

汇票上常有"Value Receive"(货款两讫)的条款,这是沿袭习惯的做法,不记载并不影响汇票的效力。"Value Receive"有两层含义:一是表明出票人向付款人承认收到票面所示的金额,有收据的意思;二是表明原因,如"For value received against shipment of 100 bales of Cotton",就表明汇票的开出是由于出运了100包棉花。

有时会见到这样的对价条款:value received and charge(the same)to the order of…,后接出票人名称(位于汇票右下角),意思是"价款已收讫,请记入本人账户"。所以,在 of 后面若写上金额及船名就会影响汇票的效力。

▶ 5. 外汇汇率条款

汇票在用外币表示的情况下,要涉及外汇汇率问题。业务中有的经办外汇结算的银行在汇票上注明了汇率条款:payable at collecting bank's selling rate on date of payment for sight draft on New York, Payable for face amount by prime banker's sight draft on New York。若没有注明,付款人一般根据付款人当地银行的卖出汇率来付款。

▶ 6. 利息条款

汇票可以载有利息条款,但利息条款必须明确,计算期间和利率都明确者方可,否则不允许。利息条款的内容通常为:按年利8%支付自出票日起到付款日止的利息(Payable with interest at 8%p. a from the date here to date of payment of this instrument)。美国向远东国家开的汇票,常附有加带利息的所谓远东条款。计算期间若未注明,则认为从出票日开始,一直到付款日终止。

▶ 7. 无追索权条款

这里的追索权包括承兑和付款。汇票出票人应保证汇票的承兑和付款,当汇票遭到拒绝承兑和拒付时,持票人和背书人有权要求出票人偿付,但出票人可以在汇票上注明不保证该汇票的承兑和付款。依照英美法,无追索权条款可以用下列文句表示:

(1)在本文处记载:Pay to(Payee)or order without recourse to me。

(2)或在汇票空白处写明:Without Recourse(to Drawers)。

但《日内瓦统一法》只允许免除担保承兑的责任,而不能免除担保付款,且此条款在日本无效。

▶ 8. 免除做成拒绝证书条款

拒绝证书是行使追索权所必需的条件，它是由公证人做出的证明汇票拒绝承兑和付款的文件。但出票人也可以在汇票上注明"不要拒绝证书""免除拒绝证书"之类不需拒绝证书而直接可行使追索权的字样，并在一旁签名，使之具有法律效力。免除制作拒绝证书时，于汇票上的空白处注明"Protest waived"或"waived Protest"字样，如汇票上有免除拒绝证书的记载而仍做了拒绝证书时，其行为是有效的，但制作费用出票人不负担，而由持票人自己支付。

三、汇票的主要当事人及其权利和义务

汇票有三个基本当事人，即出票人、付款人和收款人，它们是汇票设立时产生的，此时汇票尚未进入流通领域。汇票进入流通领域后，还会出现其他的当事人，如背书人、被背书人、持票人等。

（一）出票人

出票人（drawer）即依照法定方式签发汇票并交付汇票的人，进出口业务中通常是出口商，他是汇票上的债务人。在汇票承兑之前，他是汇票的主债务人，承兑后，承兑人变成主债务人，出票人是次债务人。出票人的主要责任是对汇票的收款人或持票人保证汇票的承兑和付款，一旦汇票不被承兑或遭拒绝，持票人可向出票人行使追索权，这时出票人应负支付票款的责任。

（二）付款人

付款人（payer）又称受票人（drawee），即接受出票人开出的汇票及相应的支付命令的人。汇票的付款人不是汇票上的债务人，持票人不能强迫其付款，因为汇票的付款人在理论上有权防止他人无故向他乱发汇票，在未承兑前，付款人对汇票可不负责。但远期汇票一经付款人承兑，则表示付款人承认此项债务的有效性，变成了主债务人，也是承兑人。这时，出票人、持票人或背书人均可要求其在到期时付款。

（三）收款人

收款人（payee）也叫受款人、抬头人，是指持汇票向付款人请求付款的人。收款人是汇票的债权人，也是第一持票人，有权获得票面上的金额。收款人在未取得票款前，对出票人保留追索权。若远期汇票已经承兑，则收款人对付款人和出票人都有要求付款权，一旦拒付，即可行使追索权；若远期汇票被付款人拒绝承兑，则收款人不能直接向付款人追索，因为这时的主债务还未转移，仍是出票人，所以应向出票人追索。同理，即期汇票拒付时，也应向出票人追索。

收款人可以将票据转让给其他人，如果收款人通过背书转让了汇票，他就肩负着向被背书人保证付款或承兑的责任，一旦遭到追索应偿还票款，然后再向出票人追索补偿。收款人将汇票背书转让成为汇票的第一背书人。

总之，作为收款人，有两项权利：一是要求付款权；二是追索权。

（四）背书人

背书人（endorser）是指收款人或持票人通过背书，将汇票转让给他人的人。一切合法持有汇票的人，均可成为背书人。背书人对被背书人或其后手，负有担保付款人或付款的

责任。当最后的被背书人,即持票人不能得到承兑或付款时,可向前手行使追索权。

(五)被背书人

被背书人(endorsee)即背书的受让人。依据票据法的规定,票据一经背书,票据上的权利便由背书人转让给了被背书人,因此被背书人是票据的权利人,他可以凭票要求付款人付款。汇票可以连续转让,被背书人可以在汇票上再加背书而将其转让,成为第二背书人,再背书,产生第三背书人,依此类推。

(六)持票人

持票人(holder)即持有汇票的人。占有汇票的收款人、被背书人和来人抬头汇票的持有人都是汇票的持票人。持票人有权向付款人或其他关系人要求履行汇票所规定的义务。由于持票人取得汇票的方式不同,可将其分为对价持票人和正式持票人。

▶ 1. 对价持票人

对价持票人(holder for value)是指在取得汇票时付出一定代价的人。所谓对价,是指支持一项简单合约之物,即受让人必须付给转让人某些货物、货币、劳务作为转让的代价。这个对价不一定是货币,商品或服务都可以包括在内。还有的持票人本人未付对价,但过去的持票人即他的前手曾付过,也属对价持票人,如赠予。另外,对价也不一定必须是汇票的全部金额,一部分也可以。

▶ 2. 正式持票人

正式持票人(holder in due course)也称为正当持票人或善意持票人(bonafide holder)。一个持票人要成为正式持票人,必须符合以下几个条件:

(1)汇票在表面上是完整的、合格的、不过期的;

(2)善意地付了对价;

(3)未发现汇票的前手所有权上有缺陷(如以暴力、欺诈等手段取得汇票)。

所谓善意的,是指诚实地行事,并不知道转让人的权利有缺陷或可疑之处,并且只要他能证明他不知道这种缺陷,并且未产生怀疑,也不是有意地对可疑的地方视而不见,那他就是善意。

正式持票人是某种类型的对价持票人,其权利优于其前手,即这种持票人即使他的前手转让人的权利是有缺陷的,他仍具有无可争议地拥有汇票的十足的金额。而对价持票人,不是正式持票人,不能拥有优于其前手转让人的权利,若他的前手有权利上的缺陷,那他也有缺陷。

(七)承兑人

付款人(aueptor)同意接受持票人的命令并在汇票正面承兑汇票,即成为承兑人。承兑人要保证到期按其所承兑的文义付款,不能以出票人不存在、出票人的签字是伪造的、出票人没有签发汇票的能力或未经授权而拒付汇票。

付款人承兑汇票而成为承兑人,就成为汇票的主债务人,出票人成为从债务人。如果承兑人到期拒付,持票人可以直接向法院起诉,当然,也可以向前手追索。

(八)保证人

保证人(guarantor)即由非票据债务人对出票人、背书人或参加承兑人做出保证行为的人。票据保证人与一般债务人的担保人,都具有债务的从属性,最大的不同点在于,票据保证人的责任具有独立性，即使被保证人的债务无效，也要负票据上的责任。

四、汇票的票据行为

汇票的票据行为是指一张汇票从开立到正当付款而注销所经历的一系列的步骤，也即票据的法律行为，它有狭义和广义之分。

狭义的票据行为仅指以承担票据债务为目的而为的要式法律行为，或者说，是围绕汇票发生的、以确立或转移票据权利义务关系为目的的法律行为，包括出票、背书、承兑、保证、保付等。

广义的票据行为泛指一切能够引起票据权利义务关系发生、变更或消灭所必要的全部法律行为，除上述狭义票据行为外，还包括提示、付款、划线、拒付参加承兑、参加付款及追索等。

（一）出票

我国《票据法》第 20 条规定："出票是指出票人签发票据并将其交付给收款人的票据行为。"出票（draw、issue）包括两个动作：一是做成汇票，由出票人本人或授权人签名；二是交付给收款人，有时是当面交付，不在一地的可邮寄交付。若出票人仅有出票的行为而无交付的行为，汇票就是无效的。交付是法律上的一个很重要的行为。英国票据法规定，不论出票、背书或承兑，如无交付这一法律行为来最后完成，以上各种行为都是无效的。出票人出票后，对收款人或持票人担负汇票的及时承兑和付款，若付款人拒绝，持票人就有权向出票人行使追索权。对收款人来说，其取得汇票即成为持票人，取得汇票上的权利；对付款人来说，出票只是单方面的法律行为，付款人并不因此负有付款的义务。

出票在票据诸行为中是主要的票据行为，其他的行为都是在出票的基础上进行的，称附属票据行为。

（二）提示

提示（presentation）是指持票人将汇票交给付款人，要求付款或承兑的行为。提示分为付款提示和承兑提示。即期汇票一经提示，付款人就要付款，这叫付款提示；远期汇票提示时，付款人要承兑，这叫承兑提示，到期时再进行付款提示。

根据票据法规定，提示必须在规定的时间和地点做出才有效。

关于提示的时间，各国票据法的规定有较大不同，常见的情况如下。

▶ 1.《日内瓦统一法》的规定

（1）即期票据必须在出票日后的 1 年内做付款提示。

（2）见票后定期汇票在出票日后的 1 年内做承兑提示。

（3）远期票据在到期日及以后两个营业日内做付款提示。

▶ 2. 英国《票据法》规定

（1）即期票据必须自出票日起 1 个月、本地支票 10 日内做付款提示。

（2）见票后定期付款汇票，自出票日起 1 个月做承兑提示。

（3）远期汇票、本票，自到期日起 10 日内做付款提示。

▶ 3. 我国《票据法》规定

（1）定日或出票后定期的汇票，应在汇票到期日前做承兑提示。

(2) 见票后定期的汇票,应自出票日起一个月内做承兑提示。

(3) 即期汇票,自出票日起一个月内做付款提示。

(4) 远期汇票自到期日起 10 日内做付款提示。

在规定期限内未做提示的,持票人丧失对前手的追索权。但在一定期限内,持票人仍有权向出票人和承兑人要求票据权利。如我国规定,即期汇票、本票的持票人在自出票日起的两年内,远期票据的持票人在自到期日起的两年内,有权对出票人和承兑人要求票据权利;支票持票人在出票后 6 个月内有权对出票人要求票据权利。过了此期限,持票人便丧失票据权利。

提示一般要在付款地进行,如果票据上未指定地点,那么应在付款人营业地或住所提示。此外,持票人还可以通过银行票据交换场所向付款人提示汇票,或者委托自己的往来银行向付款人提示。

如果汇票的付款人是两个或两个以上,而他们又不是合伙人,必须向全体付款人提示承兑和付款,除非其中的一人被授权代表全体付款人承兑或付款,方可只向一人提示。如果承兑人或付款人已死亡,可向他们的个人代表做出提示。

(三) 承兑

承兑(acceptance)是指远期汇票的付款人在汇票上签名,表示同意按出票人指示承担到期付款责任的行为。承兑也包括两个动作:一是写成;二是交付。交付可以是实际的交付,即在承兑后将汇票交给持票人,也可以是推定的交付,只要付款人通知持票人在某日已做了承兑,就算交付。国际上习惯的做法是,对 180 天以内的远期汇票承兑后不退给持票人,而只是书面通知(即"承兑通知"),这样处理对各方当事人都更方便。

承兑的格式样本如图 2-3 所示。

图 2-3 承兑的格式样本

付款人在做出承兑后,便成为承兑人,承兑人要保证他将按汇票的文义来付款,此时他是主债务人,而且不能以出票人的签字是伪造的或出票人不存在或未经授权而否认汇票的效力。承兑前,汇票的责任顺序是:出票人→收款人(第一背书人)→第二背书人……承兑后,责任顺序为:承兑人→出票人→收款人(第一背书人)→第二背书人……

英国票据法规定,要在持票人做承兑提示的 24 小时内做承兑,否则就是拒付。但拒付后还可再承兑,但汇票的到期日是从第一次提示日算起。《日内瓦统一法》规定,持票人第一次提示时,付款人可不承兑而要求他第二天再提示,第二天提示时就必须做承兑。

承兑分为两种。

▶ 1. 普通承兑

普通承兑也叫一般性承兑,是指付款人对出票人的指示不加限制地予以确定,同意执行,包括简式承兑和正式承兑。简式承兑是指仅有付款人的签字;正式承兑是指除签字外,还注明"承兑"字样,见票后远期付款的,还要注明承兑日期。

▶ 2. 保留性承兑

保留性承兑是指付款人在承兑时,对汇票的到期付款加上一些保留条件,从而对票据文义进行了修改。

(1) 有条件的承兑,如交提单后承兑或货物完好才承兑。

(2) 部分承兑,只承兑汇票金额的一部分。英国人认为接受这种承兑并无害处,比一点都没承兑要好一些,但持票人仍须将未被承兑的余额作为退票来处理,并将这种承兑通知全体前手当事人。

(3) 规定地点的承兑,表明只能在某地承兑付款。

(4) 规定时间的承兑,如原来规定出票后 3 个月付款,在承兑时改为出票后 6 个月付款。

(5) 并非由全部付款人承兑,如汇票的付款人为 A 和 B 两人,而只有 A 承兑了,B 未承兑。

持票人有权拒绝接受保留性承兑。如拒绝接受,可把汇票视为拒绝承兑;如接受了保留性承兑,而出票人或背书人并未授权,事后也不同意,则持票人以后不能向他们行使追索权,即后者的责任解除。

(四) 付款

付款(payment)是指即期汇票或到期的远期汇票的持票人向付款人提示票据时,付款人支付票款的行为。

付款是票据关系的最后一个环节,其具体过程是:汇票的持票人向付款人提示汇票,请求付款,然后付款人付款并收回汇票,从而使汇票上的法律关系结束。付款人必须是正当付款才能解除债务。正当付款的条件:①付款人善意地付款,不知道持票人权利的缺陷;②鉴定背书的连续性;③到期日付款。

当持票人按规定向付款人做出付款提示时,付款人应该在 24 小时的合理时间内付款,否则可能被视为拒付。另外,我国《票据法》规定,"付款人必须足额付款,不能做部分付款。"付款人在做了正当付款后,应要求收款人在票据背面签字作为收款证明并收回票据,注上"付讫"字样,此时票据就注销了。票据注销后,付款人的付款义务即被解除,所有的债务人的责任都因此消失。

(五) 背书

背书(endorsement)是指汇票的持票人在汇票背面或粘单上注明转让的有关事项、签名并交给被背书人的行为。背书的作用可以理解为:表明票据权利由背书人转让给被背书人。这也是背书的目的,即可通过连续的背书,证明持票人具有行使票据权利的资格。另外,背书还有担保的效力。

我国《票据法》规定,背书必须记载签章、背书日期、被背书人名称等事项。

1. 记名背书

记名背书(special endorsement)又称特别背书、正式背书、完全背书。其特点是背书内容完整、全面，除背书人在汇票背面签名外，还要在名字上面写上"付给××"的字样，如图2-4所示。

被背书人	Pay to B Co., London	**Pay to C CO., New York**	
背书人	For A Co., Beijing (signature)	For B Co., London (signature)	For **C CO., New York**

图2-4　记名背书示例

一般转让背书都是记名背书，被背书人可再做记名或空白背书来继续转让。

2. 空白背书

空白背书(blank endorsement)又称无记名背书、略式背书，即背书人只在汇票背面签名，而不载明被背书人的名称，如图2-5所示。汇票一经空白背书，就成了来人汇票，受让人可以不做背书仅凭交付来转让汇票的权利。但空白背书可以变成记名背书，也可再回复到空白背书。

被背书人			Pay to C CO., New York
背书人	For A Co., Beijing (signature)	For D Co., London (signature)	

图2-5　空白背书示例

我国票据法不承认空白背书。

3. 限制性背书

限制性背书(restrictive endorsement)是指背书人签名后加注该票的限制性条件，它禁止汇票的继续转让，使汇票的转让受到限制，如图2-6所示。

被背书人	① Pay to B Co., London only ② Pay to B Co., London not negotiable ③ Pay to B Co., London not transferable ④ Pay to B Co., London not to order ⑤ Pay to H Bank for account of B Co., London
背书人	For A Co., Beijing (signature)

图2-6　限制性背书示例

限制性背书还包括回头背书和期后背书，前者是以票据上的债务人为被背书人的背书；后者是汇票到期后所做的背书。

▶ 4. 托收背书

托收背书(endorsement for collection)是指记载有"委托收款"字样的背书，即背书人注明其背书的目的只是委托被背书人代为取款，而不是转让汇票的所有权。委托收款背书的被背书人不得再以背书方式转让汇票，因为汇票的所有权仍属于背书人而不是被背书人，托收结算方式中委托收款即是如此。背书的形式可以是"Pay to A or the order for collection"。

▶ 5. 设质背书

设质背书(endorsement of pledge)是指记载有"质押"字样的背书，也称质权背书。设定质押背书的实质是背书人与被背书人存在债权债务关系，债务人（背书人）以汇票作为抵押或担保，交给债权人。被背书人因此取得质权，作为债权的担保。这种背书的目的不是转移权利，而是设定质权，背书人是质权设定人，被背书人是质权人。只有当被背书人的债权不获得正常清偿时，才可用票据金额优先偿付自己被担保的债权，此时，被背书人才可以用自己的名义，行使票据权利。

背书中如列有"Without Recourse"字句，说明背书人不愿负被追索的责任，但他的前手并不免除，这种背书称为"不担保背书"。

知识拓展

背书时的注意事项

(1) 背书行为一旦完成，背书人必须向后手担保前手签名的真实性和票据的有效性。即使前手的签字是无效的，或若票据不具备实质性条件，背书人一旦签字，就必须对票据债务负责。

(2) 背书必须是对汇票全部金额背书，部分背书或将汇票分开转给两个或数个被背书人的背书均不起转让作用，获得此种汇票的人对汇票也无权利。

(3) 凡汇票的收款人是两个或两个以上收款人的指定人，或付给两个或数个被背书人的指定人，而他们又不是合伙人，那他们全体必须背书，除非其中的一个背书人有权代表其他人背书。

(4) 背书不得附有条件。背书应是无条件的，如背书附有条件，要求履行该条件后背书才生效，则该条件记载无效。

(5) 被背书人接受汇票后成了汇票的持票人，拥有付款和追索的请求权，且前手越多，收款也就越安全，因担保的人多了。但如果背书回头，由于他对原来的后手已无追索权，担保的人反而少了，如 A→B→C→D→E→B，则 B 只能向 A 追索。

(六) 保证

保证(guarantee)指汇票债务人以外的第三人，以担保汇票债务的履行为目的，在汇票上记载有关事项的一种票据行为。《日内瓦统一法》允许任何人作保证，包括已在汇票上签过名的债务人。我国《票据法》规定，保证人一般由票据债务人以外的人担当，有两个或两个以上的保证人之间、保证人与被保证人之间对持票人要承担连带责任。保证人在保证时，要在汇票的正面记载"保证"的字句及日期、保证人签名、被保证人名称（未写时为出票人）。例如：

Guarantee for _____（被保证人）

Signed by _____

Dated on _____

在英国，没有保证，但有"融通"制度。根据英国票据法，汇票的融通当事人是作为出票人、承兑人或背书人而在汇票上签字的人。他未收到汇票的对价，其目的只是将自己的名字出借给其他人。融通当事人对汇票的对价持票人承担责任，但不对被融通当事人负责。

（七）拒付

当汇票的持票人依照票据法的规定向付款人提示汇票要求承兑和付款时，遭到拒绝就叫拒付（dishonor），也叫退票。在付款人逃匿、失踪、死亡、破产等情况下，持票人无法获得付款或承兑，也属于拒付。一旦发生拒付，持票人要及时通知前手，即发出退票通知，或叫拒付通知。这个通知可以是书面的，也可以由人传达，措辞不限，只要能说明是哪一张汇票遭退票就可以了，但我国票据法规定退票通知只能以书面形式做成。

拒付通知必须在合理的时间内发出。英国票据法规定：如被通知人和通知人同住一地，通知书应于退票的第二天送到；如被通知人住在其他城市，通知书要在次日邮寄出去。《日内瓦统一法》规定：持票人在拒绝证书做成后 4 日内通知前手，前手再在 2 日内通知其前手。我国《票据法》第 66 条规定：持票人应当自收到被拒绝承兑或者被拒绝证明之日起 3 日内，将被拒绝事由书面通知其前手，其前手应当自收到通知之日起 3 日内书面通知其再前手。

（八）追索

汇票遭拒付时，持票人要求前手偿还票款和费用的行为称为追索（recourse）。持票人是主债权人，其有权向汇票的出票人、背书人、承兑人及其他的债务人追索。持票人可以依背书人的次序，也可越过前手，向其中任何一个债务人请求偿还。为节省时间，甚至可以跨越所有的中间环节。一般是向最主要的债务人追索。未承兑前向出票人追索，已承兑时，若承兑人拒付，也是向出票人追索。出票人清偿之后，还可向承兑人追索，承兑人要是还不付，出票人可以向法院起诉。

可行使追索的期限，英国规定为六年；《日内瓦统一法》规定为一年；我国是两年；行使追索权必须以持票人经过提示，并通知前手以及做成拒绝证书为前提。

五、汇票的种类

（一）根据汇票出票人身份的不同划分

▶ 1. 银行汇票

银行汇票（banker's draft）是以银行为出票人，委托国外的分行或代理行付款的汇票。银行汇票的出票人和付款人都是银行。

▶ 2. 商业汇票

商业汇票（commercial draft or trade bill）是以商号或商人为出票人的汇票。国际贸易中的银行汇票与商业汇票在以下几方面有区别：

(1) 银行汇票的出票人是银行，而商业汇票的出票人则为出口商。

(2) 银行汇票多用于顺汇，商业汇票多用于逆汇。

(3) 银行汇票的付款人是出票银行的海外分行或代理行，而商业汇票的付款人是国外的进口商或信用证的开证银行。

(4) 银行汇票多为光票,不附货运单据,而商业汇票多是附货运单据的跟单汇票。

(二) 根据汇票是否附有货运单据划分

▶ 1. 跟单汇票

跟单汇票(documentary bill or draft)即随附有货运单据的汇票。它的信用除依靠当事人的信用外,还有物资作为后盾,在国际贸易中被广泛地使用。信用证业务项下的跟单汇票可卖给银行,并以单据为抵押取得资金的融通。托收项下的跟单汇票由于没有银行信用的担保,风险较大,银行通常不提供融资,仅以托收的方式代收货款。

▶ 2. 光票

未附有任何货运单据的汇票称光票(clean bill or draft)。与既有人的信用又有物的保证的跟单汇票相比,它没有物的保证,完全凭出票人、背书人和付款人的信用,因此光票一般不用于收取货款,而只用于运费、保险费、利息的收取。出口商在采用寄售方式推销新产品时,大都签发不附单据的光票。

(三) 根据汇票付款期限不同划分

▶ 1. 即期汇票

即期汇票(sight bill or draft;demand bill or draft)是付款人在见票或提示时立即就要付款的汇票。

▶ 2. 远期汇票

远期汇票(time bill or draft;usance bill or draft)是在将来若干时日付款的汇票,包括见票后、出票后若干天及某个确定时期付款的汇票。

(四) 根据承兑人身份的不同划分

▶ 1. 商业承兑汇票

远期汇票的承兑人如果是进口商或其指定的个人,称为商业承兑汇票(commercial acceptance bill)。

▶ 2. 银行承兑汇票

远期汇票的承兑人如果是银行,则为银行承兑汇票(banker's acceptance bill)。

商业承兑汇票建立在商业信用基础上,银行承兑汇票建立在银行信用基础上,所以银行承兑的汇票更易于被人接受,也便于在市场上流通。

(五) 根据汇票上货币的不同划分

▶ 1. 外币汇票

汇票上的金额为外国货币的汇票称为外币汇票(foreign currency bill)。

▶ 2. 本币汇票

本币汇票(home currency bill)即汇票上的金额为本国货币。国外持有人持这种汇票时须经托收才能收回票款。

(六) 根据汇票的流通范围划分

▶ 1. 国内汇票

国内汇票(inland bill)只在国内流通,出票地和付款地都在同一国家之内。

2. 国外汇票

国外汇票(foreign bill)在两个国家以上流通,出票地和付款地不在一个国家,或者都在国外。

托收业务中的汇票和信用证业务中的汇票分别如图2-7和图2-8所示。

EXCHANGE FOR USD300 000.00   NEW YORK, 11, JULY, 2015

D/P AT******** SIGHT OF THIS FIRST BILL OF EXCHANGE (SECOND UNPAID)

PAY TO THE ORDER OF Bank of America N.T. & S.A.

THE SUM OF U.S.DOLLAR THREE HUNDRED THOUSAND ONLY

DRAWN UNDER SALES CONTRACT NO 23476 AGAINST 560 BARRELS OF OIL FROM NEW YORK TO GUNGZHOU FOR COLLECTION

TO CHINA GUANGDONG IMP.CORP.   For and on behalf of
   GUANGZHOU   NOVUS INTERNAITONAL
                                       PTE LTD.., NEW YORK

图 2-7　托收业务中的汇票

Exchange for GBP56 400.00   Guangzhou, 5,April, 2015

At 90 days after sight pay to the order of ourselves

The sum of Sterling Pounds Fifty Six Thousand Four Hundred only

Drawn under Documentary Credit No 56982 issued by Midland Bank,

dated 10, March, 2015

To Midland Bank Ltd.,   For Guangzhou Textiles
   Holding
   London   王强
                              Authorized Signature (s)

图 2-8　信用证业务中的汇票

拓展案例

伪造汇票诈骗案

某年11月，S省医药器具公司持两张从香港商人那里得到的出口项下的汇票到国内某银行要求鉴别其真伪。两张汇票的出票人为美国新泽西州 FIRST FIDELITY BANK，付款人是哥斯达黎加的 AMERICAN CREDIT AND INVEST CORP.，金额分别为 32 761.00 美元和 61 624.00 美元，付款期限为出票后5个月。从票面上看，两张汇票显然不符合银行汇票的特点，疑点很大，其中可能有诈。于是该行一边告诫公司不要急于向国外进口商发货，一边致电出票行查询。不久，美国新泽西 FIRST FIDELITY BANK 回电，证实自己从未签发过上述两张汇票。

此汇票的主要疑点如下。

1. 两张汇票金额都很大，通过香港中间商而认识的我方出口商和国外进口商在对各自伙伴的资信、经营作风都不十分了解的情况下，通常是不会采用汇票方式办理结算的。国外进口商甘冒付款后收不到货的风险委托银行开出两张大金额的汇票，这本身就有问题。

2. 上述两张汇票在付款期限上自相矛盾。即期汇票(SIGHT OR DEMAND DRAFT)下，收款人提示汇票的当天即为汇票到期日，而两张汇票都有"PAYING AGAINST THIS DEMAND DRAFT UPON MATURITY"这样的语句，且标明到期日，与出票日相差了60天，这是问题之一。另外，如果两张汇票是远期汇票，那么汇票上应注明"见票后固定时期付款"或"出票后固定时期款"(PAY IN A CERTAIN PERIODAFTER SIGHT OR PAY IN A CERTAIN PERIOD AFTER ISSUE)。而这两张汇票在右上方"DATEOF ISSUE"的下面直接标出一个"DATE OF MATURITY"而无"AT×××DAYS AFTER SIGHT PAY TO ×××"或"AT ××× DAYS AFTER DATE OF THIS FIRST EX-CHANGE PAY TO×××"的语句，这是问题之二。

3. 两张汇票的出票人在美国，即付款项为美元，而付款人却在哥斯达黎加。美元的清算中心在纽约，世界各国发生的美元收付最终都要到纽约清算。既然美元汇票是由美国开出的，付款人通常的、合理的地点也应在美国，两张汇票在这一点上极不正常。

分析： 近年来，以伪造汇票为手段进行诈骗的违法活动越来越多，最初发生的案件容易侦破，因为作案手段比较低劣，易于发现。随着计算机技术的发展，涉案人员也使用了高科技的手段，例如，根据一些银行的票据制作方式，使用虚构的银行名称，制作足可以假乱真的汇票。我国加入世贸组织之后，公司和企业有了进出口经营自主权，也必须要谨慎防范信用风险。利用国际贸易中的汇票结算进行欺诈是国际贸易中常见的信用风险之一，要判断是否是伪造汇票，应当从其内容着手，查看其具体记载是否与汇票要式相符。

第三节 本 票

本票作为一种票据，同样具有支付结算功能和信用功能，因此它可以成为一种国际结算工具。

一、本票的定义

根据英国《票据法》第 83 条，本票是一个人向另一人签发的，保证即期或定期或在可以确定的将来时间对某人或指定人或持票来人支付一定金额的无条件的书面承诺。（A promissory note is unconditional promise in writing made by one person to another, signed by the maker, engaging to pay, on demand or at fixed or determinable future time, a sum certain in money to, or to the order of a specified person or to bear.）

我国《票据法》第 73 条规定，本票是出票人签发的，承诺自己在见票时无条件支付确定的金额给收款人或持票人的票据。

二、本票的必备项目

本票是票据的一种，具有票据的一切性质，其格式也是横条式，国际结算中的本票多用英文来书写，本票式样如图 2-9 所示。

```
                                              Due 11th July, 2013
Promissory Note for GBP800.00                 London, 8th April, 2013
At 90 days after sight we promise to pay Beijing Art and Craft Corp. or order
the sum of Eight hundred pounds

                                              For Bank of Europe

                                              London.


                                              signature
```

图 2-9 本票式样

本票须具备的项目如下：

（1）表明其为本票的文字，如式样中的"Promissory Note"。

（2）无条件支付承诺，这里的支付也是不能附加条件的，但不是汇票的"命令"，而是承诺，"we promise to pay"即表明了这一点。

（3）一定金额，要求同于汇票。

（4）出票人签字。

（5）出票日期和地点，写在式样中的右上角。若未写明出票地点的，出票人所在地即为出票地。

（6）付款期限。若是"××days after date"，即出票后若干天是到期日；有的直接指定了到期日，如 2015 年 10 月 3 日，则属固定日期的本票；若没有表明期限，视为即期本票；若是"××days after sight"，即见票后若干天付款。

（7）收款人或其指定人名称。

（8）付款地点，未写明的则出票地为付款地。

我国《票据法》第 75 条规定，上述 8 个项目中，除付款地点、付款期限、出票地点外，其余均为绝对必备项目，即表明"本票"的字样、无条件支付承诺、确定的金额、收款人名称、出票日期、出票人签章。

三、本票的当事人

由于本票的出票人和付款人是同一人，所以基本当事人只有两个，即出票人和收款人。

出票人即签发本票的人，也是本票的付款人（主债务人），它的主要责任就是履行所承诺的付款，到期时保证支付给收款人或持票人，出票人交付本票后无权再干预持票人。

收款人即本票的债权人，一般又称本票的抬头人。收款人可以背书转让本票，并对后手保证付款。

四、本票的票据行为

本票除不必承兑，亦不必参加承兑以及对本票银行不予贴现之外，其余事项，即出票、背书、保证、到期日、付款、参加付款、追索权等与汇票的规定一样。

五、本票的种类

（一）根据本票上抬头做成方式的不同划分

根据本票上抬头做成方式的不同可分为记名式本票、指示式本票和无记名式本票。记名式本票指票面上记载收款人的姓名或商号。指示式本票的抬头中有"凭指示"字样。无记名式本票指票面上未记载收款人的名字和商号。此种本票转让时仅以交付为要件，一些国家和地区对此本票的面额做了限制，以防其代替货币进入流通领域。我国的票据法不承认无记名式本票。

我国《票据法》第 76 条规定，本票必须记载收款人名称，否则本票无效。

（二）根据本票付款期限的不同划分

根据本票付款期限的不同可分为即期本票和远期本票。远期的表示方法和汇票相同，其中见票后定期付款的本票也称注期本票。"见票"是指当持票人提示时，出票人为确定付款的到期日，在本票上记载"见票"字样并签章的行为。

我国《票据法》第 78 条规定，在中国，本票均为见票即付，不承认远期本票的效力。

（三）根据本票出票人的不同划分

根据本票出票人的不同，本票可分为银行本票和商业本票。银行本票的出票人为银行，商业本票的出票人为除银行以外的其他企业、团体等。我国《票据法》规定，在中国只有银行本票，没有商业本票。

此外，本票还可分为外币本票、本币本票，以及按流通范围分为国际本票和国内本票等。公债、国库券、信用卡、旅行支票等也都属于本票。

第四节 支 票

支票也是国际结算中使用的结算工具，它通常是由进口商签发的委托银行从其存款账户中支付一定金额给出口商的一种票据。

一、支票的定义

英国《票据法》对支票的定义是：支票是以银行为付款人的即期汇票（A cheque is a bill of exchange drawn on a bank payable on demand）。因此，英国将支票归入汇票，而不是划分出来。具体来说，支票是银行存款户对银行签发的授权银行对某人或某指定人或持票来人即期支付一定金额的无条件书面支付命令。

我国《票据法》第 81 条规定："支票是出票人签发的，委托办理支票存款业务的银行或者其他金融机构在见票时无条件支付确定金额给收款人或者持票人的票据。"

从以上定义中可以看出，支票有两个最重要的特点：一是见票即付；二是银行作为付款人。

二、支票的必备项目

支票应记载的项目有：①"支票"字样；②无条件支付命令；③付款银行名称；④出票人签字；⑤出票日期和地点；⑥付款地点；⑦写明"即期"字样，如未写明的，仍视为见票即付；⑧一定金额；⑨收款人或其指定人。支票式样如图 2-10 所示。

```
                                    Due 11th July, 2015
            Check      London, 31st Jan., 2009   No.111111
BANK OF EUROPE
LONDON
        Pay to Tianjin Economic & Development Corp. Or order of the sum of
five thousand pounds            GPB5000

                                    For  Sinn-British Trading

                                          London
```

图 2-10 支票式样

我国《票据法》第 84 条规定，支票绝对要记载的事项有①、②、③、④、⑤及⑧。另外还规定，支票上的金额可以由出票人授权补记；支票上未记载收款人名称的，经出票人授权，也可补记。

三、支票的当事人

（一）出票人

出票人是支票的签发人，他在付款银行开设存款账户并订有支票协议。

(二) 收款人

支票可因交易而取得，也可因受赠、继承而取得，因此支票收款人很广泛。

(三) 付款人

支票项下的付款人就是开户银行。

支票上出票人和付款人的关系是存款户与银行的关系，只有存款户在他的开户行里有足够的存款，他才能开出支票。因此，支票出票人的保证也是保证他在银行里有足够的存款，或者银行允许透支，支票提示时一定会付款。如果没有足够的存款而开空头支票，要负法律上的责任，一般国家对开空头支票的出票人都要课以罚款，金额大的要拘留或判刑。在我国，开空头支票，银行除退票外，并按票面金额处以一定的罚款，对屡次签发的，银行将根据情节给予警告、通报批评，直至责令其停止签发支票。而汇票的出票人和付款人既可以是提供资金，也可以是偿还旧债、提供服务等其他对价关系。

四、支票的种类

(一) 根据收款人做成方式的不同划分

根据收款人做成方式的不同，可分为记名支票、指示支票及无记名支票。记名支票的抬头有"Pay to only"字样或有不可转让的字样；指示支票的特征是有"order"，经背书后可转让；无记名支票无须背书，只要交付就可转让。

(二) 根据支票上是否划线划分

(1) 非划线支票(open check)也叫现金支票，持此类支票既可提取现金，又可通过往来银行代收转账。

(2) 划线支票(crossed check)。这种支票在支票上划有两道平行线，分为一般划线支票(general check)和特殊划线支票(special crossings)。一般划线支票是在平行线中不注明收款银行名称的支票，收款人可以通过任何一家银行代收转账。

(三) 保付支票

保付支票(certified check)是付款行应出票人或收款人的要求，在支票上加盖"保付"或其他同义的签章，以表明支票提示时付款行一定付款。支票保付后，付款行就成为主债务人，承担与汇票承兑人相同的责任，出票人和背书人都可免除责任，免予追索。持票人在任何时候都可提示要求付款，付款行不受提示期的限制有照付的义务。付款行保付后，通常票款从出票人的账户转入专户，以备付款。对于保付支票，一般情况下不会退票，不会有止付的通知。

我国《票据法》《日内瓦统一法》以及英国《票据法》均未规定保付支票的做法。

我国《票据法》第83条将支票分为三种，即现金支票、转账支票和普通支票。现金支票只能用于支付现金；转账支票只能用于转账；普通支票不限定支取方式，既可支取现金又可用于转账。

五、支票的止付

支票的止付是指出票人向付款行发出书面通知，通知银行不再对该支票付款，其原因大多是支票遗失或被窃。支票的止付，应该由出票人向付款银行发出书面通知，要求对某张支票(号码、日期、收款人名称等)停止止付。

《日内瓦统一法》禁止在有效期内止付支票，即使出票人死亡、破产也不受影响，这样规定是为了防止出票人在开了空头支票后又止付，以此来逃避责任，但是在有效期之后出票人可以止付。

英国《票据法》允许止付，但止付后出票人并不能解脱债务，在有确凿证据证明出票人已经死亡或破产时，银行有权止付支票。一般情况下，英国银行在收到由出票人签字的书面通知后才会止付，如果是用电话通知的，则必须随后送交书面通知证实一下。

我国的《票据法》没有对支票的止付做出规定，但规定了票据遗失时，失票人可以通知付款银行止付，再通过法律程序保全其票据权利。

六、支票的付款期限

《日内瓦统一法》规定的提示期限是，若出票与付款在同一国家，是自出票日起 8 日内；不在同一国家但在同洲的是 20 日；不同国家又不同洲的是 70 日。追索的期限是从上述提示期限期起 6 个月内。

英国《票据法》对支票的有效期没有什么特殊的规定，同汇票一样，应在合理的时间内做付款提示。

我国《票据法》第 91 条规定，支票的持票人应自出票日起 10 日内提示付款。

思考与练习

一、思考题

1. 简述票据的性质和功能。
2. 什么是汇票？其绝对必备项目有哪些？
3. 什么是票据行为？包括哪些内容？
4. 比较汇票、本票及支票的不同。

二、选择题

1. 票据的做成，形式上需要记载的必要项目必须齐全，各个必要项目又必须符合票据法律规定，方可使票据产生法律效力。这是票据的（　　）性质。

  A. 要式性　　　　　B. 设权性　　　　　C. 提示性　　　　　D. 流通转让性

2. 票据所有权通过交付或背书及交付进行转让，这是票据的（　　）性质。

  A. 要式性　　　　　B. 设权性　　　　　C. 提示性　　　　　D. 流通转让性

3. 票据上的债权人在请求票据债务人履行票据义务时，必须向付款人提示票据，方能请求付给票款。这是票据的（　　）性质。

  A. 要式性　　　　　B. 设权性　　　　　C. 提示性　　　　　D. 流通转让性

4. 出票人在票据上立下书面的支付信用保证，付款人或承兑人允诺按照票面规定履行付款义务。这是票据的（　　）。

  A. 结算功能　　　　B. 信用功能　　　　C. 流通功能　　　　D. 融资功能

5. 汇票的付款期限的下述记载方式中，（　　）必须由付款人承兑后才能确定具体的付款日期。

  A. at sight　　　　　　　　　　　　　　B. at ×× days after sight

  C. at ×× days after date　　　　　　　　D. at ×× days after shipment

6. 承兑是（   ）对远期汇票表示承担到期付款责任的行为。
   A. 付款人　　　　　B. 收款人　　　　　C. 持票人　　　　　D. 受益人
7. 以下关于支票的说法，正确的是（   ）。
   A. 是一种无条件的书面支付承诺　　　　B. 付款人可以是银行、工商企业或个人
   C. 可以是即期付款或远期付款　　　　　D. 是以银行为付款人的即期汇票
8. 关于汇票的付款时间，如果提示日为 2013 年 4 月 20 日，票面上写明"At 90 days from sight"，则到期日付款为（   ）。
   A. 7 月 19 日　　　　B. 7 月 20 日　　　　C. 7 月 18 日　　　　D. 7 月 21 日
9.（   ）是汇票上的主债务人。
   A. 出票人　　　　　B. 背书人　　　　　C. 承兑人　　　　　D. 付款人
10. 既需要提示承兑，也需要提示付款的票据有（   ）。
    A. 即期汇票　　　　B. 远期汇票　　　　C. 本票　　　　　　D. 支票

三、实务操作题

1. 2015 年 2 月 20 日，Smith 开立了一张金额为 100 000 美元，以 Brown 为付款人，出票后 90 天付款的汇票，因为他出售了价值为 100 000 美元的货物给 Brown。3 月 2 日，Smith 又从 Jack 那里买进价值相等的货物，所以，他就把这张汇票给了 Jack，Jack 持该票于同年 3 月 6 日向 Brown 提示，Brown 次日见票承兑。请按上述给定条件：

（1）开立一张汇票，并在正反两方面表示其流转过程。

（2）计算到期日。

2. 2015 年 3 月，广州 A 公司向纽约 B 公司采购一批价值为 20 000 美元的商品，合同约定 4 月付款。同年 3 月，纽约 C 公司向广州 D 公司采购一批价值为 20 000 美元的商品，合同约定 4 月付款。正好纽约 B 公司欠了纽约 C 公司 20 000 美元的借款，约定于 2015 年 4 月偿还借款。

（1）请开立一张汇票，一次性结清上述 4 个当事人之间的 3 笔债权债务关系；

（2）请开立一张本票，一次性结清上述 4 个当事人之间的 3 笔债权债务关系；

（3）请开立一张支票，一次性结清上述 4 个当事人之间的 3 笔债权债务关系。

3. 甲交给乙一张经付款银行承兑的远期汇票，作为向乙订货的预付款，乙在票据上背书后转让给丙以偿还原先欠丙的借款，丙于到期日向承兑银行提示取款，恰遇当地法院公告该行于当天起进行破产清理，因此被退票。丙随即向甲追索，甲以乙所交货物质次为由予以拒绝，并称 10 天前通知银行止付，止付通知及止付理由也同时通知了乙。在此情况下，丙再向乙追索，乙以汇票系甲开立为由推诿不理。丙遂向法院起诉，被告为甲、乙与银行三方。你认为法院将如何依法判决？理由是什么？

第三章
国际结算方式——汇款

本章学习要点

- 掌握汇款业务的当事人及其业务关系;
- 掌握三种汇款方式的定义和业务流程;
- 熟悉汇款头寸调拨的方法;
- 了解顺汇与逆汇的差异和汇款在国际贸易中的应用。

导入案例

广州某出口公司A与一外商B公司初次成交并签订了一份外贸合同,支付条款规定:装运前15天电汇付款。在后来的履约过程中,B公司延至装运月中才从邮局寄过来一张银行汇票,声称汇款已汇出。为保证按期交货,A公司于收到汇票次日即将货物办理了托运,同时委托C银行代收票据。1个月后,接到C银行通知,该汇票为伪造汇票,已被退票。此时,货物已经抵达目的港,并已被进口方凭A公司自行寄过去的单据将货物提走。事后,A公司马上派人进行追索,但B公司早已人去楼空。A公司遭受严重损失。

分析: 在汇款方式的种类中,电汇因为安全性高,速度快成为出口商的首选。票汇由于存在伪造汇票、进口商账户资金余额不足等问题,风险较大,一定要注意审核汇票的真伪。在国际贸易中,若一方更改了支付条件,另一方应高度警惕,对原则性条款不能让步。在出口贸易中,对新客户要做好资信调查,避免使用风险较高的票汇方式。若使用了票汇,可以通过当地银行委托国外代理行向付款行收取货款,在接到收妥通知后,才对外发货,以防止由于国外不法商人伪造汇票、出票行破产倒闭或其他原因收不回货款而蒙受损失。

第一节 国际汇兑

当债权人与债务人处在两个不同的国家时，需要通过银行的国际汇兑业务来调拨资金，以了结彼此的债权债务关系，由此也确立了银行的结算中心地位。国际汇兑是指通过银行把一个国家的货币兑换成另一个国家的货币，并借助于各种信用工具，如汇票等，把货币资金转移到另一个国家，以清偿国际间由于贸易或非贸易往来所产生的债权债务关系的专门性经营活动。国际汇兑按资金流向和结算工具的流向不同，分为顺汇和逆汇两大类。

一、顺汇

顺汇（remittance）也称汇付法，是由付款方主动将款项交给银行，委托银行使用某种结算工具，交付一定金额给收款人的结算方法。其特点是结算工具的传递与资金流向一致，从付款方传递到收款方，故称为顺汇法。顺汇结算流程如图 3-1 所示。

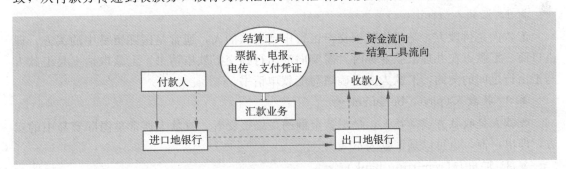

图 3-1 顺汇结算流程

二、逆汇

逆汇（reverse remittance）又称出票法，是由收款方主动索款，以开出汇票的方式，委托银行向国外付款人索取一定金额的结算方式。其特点是结算工具的传递方向与资金流向相反。逆汇结算流程如图 3-2 所示。

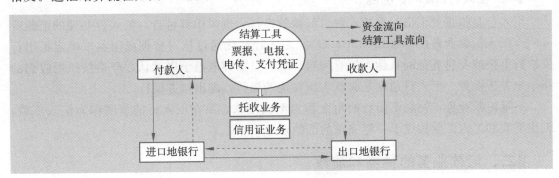

图 3-2 逆汇结算流程

国际结算主要有汇款、托收、信用证三种方式,汇款结算方式属于顺汇,托收和信用证方式属于逆汇。

第二节 汇款业务的种类及流程

一、汇款的概念和当事人

(一) 汇款的概念

一般而言,汇款(remittance)是指银行应汇款人的要求,以某种方式将一定的资金,通过其在海外的联行或代理行,付给收款人的一种结算方式。汇款在国际结算中是使用得很多的一种结算方式,它不仅运用于贸易和非贸易的结算,而且凡属外汇资金的调拨都可采取这种方式,是银行的一项主要中间业务。它既可独立使用,也可以与其他方式结合使用。

(二) 汇款的当事人

在汇款业务中,有四个基本当事人:汇款人、收款人、汇出行和汇入行。

▶ 1. 汇款人(remitter)

汇款人是付款方,是指将款项交给银行申请汇款的人,通常是国际贸易中的买方,即进口商。汇款人在办理汇款业务时,需要向汇出行提交汇款申请书。汇款申请书是汇款人与汇出行之间的契约,汇款人应正确填写汇款申请书。

▶ 2. 收款人(payee beneficiary)

收款人是收款方或受益人,是汇款金额的最终接受者。收款人通常是国际贸易中的卖方,即出口商,也可以是汇款人本人。

▶ 3. 汇出行(remitting bank)

汇出行是指受汇款人委托,将资金汇出的银行。汇出行办理的汇款业务叫作汇出汇款业务(outward remittance)。汇出行对汇款申请书的内容应该仔细审阅,发现问题应予以指出,同时要求汇款人修改。汇款申请书一旦被接受,汇款人和汇出行之间的契约关系立即正式生效。汇出行应该完全遵照汇款申请书的内容办理汇款业务。汇出行通常是汇款人所在地的银行,即进口方银行。

▶ 4. 汇入行(paying bank)

汇入行是指接受汇出行委托,解付汇款的银行,也叫作解付行。汇入行办理的汇款业务叫作汇入汇款业务(inward remittance)。汇入行要先通过核对密押或印鉴来确定汇出行发来的电报或支付凭证的真伪,如有问题,应通过加押电报予以确认,严格按照所收到的指示来办理业务。汇入行通常是收款人所在地的银行,即出口方银行。

一笔汇款业务,站在汇出行的角度称为汇出汇款,站在汇入行的角度称为汇入汇款,汇出汇款和汇入汇款构成了一笔完整的汇款业务。

二、汇款业务的种类和流程

汇款业务按照使用的支付工具不同,分为电汇、票汇和信汇三种类型,如图3-3所示。在目前的实际业务操作中，电汇使用得最多，票汇一般用于小额支付，信汇使用得最少，濒临淘汰。

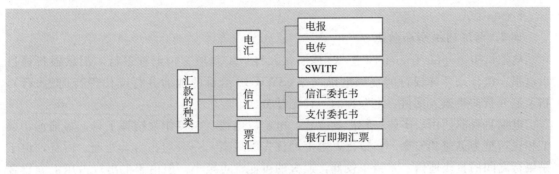

图 3-3　汇款业务的种类

不管是电汇、信汇或是票汇，在办理时都需汇款人向汇出行出具汇款申请书，从而形成汇款人和汇出行之间的一种契约。一般来说，境外汇款必须以英文填写，汇款人在办理汇款时需要提供汇款货币及金额、收款人姓名及地址、收款人在开户银行的账号、收款人开户银行名称、SWIFT 代码（SWIFT CODE）或地址、汇款人联系方式等信息。汇款申请书的样本如图 3-4 所示。

境外汇款申请书			
APPLICATION FOR FUNDS TRANSFERS (OVERSEAS) TO:＿＿＿＿＿＿＿＿　分行　DATE:＿＿＿＿＿＿＿ □ 电汇 T/T　　□ 票汇 D/D　　□ 信汇 M/T			
申报号码　BOP Reporting　No.			
20	银行业务编号 Bank Transac. Ref. No.	收电行/付款行 Receiver / Drawn on	
32A	汇款币种及金额 Currency & Interbank Settlement Amount	金额大写 Amount in Words	
50a	汇款人名称及地址 Remitter's Name & Address		
54/56a	收款银行之代理行名称及地址 Correspondent of Beneficiary's Bank Name & Address		
57a	收款人开户银行名称及地址 Beneficiary's Bank Name & Address	收款人开户银行在其代理行账号　Bene's Bank A/C No	
59a	收款人名称及地址 Beneficiary's Name & Address	收款人账号　Bene's A/C No.	
70	汇款附言 Remittance Information 只限140个字位Not Exceeding 140 Characters	71A	国内外费用承担　ALL BANK's Charges If Any Are To Be Borne By □汇款人OUR　　□收款人BEN □共同SHA
收款人常驻国家（地区）名称及代码　Resident Country/Region Name & Code:			

图 3-4　境外汇款申请书样本

申请汇款时，申请人不仅要支付汇款的金额，还需向银行缴纳汇款费用，一般银行收取的费用为邮电费和手续费。

（一）电汇

▶ 1. 电汇的概念和特点

电汇（telegraphic transfer，T/T）是汇款人将一定款项交付汇款银行，汇款银行通过以电报、电传或环球银行间金融电讯网络（SWIFT）给目的地的分行或代理行（汇入行），指示汇入行向收款人支付一定金额的一种汇款方式。

电汇是目前使用较多的一种汇款方式，电汇以电报、电传作为结算工具，与信汇、票汇相比，更为迅速和安全。在银行，电汇的优先级最高，一般均在当天处理。而且，由于是银行之间的直接通信，差错率较低，遗失的可能性也极小。但由于汇出行占压汇款资金时间极短，甚至根本不占压，因此收费也较高。

▶ 2. 电汇的业务流程

电汇的业务流程如图 3-5 所示。

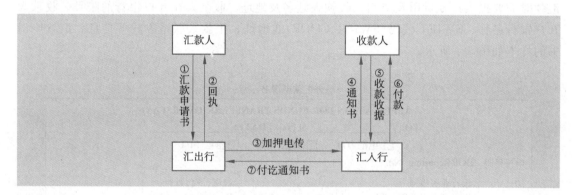

图 3-5　电汇的业务流程

① 债务人填具电汇申请书递交给汇出行，电汇时，由汇款人填写汇款申请书，并在申请书中注明采用电汇方式。同时，将所汇款项及所需费用交汇出行。

② 汇出行接到汇款申请书后，汇出行将电汇回执交给汇款人。为防止因申请书中出现的差错而耽误或引起汇出资金的意外损失，汇出行应仔细审核申请书，不清楚的地方与汇款人及时联系。

③ 汇出行办理电汇时，根据汇款申请书内容以电报或电传向汇入行发出解付指示。电文内容主要有汇款金额及币种、收款人名称、地址或账号、汇款人名称、地址、附言、头寸拨付办法、汇出行名称或 SWIFT 地址等。为了使汇入行证实电文内容确实是由汇出行发出的，汇出行在正文前要加列双方银行所约定使用的密押。

④ 汇入行收到电报或电传后，即核对密押是不是相符，若不符，应立即拟电文向汇出行查询。若相符，即缮制电汇通知书，通知收款人取款。

⑤ 收款人凭有效证件持通知书前去取款，并在收款人收据上签字。

⑥ 汇入行解付汇款。实务中，收款人持通知书一式两联向汇入行取款，并在收款人收据上签章后，汇入行即凭以解付汇款。如果收款人在汇入行开有账户，汇入行往往不缮制汇款通知书，仅凭电文将款项收入收款人账户，然后给收款人一张收账通知单，也不需

要收款人签具收据。

⑦ 汇入行将付讫通知书邮寄给汇出行。

最后，如果汇出行与汇入行之间如无直接账户关系，银行之间还须进行头寸清算。

▶ 3. 电汇业务中的电文格式

（1）采用普通的加押电报或电传的电汇。

汇款指示所使用的电文格式如图 3-6 所示。

```
FM (汇出行名称)
TO (汇入行名称)
DATE (发电日期)
TEST (密押)
OUR REF No. (汇款编号)
NO ANY CHARGES FOR US (我行不负担费用)
PAY (AMT) VALUE (DATE) (付款金额、起息日) TO (BENEFICIARY) (收款人)
MESSAGE (汇款附言)
ORDER (汇款人)
COVER (头寸拨付)
```

图 3-6　汇款指示所使用的电文格式

拓展案例

2015 年 7 月 11 日，A 公司指示其开户行中国银行广东省分行从其账户 80008909 中汇出 EUR56 789.90，通过香港渣打银行付给香港 B 公司作为货款。B 公司在渣打银行的账号为 32433880，A 公司与 B 公司签订的销售合同号码为 DF87865。所有的银行费用由汇款人和收款人共同承担。该笔汇款业务的电文如图 3-7 所示。

```
FM: BANK OF CHINA , GUANGDONG
TO: THE STANDARD CHARTERED BANK , HONGKONC
DATE :1 1TH JULY , 2015
TEST 8675 OUR REF. PAY
EUR56 789.90 VALUE 1ST JULY TO YOUR HAY WAY BUILDING BRANCH
58 STANLEY
STREET HONGKONG FOR ACCOUNT NO. 3243388 FAVOUR B LTD. HONG-
KONG
MESSAGE SALE'S CONTRACT NO. DF87865 ORDER A CO. GUANGZHOU
COVER
DEBIT OUR H. O. ACCOUNT.
```

图 3-7　普通电文实例

(2) 采用 SWIFT 的电汇。

适用于汇款的 SWIFT 电文格式共有 8 种，分别是 MT103、MT200、MT201、MT202、MT203、MT204、MT205、MT210。银行使用得最多的是 MT103 和 MT202。

SWIFT 中 MT103 的汇款格式如图 3-8 所示。

Status	Tag	Field Name
O	13C	Time Indication
M	20	Sender's reference
M	32A	Value date, currency code, amount
M	50A	Ordering customer
O	51A	Sender's Correspondent
O	52a/d	Ordering Institution
O	53a/b/d	Sender's Correspondent
O	54a/b/d	Receiver's Correspondent
O	55a/b/d	Third Reimbursement Institution
O	57a/b/d	Account with Institution
O	57s	"Account with" bank
M	59	Beneficiary customer
O	70	Details of payment
M	71A	Details of charges
O	71F	Sender's Charges
O	71G	Receiver's Charges
O	72	Sender's to receiver information
O	77B	Regulatory Reporting
O	77T	Envelope Contents

图 3-8 SWIFT 中 MT103 的汇款格式

SWIFT MT103 电文实例如图 3-9 所示。

```
MT103 Single Customer Credit Transfer
20: Sender's Reference
OR2013070101
23B: Bank Operation Code
CRED
32A: Value Date/Currency/Interbank Settled Amount
130701 EUR56 789.90
50K: Ordering Customer
80020001300708909
A CO., LTD
NO.66 DONGFENGDONG ROAD, GUANGZHOU, P.R. CHINA.
59: Beneficiary Customer
3243388
B CO., LTD.
NO.56 KEEN EAST STREET, HONGKONG, P.R.CHINA.
71A: Details Of Charges
SHA
70: Remittance Information
S/C NO.DF87865
```

图 3-9 SWIFT MT103 电文实例

（二）信汇

▶ 1. 信汇的概念和特点

信汇（mail transfer，M/T）是指汇款人将汇款及手续费交付给汇款地的一家银行（汇出行），委托该银行利用信件指示收款人所在地的银行（汇入行）向收款人支付一定金额的一种汇款方式。信汇的优点是收费较低廉，但这种汇付方法需要一个地区间邮程的时间，一般航邮约为7～15天，视地区远近而异，如用快递则可以加速3～5天。

▶ 2. 信汇的业务流程

信汇业务流程图如图3-10所示，信汇的处理与电汇大致相同，所不同的是汇出行应汇款人的申请，不用电报而以信汇委托书或支付委托书加其签章作为结算工具，邮寄给汇入行，委托后者凭以解付汇款。后者核验签章相符后，即行解付，之后银行之间进行头寸清算。

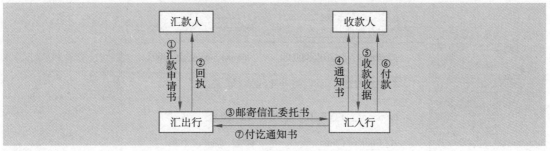

图 3-10 信汇的业务流程

因信汇方式人工手续较多，现在银行信汇已很少用，欧洲银行已不再办理信汇业务。

（三）票汇

▶ 1. 票汇的概念和特点

票汇（demand draft，D/D）是以银行即期汇票为支付工具的一种汇付方式。由汇出行应汇款人的申请，开立以其代理行或账户行为付款人，列明汇款人所指定的收款人名称的银行即期汇票，交由汇款人自行寄给收款人。由收款人凭票向汇票上的付款人（银行）取款。

实务中，票汇的收款人并不是只能向汇入行一家取款，一般来说，国外银行只要能核对汇票上签字的真伪，就能买入汇票。而且汇票本身可以背书转让，因此，收款人收款主动性、方便性较大。

▶ 2. 票汇的业务流程

票汇的业务流程如图 3-11 所示。

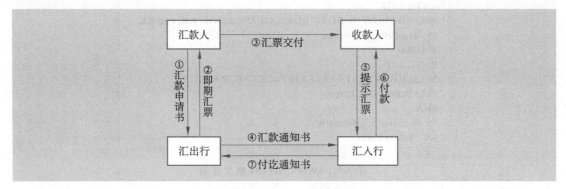

图 3-11　票汇的业务流程

① 债务人或汇款人填写票汇申请书，并交款付费给银行。
② 汇出行开立银行即期汇票交给汇款人。
③ 汇款人自行邮寄汇票给收款人或亲自携带汇票出国。
④ 汇出行开立汇票后，将汇款通知书（票根）邮寄给国外代理行。
⑤ 收款人持汇票向汇入行取款。
⑥ 汇入行验核汇票与票根无误后，解付票款给收款人。
⑦ 汇入行把付讫通知书寄给汇出行。

当然，如汇出行与汇入行没有直接账户关系，则还须进行头寸清算。

票汇中用到的银行即期汇票（banker's demand draft）如图 3-12 所示。

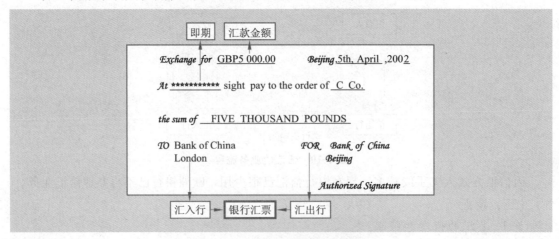

图 3-12　票汇中的银行即期汇票

▶ 3. 中心汇票汇款

中心汇票是指以汇票票面货币的清算中心所在地的银行为付款人的汇票。票面货币的付款行通常为汇出行在各国货币清算中心的联行或代理行。具体来讲，某汇票的票面金额以英镑表示，而英镑的清算中心在伦敦，因此汇出行在开立汇票时，如果选择一家位于伦敦的与自己有业务代理关系的银行为汇票的付款人，该汇票即称为中心汇票。同理，以纽约所在地的银行为付款人的美元汇票为美元中心汇票；以东京所在地的银行为付款人的日元汇票为日元中心汇票。中心汇票汇款其汇款程序基本与一般票汇程序相同，只是用中心汇票代替了一般票汇中的即期银行汇票。

国际汇款业务中采用中心汇票的优点如下。

（1）中心汇票使收款人收款更加便利。开出中心汇票的银行可以使汇票上的收款人，不论在任何地点，均可以通过任何一家银行将中心汇票辗转送到货币清算中心，通过票据交易向付款行提示，使收款人最终收到票款。例如，我国某商人收到一张新加坡银行开出的美元中心汇票，该商人可以将这张汇票送到我国任何一家银行，请该银行向美国付款行要求收款。由于中心汇票的信用好，流通性强，易于托收和贴现，通常可以就地出售，或要求银行买入该票或可以背书转让他人。总之，可以便利收款人及时收到款项。

（2）采用中心汇票汇款可以不占用汇出行的资金。汇出行开出中心汇票后，并不须向付款行汇款（俗称拨头寸），而是利用自己在付款行的存款资金进行支付。当中心汇票在海外被提交付款行时，付款行通过借记汇出行在其开立的存款账户予以付款。因此，从开立中心汇票至付款行付款时止，汇出行的资金没有被占用，这有利于汇出行的流动性管理。

三、电汇、信汇和票汇的比较

电汇、信汇和票汇三种方式各有利弊，如表 3-1 所示，区别主要体现在以下几点。

（1）从结算工具来看，电汇方式使用电报、电传或 SWIFT，用密押证实。信汇方式使用信汇委托书或支付委托书，用签字证实。票汇方式使用银行即期汇票，用签字证实。

（2）从汇款人的成本费用来看，电汇收费较高，信汇与票汇费用较电汇低。

（3）从安全方面来看，电汇比较安全，汇款能在短时间内迅速到达对方。信汇的安全性比不上电汇。票汇虽有灵活的优点，却有丢失或毁损的风险，容易使相关人陷入汇票纠纷，汇票遗失以后，挂失或止付的手续也比较麻烦。

（4）从汇款速度和费用来看，电汇是收款较快、费用较高的一种汇款方式，汇款人必须负担电报费用，所以，通常金额较大或有急用的汇款使用电汇方式。信汇、票汇都不须发电，以邮递方式传送，所以费用较电汇低廉，但因邮递关系，收款时间较晚。在汇款金额较小、短期出境或不急于用款时，可采用票汇。

表 3-1 电汇、信汇、票汇的比较

汇款方式	结算工具	核查方法	特点
电汇	电报、电传、SWIFT	密押证实	汇款迅速、安全可靠、费用较高
信汇	信汇委托书、支付委托书	签字证实	费用最便宜、汇款所需时间长
票汇	银行即期汇票	签字证实	取款灵活、可替代现金流通、程序简便

第三节　汇款头寸调拨和退汇

一、头寸调拨

头寸（cover）就是款项和资金的意思，汇款业务中的头寸调拨是指汇款资金的调拨与偿付。汇出行办理汇出汇款业务，应及时将汇款金额拨交给其委托解付汇款的汇入行，俗称"拨头寸"。

一般而言，除非汇入行和汇出行事先订有先解付、后拨头寸的代理合约，否则汇入行应掌握"收妥头寸、解付汇款"的原则，必须在接到国外汇款头寸报单后方可办理解付。因此，每笔汇款中都必须注明拨头寸指示。拨头寸要结合汇出行与汇入行的开设账户情况，一般有以下几种方法。

（一）主动贷记

主动贷记适用于汇入行在汇出行开有账户的情况，汇出行应在发出汇款通知书之前，主动将相应头寸贷记汇入行的账户，并在汇款通知书中注明，即写明偿付指示：作为偿付，我行已贷记你行在我行开立的账户（In cover, We have credited your a/c with us）。汇入行在款项贷记以后，应向汇出行发送贷记报告单。汇入行收到汇款通知书时，知悉汇款头寸已拨入自己账户，即可用该笔头寸解付汇款。主动贷记方式如图3-13所示。

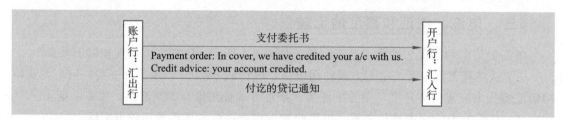

图3-13　主动贷记方式

（二）授权借记

授权借记适用于汇出行在汇入行开有账户的情况，汇出行应在发出汇款通知书时，授权汇入行借记汇出行在汇入行处账户上的头寸金额，即其偿付指示为：作为偿付，请借记我行在你行开立的账户（In cover, please debit our a/c with you）。汇入行收到汇款通知书后，即可借记汇出行账户，拨出头寸解付汇款，同时汇入行在款项借记以后，应向汇出行发送借记报告单。授权借记方式如图3-14所示。

图3-14　授权借记方式

(三) 共同账户行转账

如果汇出行与汇入行之间没有上述两类中提到的账户关系，通常就通过它们两家银行的共同账户行，即在一家汇出行与汇入行都开有银行账户的银行进行偿付。汇出行向共同账户行发出指示，授权共同账户行借记汇出行账户，并将头寸拨交汇入行账户，同时，可以向汇出行发出偿付指示：作为偿付，我行已授权某银行（共同账户行）借记我行的账户并同时贷记你行在该行所开立的账户（In cover, We have authorized X Bank to debit our account and credit the above sum to your account with them）。共同账户行转账后，向汇入行邮寄贷记报告单同时向汇出行邮寄借记报告单。

共同账户行转账方式如图 3-15 所示。

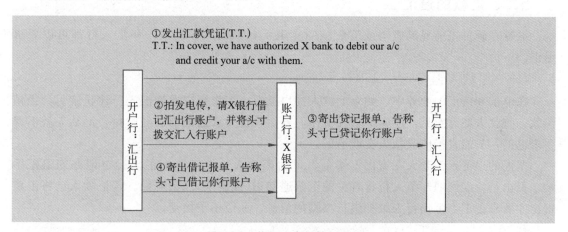

图 3-15　共同账户行转账方式

(四) 通过各自的账户行转账

汇出行和汇入行相互之间没有往来账户，但它们各自的账户行之间有账户往来时，为了偿付，汇出行可在汇款时主动通知其代理行将款项拨付给汇入行在其代理行的账户。汇出行应在支付委托书上做偿付指示（In cover, we have instructed X Bank to remit proceeds to you）。汇入行接到汇款后，解付给收款人。

通过各自的账户行转账方式如图 3-16 所示。

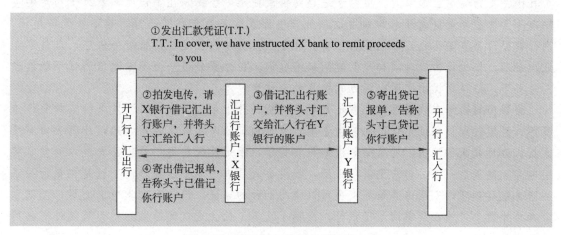

图 3-16　通过各自的账户行转账方式

主动贷记和授权借记这两种偿付方式下，资金转移就在两家银行之间发生，手续少、时间快、非常方便。共同账户行转账这种偿付方式下，汇出行要同时通知两家银行，即汇入行和账户行，因此手续较多。账户行根据汇出行的通知转账后，还要通知汇入行。这样，一笔业务就需要有两个信息传递时间。

汇款的偿付时间是汇出行将款项划付给汇入行的时间。偿付时间在银行之间是一个利害攸关的问题，一般来说，在汇款偿付过程中的资金，由汇出行在汇出时立即贷记汇入行账户或通过共同账户行拨付的情况下，汇款的资金主要为汇入行所占用；而由汇入行在解付后借记汇出行账户或主动向汇出行索偿的情况下，汇款的资金主要为汇出行所占用。

二、汇款的退汇

汇款在解付之前要求撤销该笔汇款叫作退汇。汇款人、收款人和汇入行都可以要求退汇。

（一）汇款人退汇

在电汇和信汇的业务中，如果汇款人提出退汇，汇出行应通知汇入行停止解付，撤销汇款。收款人如有意见，应向汇款人交涉。若汇款在要求退汇前已经解付，汇款人就不得要求退汇，只能直接向收款人交涉退回。

票汇的退汇，汇款人在寄出汇票前，可由汇款人持原汇票到汇出行申请办理退汇手续。汇出行应发函通知汇入行将有关的汇票通知书（或票根）注销寄回。若汇款人已将汇票寄出才要求退汇，汇出行为维护银行票据的信誉，一般不予接受。

（二）收款人退汇

由收款人提出退汇比较方便简单。在电汇和信汇时，收款人拒收信汇和电汇，通过汇入行将汇款委托书退回汇出行，必要时说明退汇原因，然后由汇款人取回汇款。

拓展案例

我国某地外贸公司与我国香港某进口商首次达成一宗交易，规定以即期不可撤销信用证方式付款。成交后，进口商将货物转售给了一个加拿大客商，故贸易合同规定由外贸公司直接将货物装运至加拿大。但由于进口商借故拖延，经我方几番催促，最终于约定装运期前4天才收到进口商开来的信用证，且信用证条款多处与合同不符。若不修改信用证，则外贸公司不能安全收汇，但是由于去往加拿大收货地的航线每月只有一班船，若赶不上此次船期，出运货物的时间和收汇时间都将耽误。在外贸公司坚持不修改信用证不能装船的情况下，进口商提出使用电汇方式把货款汇过来。

外贸公司同意在收到对方汇款传真后再发货，并于第二天收到对方发来的汇款凭证传真件，经银行审核签证无误。同时由于港口及运输部门多次催促装箱装船，外贸公司有关人员认为货款既已汇出，就不必等款到再发货了，于是及时发运了货物并向进口商发了装船电文。发货后一个月仍未见款项汇到，经财务人员查询才知，进口商不过是在银行买了一张有银行签字的汇票传真给外贸公司以作为汇款的凭证，但收到发货电文之后，便把本应寄给外贸公司的汇票退回给了银行，撤销了这笔汇款。进口商的欺诈行为致使外贸公司损失惨重。

分析：本案中，尽管外贸公司接受汇款结算是出于迫不得已，但种种行为表明进口商存在欺诈的意图，外贸公司对此应当高度警惕。预付货款本来是对卖方有利的结算方式，但卖方必须注意在买卖合同中约定选取何种汇付方式并明确汇款到达的时限，注意须与交货期衔接。如使用票汇，应待收妥票据款项后方可发货，至少要收到有效的银行即期汇票之后才发货，防止由于伪造票据或其他原因而蒙受收不到汇款的损失。在国际贸易中，如果贸易双方是初次交易，对对方的资信状况不太了解，一般不应使用基于商业信用，且货物与款项交接风险负担不平衡的汇款方式来结算货款。如果决定使用汇款结算方式，必须做好相应的防范，避免钱货两空。

第四节 汇款在国际贸易中的应用

汇款方式是最简便的结算方式，但与其他方式相比，风险也最大。所以，在国际贸易中，除非业务特殊需要或者支付佣金、费用等小额汇款时才会使用，大部分货款的收付较少使用。

一、国际贸易中的汇款方式

国际贸易中，主要使用以下三种汇款方式。

(一) 预付货款

预付货款(payment in advance)指进口商先将货款的全部或一部分通过银行汇交出口商，出口商收到货款后在约定的时间内将货物发运给进口商。目前，预付全货款的情况已经极为罕见，一般是预付合同金额的一小部分，如10%，作为买方保证进口货物并支付全部货款的担保，通常称为定金。但在有些大型机械设备的出口合同中，出口商往往要求买方支付比例更高的定金，因为出口商在制造货物时投入巨额资金而且期限较长，为弥补风险，定金可能高达合同金额的一半。在出口贸易中，国内还有一种沿用内贸的做法，即先付30%~40%的定金，工厂开工生产，等货物出运后，再付出余下的60%~70%货款。

从理论上来说，预付货款显然对出口商更为有利，因为：第一，出口商在发货前就已经收到了货款，实际上等于得到了进口方的无息贷款，其出口的风险程度已获得控制；第二，出口商实际上接受了进口方的购货担保，掌握了出口的主动权。反之，预付货款对于进口商较为不利，因为：第一，货物未到手就付款，等于向对方提供了无偿信贷，造成了利息损失；第二，进口商实际承担了贸易中的风险，即出口商可能在付款后不按时、按质、按量地发货，可能收不到合同所规定的货物，使自己处于被动的地位，其交易完全处于买卖双方相互信任的基础上。因此，预付货款的方式通常只适用于两种情况：一是进出口双方关系十分密切，特别是进出口双方属于同一个系统内的分支机构；二是买卖的是紧俏商品，在货源有限时，为了保证购到货物而不得不答应卖方提出的预付货款条件。

(二) 货到付款

货到付款(payment after arrival of goods)是进口商收到出口商发出的货物后才按规定

支付货款的方式。这实际上是一种赊销交易或延期付款交易。货到付款在国际贸易上可以分为售定和寄售两种。

▶ 1. 售定

售定（be sold out/up）是买卖双方就交易条件达到一致，并在合同中明确规定了货物售价及买方付款时间等条款的贸易结算方式。多数货到付款系指售定方式。广东、广西、福建等省经常有些鲜活商品，如牛、羊、猪、鸡、鸭、鱼、鲜花、蔬菜对我国港澳地区出口，因时间性较强，出口商通常采用活鲜随到随出、提单随船带交进口商的方式。

售定结算有以下特点：

（1）鲜活商品的数量、质量不固定，难以采用信用证等其他方式结算。

（2）出口交单不是通过银行寄出而是随货带出。

（3）货物售价、买方时间是事先确定的，买方通常是在货到立即付款或货到1个月后付款。

▶ 2. 寄售

寄售（consignment）是指出口方先将货物运往国外，委托国外商人按照双方事先约定的条件在当地市场上代为销售，待货物售出，国外商人才将扣除佣金和有关费用后的货款汇交出口方的贸易结算方式。

寄售方式有以下特点：

（1）寄售双方之间是一种委托关系，不是买卖关系，国外代售人对代售货物可能产生的一切费用和风险不承担任何责任。

（2）寄售是先将货物出运、后售卖，待卖出后交付货款。货物的最终售价及货款的收回时间是不确定的。

（3）寄售的大多是难以凭规格、样品或不看实物难以成交的商品。出口方采用寄售方式主要是为了推销滞销产品或开拓新市场。

总体来说，货到付款是一种较为有利于进口商，而不利于出口商的结算方式。出口商承担了资金压力，因为进口商在收到货物的一个时间段之后才对出口商支付货款，即进口商无偿或只承担较低的利息即可占用出口商的资金。同时，出口商也承担了贸易风险，因为出口商要承担进口方可能不付款、不按时付款或不付足款的风险，假若进口商收到货物后，认为货物的质量不符合合同规定的要求，或者等进口商收到货物后，市场行情发生了变化，他可能会拖延付款，或者少付，甚至不付货款，此类贸易风险将完全由出口商承担。

（三）凭单付汇

凭单付汇（cash against documents，CAD）也叫交单付现，是指进口商通过银行将款项汇给出口商所在地的汇入行，并指示该行凭出口商提供的某些商业单据或某种装运证明即可付款给出口商，即买方汇款后，卖方交单时才能收取货款。

凭单付汇对进口商而言多了一层保障，可以防止出口商支取货款后不及时交货，而对于出口商来说，只要及时交货，就可以立即支取全部款项，所以这种方式对于进出口双方都有一定的保证作用，易于被双方所接受。但是，对于出口商来说，因为汇款是可以撤销的，在汇款尚未被支取之前，汇款人随时可以通知汇款行将汇款退回，所以出口商在收到银行的汇款通知后，应尽快发货，尽快交单，尽快收汇。对于进口商来说，要求汇出行发出交单付现的委托书,必须以进口商完全付足货款为前提,即相当于预付货款,要占用资金。因此,这种方式一般适用于现货交易或空运商品交易,这样进口商可以迅速取得货物。同时,进口商对于出口商的信誉应该有所了解,以防止单据伪造、假冒及所收货物与合同不符。

二、国际贸易中汇款结算业务的特点

(一)风险大

汇款的结算基础是商业信用,卖方在发货后能顺利收回货款,买方在预付货款后能否顺利收到符合合同规定的货物都分别取决于对方,即卖方或买方的信誉。银行在汇款方式中处于简单受委托的地位,它只需按常规做汇款业务即可,并且只对汇款的技术性负责,不对货物买卖和货款收付的风险承担任何责任。

(二)资金负担不平衡

以汇款方式结算,可以是货到付款,也可以是预付货款。如果是货到付款,由卖方向买方提供信用并融通资金,而预付货款则由买方向卖方提供信用并融通资金。不论哪一种方式,风险和资金负担都集中在一方。对于预付货款的买方及货到付款的卖方来说,资金负担较重,整个交易过程中需要的资金几乎全部由一方来提供,并且在结算过程中,进出口商无法从银行得到贸易融资。

(三)手续简便,费用少

汇款支付方式的手续是最简单的,不涉及与货物相关的商业单据,银行的手续费也最少,只有一笔数额很少的汇款手续费。

考虑到汇款结算的风险性,在我国外贸实务中,汇付一般只用来支付定金货款尾数、佣金等项费用,不是一种主要的结算方式。但在发达国家之间,由于大量的贸易是跨国公司的内部交易,而且外贸企业在国外有可靠的贸易伙伴和销售网络,因此,汇付是主要的结算方式。

三、汇款结算方式的风险及其防范

在汇款结算业务中,进出口双方由于缺乏对另外一方的有效制约,与其他结算方式相比安全性最差,风险最大,所以对于其中存在的风险必须有充分的认识,从而加以防范。

(一)出口商面临的风险及防范

1. 出口商面临的风险

1) 信用风险

信用风险是指进口商在收到货物后,迟付或不付货款的风险。当今的国际市场是买方市场,出口商通常采用先发货,待进口商收到货物后,再将货款通过汇款的方式汇交给出口商。这种结算方式相当于由出口商向进口商提供了信用和资金融通。进口商没有承担任何风险,而出口商则面临着进口商不付货款的风险。

2) 技术风险

技术风险是指由于汇出行设计汇款路线不合理或者因汇出行不能使解付行收到或及时收到内容完整、准确的付款委托书而导致出口商承担迟收汇款的风险,其具体情况有两种。

(1) 汇出行设计汇款路线不合理而造成迟收。汇出行在办理汇款业务时，可能选择的转汇行和解付行效率不高，或者设计汇款路线不合理，造成汇款路线过于曲折和复杂，增加了不必要的中间环节，从而增加汇款在途时间，也增加了出错机会，最终导致出口商迟收汇款。

(2) 汇出行不能使解付行收到或及时收到内容完整准确的付款委托书而导致迟收汇款。如解付行不能收到或不能及时收到付款委托书；汇出行发出的电汇或信汇委托书，由于其格式、内容有误而使解付行无法解付款项；汇出行张冠李戴，误发付款委托书，使转汇行、解付行无法及时收到付款委托书造成迟付。

3) 汇率风险

汇率风险是指由于汇率波动导致出口商收到的本币减少的风险。这是出口商选择以外币作为交易的计价货币时存在的风险。

▶ 2. 出口商的防范措施

出口商可以采取以下措施来防范所面临的风险：

(1) 进行国际交易前，要对进口商的资信进行调查，最好事先要求进口商开出由可靠银行出具的履约保函。

(2) 出口商应尽量分批出运货物，降低风险。

(3) 针对由于汇出行发出的信汇或电汇委托书有误而导致迟付这种情况，出口商应加强与进口商、转汇行和解付行的关系，及时查询，保证按时收汇。

(4) 充分利用各种金融工具（如外汇期货等）对冲汇率风险。

(二) 进口商面临的风险及防范

进口商在国际汇款业务中面临的主要风险是指在采取预付货款的情况下，进口商面临的对方不予发货、迟发货或以次充好的风险。另外，在国际交易采用以外币计价的时候，进口商同样面临着汇率风险。进口商可以采取以下防范措施：

(1) 对出口商的资信进行调查。

(2) 预付部分货款，以降低风险。

(3) 要求出口商事先开出由银行出具的履约保函，万一日后对方不交货、迟交货或以次充好不合要求，即可依据银行保函索取赔偿。

(4) 充分利用各种金融工具以规避汇率风险。

拓展案例

我国广州A出口公司于2015年向某国B公司出口商品。贸易谈判时，B公司坚持要以T/T付款，称这样节约费用，对双方有利。考虑到今后双方长期的贸易合作，A公司答应了对方的要求。在完成第一单货物装运后，A公司立即给B公司发传真，B公司很快将货款5万美元汇给A公司。1个月后，B公司要求再次发货并仍以T/T付款，A公司同意后2个月内连续4次发货，总值达20万美元。其间，A公司一直都没有收到汇款，待4批货物全部出运以后，才向B公司催收，B公司以各种理由拖延，半年以后失去联系，经A公司海外调查，B公司已经破产，人去楼空。

分析：本案例是通过电汇进行结算，并且是货到付款的一笔贸易。在货到付款的情况下，出口商利用汇款方式收款本来就面临着很大的收款风险，加上出口商没有采取任何措施进行防范，导致最后钱货两空。出口商的具体失误如下：第一，对进口商并不了解，第一次交易就接受了货到付款方式；第二，没有及时催收货款，连续发货4次以后才开始索款；第三，应急措施不及时，在进口商不付款的情况下没有进一步采取有效措施，如向法院起诉等。

拓展案例

我某出口商C公司与某国D公司签订了一批总值5万多美元的出口服装合同，付款方式为先电汇30%货款作为定金，剩余70%货款采用装运后十天内付款，我方收到定金后按期装运了货物，装运货物后，我方及时将全套单据的复印件传给了客户，十多天后，客户来电称，由于市场行情急剧下跌，要求我方降价40%才可以接受货物，我方不同意公司的条件，决定将货物运回，我方联系船公司后，被告知无法办妥货物转运，原因在于该国海关规定，退货必须征得原进口商的同意，否则无法退货，万般无奈之下，货方同意了D公司的要求才了结此案。

分析：进口方当地海关的特殊规定是本案出口方遭受损失的主要原因，本案的焦点在于进口国的信用及进口商的信用，任何结算方式都会给出口商带来不同程度的潜在风险，必须采用相应的防范措施。首先，出口商在签订合同前后，应通过各种途径对进口商进行资信情况和经营作风方面的调查，尤其对初次成交的客户更应如此。其次，应事先了解进口国贸易管制，外汇管制和商业惯例等方面的有关法律法规，如海关特殊规定，以免落入客户精心设计的圈套。最后，业务人员在制单时应仔细认真，避免进口商因挑剔单据而拒收货物。

思考与练习

一、思考题

1. 用图示的方法说明顺汇和逆汇的概念。
2. 画出电汇汇款的业务流程，并说明电汇汇款各环节处理的要点。
3. 汇款的当事人以及当事人之间的关系是什么？
4. 比较电汇、信汇、票汇三种结算方式的特点。
5. 汇款结算方式有哪些优点和缺点？

二、选择题

1. 银行办理业务时通常无法占用客户资金的汇款方式是( )。
   A. 电汇　　　　　B. 票汇　　　　　C. 信汇　　　　　D. 以上都是
2. 在汇款业务中，英文 paying bank 是指( )。
   A. 汇入行　　　　B. 汇出行　　　　C. 解付行
3. 伦敦一家银行委托国外代理行向收款人办理汇款解付，头寸调拨为( )。
   A. 主动借记对方账户　　　　　　　B. 主动贷记对方账户
   C. 授权借记对方账户　　　　　　　D. 授权贷记我方账户

4. 当汇出行在汇入行有账户时，汇入行可采用（　　）的方式偿付汇入行。
   A. 主动贷记汇入行在汇出行的账户
   B. 主动贷记汇出行在汇入行的账户
   C. 授权汇入行借记汇出行在汇入行的账户
   D. 借记汇入行在汇出行的账户

5. 当汇入行在汇出行有账户时，汇出行可采用（　　）。
   A. 主动贷记汇入行在汇出行的账户
   B. 主动贷记汇出行在汇入行的账户
   C. 授权汇入行借记汇出行在汇入行的账户
   D. 借记汇入行在汇出行的账户

6. 采用寄售方式来出售商品时，（　　）承担的风险很大。
   A. 进口商   B. 代销商
   C. 银行   D. 出口商

7. 适宜采用电汇结算的债权债务是（　　）。
   A. 零星的小额贷款   B. 付款时间紧急的大额货款
   C. 贸易从属费   D. 不紧急的款项

8. 对出口商有利的贸易结算汇款方式是（　　）。
   A. 先结后出   B. 赊销
   C. 延期付款   D. 售定

9. 对进口商不利的贸易结算汇款方式是（　　）。
   A. 延期付款   B. 赊销
   C. 售定   D. 预付货款

10. （　　）是我国南方沿海三省对港澳地区出口某些鲜活商品的一种特定的结算方式。
    A. 延期付款   B. 赊销
    C. 售定   D. 预付货款

三、判断题

1. 逆汇法是由收款人出具汇票，交由银行向付款人收取金额，其特点是资金流向和结算支付工具的流向相同。（　　）

2. 通常票汇方式下，收款人收妥资金的时间比使用电汇方式要短。（　　）

3. 汇款结算都是通过银行来传递资金的，所以是以银行信用为基础的结算方式。（　　）

4. 使用票汇时，银行即期汇票一经交付，通常不能主动止付；但若遗失或被偷盗，则可办理挂失止付。（　　）

5. 未开设清算账户的两家银行之间发生汇款业务时，至少需要通过一家碰头行才能结清头寸。（　　）

6. 汇款的解付是汇出行向汇入行拨付头寸的行为。（　　）

7. 在国际贸易结算中，汇款方式存在风险大、资金负担不平衡的弊端，因此，应该被废弃使用。（　　）

8. 售定属于货到付款的一种方式,它是进出口方达成协议,所进行的一种"先出后结"的结算方式。   (   )

9. 预付货款可以保证进口商得到所需的货物。   (   )

10. 汇入行应按照"收妥头寸,解付汇款"的原则处理业务。   (   )

四、案例分析题

我国 A 公司与香港 B 公司签订了一份贸易合同,双方商定以汇款方式结算,即 A 公司收到 B 公司的正本银行汇票,核对无误后便发货。几天后,A 公司收到 B 公司传真过来的银行汇票,经查,传真汇票上的金额、收款人等都与合同相符。随后,A 公司又将汇票传真件送银行审查,经核对,汇票确系香港某银行签发。这时,B 公司又来电称:"汇票正本已邮出。"由于装期已到,运输部门催促装船,A 公司在没有收到汇票正本的情况下,将货物出运,并及时通知 B 公司"货已装妥,即将起航"。但时过半月,也不见正本汇票邮到,A 公司向 B 公司查询,B 公司回答,近日就到。又过一周,再查问时,B 公司已无人应答,但货物已提走,向银行查询,银行称已退汇。A 公司货款两空,蒙受巨额经济损失。

问题:

(1) 案例中提到电汇,除此之外,汇款还有哪些种类?

(2) 汇款是常见的结算方式之一,汇款在国际贸易中有哪些运用?对进口商和出口商各有什么风险?

(3) A 公司为什么没有收到货款?

五、实训题

1. 请将图 3-17 所示的报文写成普通电报或者电传的汇款报文。

MT103报文	
注　解	报文格式
发报行	MSBCCNBJ002(中国民生银行上海分行)
报文类型	103
收报行	ABNANL2A(荷兰银行阿姆斯特丹分行)
发报行编号	20: 0204OR07000005
银行交易代码	23B: CRED
起息日、币种、金额	32A: 080407 USB 1958
汇款人实际汇款币种、金额	33B: USD 1958
汇款人	50K: A COMPANY
收款人及账号	59: /5687151 B COMPANY
费用承担	SHA
Note:	在上例中发报行与收报行之间由于有直接的美元账户关系,不需要有中间行参与整个清算过程

图 3-17　MT103 报文

2. 根据图 3-18 所示电汇电文，解读该笔交易。

示例如下：
FM BANK OF ASIA JINAN
TO THE HONGKONG AND SHANGHAI BANKING CORP. HONGKONG
DATE，IST MAY
TEST4532 OUR REF. 306HT6590
NO ANY CHARGES FOR US
PAY USD 30 000 VALUE IST MAY
TO YOUR HAY WAY BUILDING BRANCH 58 TTANLEY STREET HONGKONG FOR ACCOUNT NO. 004-110-23516-001 FAVOUR PRECISION PHOTO EQUIPMENT LTD，HONGKONG
MESSAGE CONTRACT NO. P12301
ORDER PHOTO. GRAPH CO. JINAN
COVEB DEBIT OUR HO ACCOUNT.

图 3-18 电汇报文

汇款人：
收款人：
收款人账号：
付款金额：
汇出行名称：
汇入行名称：
发电日期：
密押：
汇款编号：
利息日：
头寸拨付：
联行账户开户行：

第四章 国际结算方式——托收

本章学习要点

- 掌握托收的定义和基本当事人的权利和义务；
- 掌握不同交单条件下托收的流程；
- 了解托收统一规则；
- 了解托收申请书以及托收指示的格式和内容；
- 了解托收业务中存在的风险及其防范。

导入案例

在一笔托收业务中，托收行在托收指示中规定："Docs to be released only against acceptance"以及"Payment on due date to be guaranteed by ×××bank（代收行）. Tested telex to this effect required"。代收行办理承兑交单后，向托收行寄出承兑通知，明确指出"The bill accepted by drawee"，到期日为2015年3月13日。在承兑通知书中，代收行未表明担保付款，亦未发出承诺担保的电传，托收行亦未就此提出任何异议。

承兑汇票到期后，进口商拒绝付款，代收行立即向托收行发出拒付通知。由于托收指示中要求凭代收行到期付款的担保放单，而代收行已经将单据放给付款人，因此托收行要求立即付款，代收行反驳道，放单是基于付款人的承兑，代收行并没有担保到期付款的责任，虽然经过多次交涉，此纠纷仍未得到解决。

分析：托收方式属于商业信用，进出口双方能否取得合同规定的货款，或者如期收到买卖合同中规定的货物，完全取决于买卖双方的商业信用。托收中的银行只是一般的代理人，在托收过程中，有关银行只要按照委托方的指示完成了各项指定的工作，对托收过程中遇到的风险、费用和意外事故等不承担责任，如付款方不按期付款或承兑，不按买卖合同规定的价格付款，或者在承兑后破产了，无力付款，甚至蓄意拖延、支付或逃避付款责任的，银行概不负责。本案例之所以出现纠纷，而且经过多次交涉仍未得到解决，主要是由于托收行和代收行都有过错，托收是基于商业信用的交易，托收行在托收指示中规定，就是意图将商业信用转变为银行信用，由银行担保到期付款，这样就为日后纷争留下了祸根。而代收行业务经办人员责任心不强，面对如此托收指示，并没有提出异议，对于托收指示中要求凭代收行到期付款的担保、放单也没有理会，仅仅根据承兑交单的习惯做法，在进口商承兑后就将单据释放给进口商，造成了日后的纠纷。代收行在此业务处理中有过错，如果代收行对托收行提出的要求明确拒绝，声明托收结算业务的商业基础是商业信用，银行不做付款担保，纠纷也是可以避免的。

第一节 托收业务概述

一、托收的定义

托收（collection）是指出口商（委托人）根据买卖合同发运货物之后，把金融单据和商业单据委托出口方银行（托收行）通过其在海外的联行或代理行（代收行），向进口商（付款人）收取款项的一种结算方式。

《托收统一规则》（URC522）也给出了托收的定义，在其第二条规定：托收指银行依所受指示处理统一规则所称之单据，以求：①获得承兑/付款；或②凭承兑/付款交付单据；或③依其他条件交付单据。

常见的"其他条件"是指"交来本票/信托收据/承诺书等"。单据是指金融单据（financial documents）和商业单据（commercial documents）。金融单据是指汇票、本票、支票或其他类似票据。商业单据是指发票、运输单据、物权单据或其他单据，或是除了金融单据之外的其他任何单据。

二、托收业务的当事人及其责任义务

（一）委托人

委托人（principal）是指委托银行向国外付款方收款的一方，因为是由其开具托收汇票收款，所以也称出票人。委托人还是出口商（exporter）、卖方（seller）、债权人（creditor）、托运人（consignor），以及已收汇票的收款人（payee）。

委托人的责任和义务如下：

（1）根据合同规定交付货物，提交符合合同规定的单据。进口商取得单据后才得以提货，单据代表货物所有权。

（2）填写托收申请书，并将托收申请书和金融单据、商业单据交给托收行。

（3）托收申请书的指示必须是明确的。发生意外情况时，委托人应及时向银行发出指示。

（二）托收行

托收行（remitting bank）是指接受委托人的委托，负责办理托收业务的银行，是出口方银行。由于托收行地处出口地国家，将转而委托进口地银行代为办理此笔托收业务的汇票提示和货款收取事宜，必须将单据寄往进口地代理银行，所以托收行也称寄单行。托收行是托收汇票的收款人或是托收汇票的被背书人。

托收行的责任和义务如下：

(1) 执行委托人的指示，缮制托收指示(亦称托收面函)。托收指示的内容必须与托收申请书严格相符，并将托收指示以及单据寄给国外的代理行，指示其向付款人收款。

(2) 托收行按照常规查验单据。托收行应审核实收单据的名称和份数是否与托收申请书填写的相同，除此之外没有进一步审核单据的义务。

(3) 托收业务处理中要遵循国际惯例。所有的托收单据必须包括完整、准确的托收指示，对于托收指示中未提及的事项，托收行应明确规定该托收业务受国际惯例 URC522 的约束。

(4) 过失责任。URC522 规定，托收行应遵守信用并谨慎从事，应对因自己的疏忽而造成的损失负责任。例如，托收行未能将代收行的拒付通知及时通知委托人，因此使委托人遭受损失，或托收行将单据寄给代收行但弄错地址，托收行都应负责。

(三) 代收行

代收行(collecting bank)是指接受托收行的委托，参与办理托收业务的一家银行，它是进口方银行，也是托收汇票的被背书人或收款人。

代收行在托收业务中承担的责任与托收行基本相同，负有以下责任：

(1) 执行托收指示。通常托收行与代收行之间是委托代理关系，订有代理行协议。代收行只准根据托收指示中的指示行事并受 URC522 的约束。代收行在未经托收行同意前不得变更托收指示上的任何条件。如果代收行为了满足进口商的要求而不遵守托收指示，则违背了委托代理业务的要旨，将承担由此带来的风险。若托收指示不清楚，代收行应及时联系托收行，并听候下一步指示。

(2) 单据的处理。代收行需要核对单据的份数和名称，是否与托收指示中所列相符，如发现不符，应通过电讯或其他迅捷的方式立即通知发出托收指示的一方。除此之外，代收行不承担其他更多的责任。代收行应向进口商提示所收到的单据。在进口商实际付款前，代收行应负责保存好汇票和相关单据。

(3) 及时拨付资金。托收款项(扣除手续费、第三方费用)必须按托收指示中的条款毫不延误地支付给发出托收指示的一方。

(四) 付款人

付款人(payer)是债务人(debitor)，也是汇票的受票人(drawee)。当汇票提示给付款人时，如为即期汇票，付款人应见票即付；如为远期汇票，付款人应承兑汇票，并于到期日付款。付款人还是进口商(importer)、买方(buyer)。

在托收业务中，有时还会需要另外两个当事人：提示行和需要时的代理人。

(五) 提示行

当付款人与代收行之间没有账户关系时，会要求自己的账户行作为向它提示汇票的银行，这家付款人的账户行就是提示行(presenting bank)。代收行应将汇票和单据交给提示行，由提示行向付款人提示。

(六) 需要时的代理人

如果发生拒付的情况，委托人就可能需要代理人在付款地代为照料货物存仓、保险转售、运回或改变交单条件等事宜。需要时的代理人（agent in necessity）是委托人指定的代理人，委托人应在托收申请书中写明，否则，银行对需要时的代理人的任何命令都可以不受理。

委托人、托收行、代收行、付款人是托收项下四个基本的当事人，它们之间的关系：出口方与进口方是贸易合同中的债权人与债务人的关系；出口方与托收行是委托代理关系，托收申请书是两者之间的契约合同；托收行与代收行也是委托代理关系，托收指示是它们之间的协议文件；唯有代收行与进口方之间仅仅是银行业务关系。正因为代收行与进口方之间没有任何协议或法律约束性文件，进口方对于提示的单据凭信用付款，所以托收仍属于商业信用。

拓展案例

CHAI TAI 公司在 2015 年向美国 Acosta 公司出口竹木工艺品 10 000 箱，并委托 X 银行通过芝加哥 JP Morgan 银行向美国公司收取货款，交单方式 D/P at 15 days after sight。但 X 银行错误地指示 JP Morgan 银行交单方式为 D/A，致使美国公司在未付款的情况下，从 JP Morgan 取得了全套货运单据。美国公司事后没有向 CHAI TAI 公司付款。CHAI TAI 公司向法院起诉，要求 X 银行和 JP Morgan 共同承担赔偿责任。法院审理后判决 X 银行向 CHAI TAI 公司偿付相应损失。

分析：本案例中，托收行 X 银行应该承担赔偿责任。托收申请书的交单方式是 D/P at 15 days after sight，但 X 银行却擅自更改了交单方式，错误地指示 JP Morgan 银行交单方式为 D/A，致使 CHAI TAI 公司受损。

三、托收业务中存在的契约关系

出口商与托收行之间的契约关系体现在托收申请书上，内含出口商向托收行发出的各项托收指示。

托收行与代收行之间的契约关系体现在托收指示的面函中。

托收行将列入托收申请书中的各项托收指示全部转入托收指示面函中，所以托收行实际上是传递指示和寄送单据的银行。

（一）托收申请书

托收申请书是委托人与托收银行之间关于该笔托收业务的契约性文件，也是银行进行该笔托收业务的依据。

▶ 1. 光票托收申请书

光票托收申请书如图 4-1 所示，光票托收可以办理托收的票据有汇票、支票、旅行支票。光票托收申请书包含的内容如下：

(1) 票据的名称、种类、期限、金额、币种。
(2) 收款人的名称和地址。
(3) 付款人的名称和地址。
(4) 票据的背书。
(5) 远期票据是否承兑。
(6) 票据的利息条款。
(7) 票据签发人的名称和签字。

(8) 其他条款。

APPLICATION FOR COLLECTION

致：****银行
To: ****BANK

日期
Date:_____

银行编号
Bank Ref:_____

兹附上下述票据委托代收。收妥票款请按以下打"×"条款解付：
I/we enclose herewith the under mentioned bill(s) for collection. Please effect the proceeds when collected in accordance with following instructions marked "×":

票据类别 Kind of bill(s)	出票日期 Issuing date	票据号码 No(s) of Bill(s)	备注 Remarks:
出票人 Drawer			
付款人 Drawn on			
收款人 Payee			
票面金额 Amount			

For company
公司专用

请划收本单位在贵行第_____号账户，
Please credit our A/C No._____ with your bank,
托收费用请划付本单位在贵行第_____号账户。
For your charges debit our A/C No._____ with your bank.
如有费用请扣除后，划收本人/本单位在贵行第_____号账户。
After deducting your charges if any, please credit my/our A/C No._____ with your bank.
于____天后，由本人/代办人凭收据在贵行第_____号柜台商洽取款。
After ____ days, at your bank's counter No(s) _____ contact for drawing funds against the receipt.

本人（等）/本公司特此声明，日后如上述票据遭受退票或有其他情况发生致贵行受损，贵行可无须征求本人（等）/本公司同意，立即有权由本人（等）/本公司账户内扣回上述票据及有关费用（包括外汇买卖差价和利息）。若账户存款不足扣付，本人（等）/本公司自当立即如数清还。
I/We understand and agree that you are authorized to debit my/our account without obtaining my/our confirmation with the above amount together with any expenses or loss (including exchange and interest) that you may suffer in the event of the above being returned or in any way dealt with at any time. I/We undertake to repay you on demand any unpaid portion in case the balance remaining on my/our account is insufficient to meet the refund of payment.

个人委托收款注意事项
NOTE FOR PERSONAL BUSINESS
个人办理托收业务时（包括申请、取款/取存款单），应出示收款人本人身份证件，如由他人代办，需同时出示收款人、代领人身份证件。
Please show payee's personal identification, when applying and drawing at our counter. Anyone who is entrusted to take the funds must show us both the payee's and entrustee's identifications. Thanks.

申请人签章（印章）
Signature of the applicant

核对
Verified

地址
Address:_____
联系电话
Tel. No.:_____
身份证件及号码
ID Card No.:_____

图 4-1 光票托收申请书

▶ 2. 跟单托收申请书

跟单托收申请书如图 4-2 所示。办理跟单托收需向银行提交《出口托收申请书》一式两联，有关内容全部用英文填写。

跟单托收申请书

APPLICATION FOR COLLECTION OF BILLS

To: Bank No.
Dear Sirs, Date:

We enclose for COLLECTION the under mentioned draft:

Draft No.	Date of Draft	Due Date/Tenor	Amount	Drawee(name & address)

The following documents are attached to the draft:

Invoice	B/L	Ins. Policy	Cons. Invoice	Cert. of Origin.	Insp. Cert.	Weight List	Packing List		

Shipped per S.S.
Covering shipment of
Collection instructions are marked "x"

Deliver document against Payment	Do not protest for non-acceptance and/or non-payment
Deliver document against Acceptance	
If paid before maturity allow rebate of @ _ %p.a.	Protest for non-acceptance and/or non-payment
Collect interest from Drawee(s) @_ %p.a.(360 days in a year) to approximate date proceed arrive in.	All charges including your collection commission are to be paid by the Drawee
In case of dishonor the goods may, in the option of your correspondent or agents, be landed, cleared through the customs warehouse and insured at our expense.	All charges will be paid by us.

Instruct your collecting bank to
Bank Name::
Bank Address:

Who will endeavor to obtain the honoring of this draft.
Unless otherwise instructed, interest bill stamp and/or collection expenses are to be borne by us.
Where the currency of the bills is other than that of the drawees locality, it is understood that the drawees may be allowed to settle exchange after he has accepted the bill.
It is understood and agreed that, having exercised due care in the selection of any correspondent to whom the above mentioned items may be sent for collection, you shall not be responsible for any act, omission, default, suspension, insolvency or bankruptcy of any such correspondent or sub-agent thereof or for any delay in remittance, loss in exchange or loss of items or their proceeds during transmission or in the course of collection, but your responsibility shall be only for your own acts.
Special instructions:
Except so far as otherwise expressly stated, this COLLECTION is subject to the "Uniform Rules for Collections "(1995Revision), International Chamber of Commerce, Publication No. 522.

Signature of the applicant:
Address:

图 4-2 跟单托收申请书

跟单托收申请书的内容主要如下：

（1）代收行：出口商在该栏内填写国外代收银行（一般为进口商的开户银行）的名称和地址，这样有利于国外银行直接向付款方递交单据，有利于早收到钱。如果没有填写或不知道进口商的开户银行，则申请人银行将为申请人选择进口商所在国家或地区的一家银行进行通知，这样出口商收到款项的时间将会较长。因此，出口商最好知道进口商所在的国外开户银行。

（2）申请人：申请人为出口商，应填写详细的名称、地址、电话、传真号码。

（3）付款人：付款人为进口商，应填写详细的名称、地址、电话、传真号码。如果进口商的资料不详细，容易导致代收行工作的难度加大，使出口商收到款项的时间较长。

（4）汇票的时间和期限：申请书上的汇票的有关内容要与汇票上的一致。

（5）合同号码：申请书上的合同号码要与进出口双方签订的商务合同上的号码保持一致。

（6）单据：提交给银行的正本和副本的单据名称和数量。

（7）托收条款。托收的条款一般包括以下内容，如果需要就注明一个标记（×）：

A. 收到款项后办理结汇。

B. 收到款项后办理原币付款。

C. 要求代收方付款交单（D/P）。

D. 要求代收行承兑交单（D/A）。

E. 银行费用由付款人承担。

F. 银行费用由申请人承担。

G. 通知申请人承兑汇票的到期日。

H. 如果付款延期，向付款人收取__%的延期付款利息。

I. 付款人拒绝付款或拒绝承兑，通知申请人并说明原因。

J. 付款人拒绝付款或拒绝承兑，代收行对货物采取仓储或加保，费用由申请人支付。

K. 其他。

（二）托收指示

▶ 1. 定义

托收指示是托收行根据托收申请书缮制的、授权代收行处理单据的完全和准确的条款。所有托收单据必须附带托收指示，除非托收指示另有授权，代收行将不理会除向其发出托收的一方/银行以外的任何一方/银行的任何指示。

▶ 2. 内容

托收指示的样本如图4-3所示，托收指示的内容必须与托收申请书的内容严格一致，并应包括以下各项适用的内容：

（1）托收银行、委托人、付款人、提示行（如有）的情况，包括全称、邮政地址、电传、电话和传真号码等。

（2）托收的金额和货币种类。

（3）单据清单和每项单据的份数。

（4）取得付款或承兑的条款和条件、交单条款。

（5）要求收取的费用是否可以放弃。

（6）要求收取的利息（如有）是否可以放弃。

（7）付款的方式和付款通知书的形式。

（8）发生不付款、不承兑或未执行其他指示情况时的指示。

托收行在缮制托收指示书时，应将交款指示明确、清楚地表达出来。交款指示是托收行对代收行在款项收妥后如何汇交的指示。

托收指示
COLLECTION ORDER

Office:
Address: Date:
Telex: Our reference number:
Fax: For all communications
                                            Please always quote

Dear Sirs,

We enclose the following draft(s)/documents as specified hereunder which please collect in accordance with the instructions indicated herein. Unless otherwise specified the collection is subject to Uniform Rules for Collections (ICC Brochure No.522)

☐ Documents for collection   ☐ Clean collection

To：(collection bank)	Drawer
Drawee	Drawer's Ref No:
Draft No.	Amount
Date of Draft	
Due Date/Tenor	

Documents:

Draft	Invoice	B/L	Ins. Policy	Cons. Invoice	Cert. of Origin.	Insp. Cert.	Weight List	Packing List			

Collection instructions are marked "×"

Deliver document against ☐ Payment ☐ Acceptance

All your charges are for account of ☐ Drawer ☐ Drawee

☐ Do not protest for non-acceptance and/or non-payment

☐ If paid before maturity allow rebate of _ %p.a.

☐ Collect interest from Drawee(s) _ %p.a. (360 days in a year) to approximate date proceed arrive in.

☐ In case of a time bill, please advise us of acceptance giving maturity date.

☐ In case of dishonor, please do not protest but advise us of non-payment/non- acceptance by cable giving reasons

Disposal of proceeds upon collection:
PLEASE PAY THE TOTAL AMOUNT TO ***BANK, *******FOR THE CREDIT OF OUR ACCOUNT WITH THEM UNDER ADVICE TO US QUOTING OUR REFERENCE NUMBER MENTIONED ABOVE.

For ***bank
_____
Authorized signature(s)

图 4-3　托 收 指 示

四、托收统一规则

《托收统一规则》（国际商会出版物第522号出版物，URC522）是托收业务使用的国际惯例。国际商会为调和托收有关当事人之间的矛盾，以利商业和金融活动的开展，于1967年拟定《商业单据托收统一规则》，并建议各国银行采用。之后，国际商会对该规则一再进行了修订，并改名为《托收统一规则》，其内容包括总则与定义，托收的形式和结构，提示的形式，义务和责任，付款，利息、手续费和开销，以及其他条款等共26个条款。

（一）基本精神

银行承办托收业务时，应完全按照委托人的指示行事，银行对在托收过程中遇到的一切风险、费用开支、意外事故等均不负责，而由委托人承担。

（二）银行的义务与责任

银行仅被允许根据托收申请书的指示和URC522办理委托，不得超越、修改、疏漏、延误委托人在申请书上的指示，否则引起的后果由银行负责。

银行的免责条款如下：

（1）银行对于任何单据的形式、完整性、准确性、真实性、伪造及法律效力，或单据上规定或附加的特殊条件，概不负责。

（2）银行对于任何单据代表之货物的描述、数量、重量、质量、状况、包装、交货价值或存在，或货物的发货人、承运人、运输行、收货人或货物保险人或其他人的诚信、行为和/或疏忽、偿付能力、执行能力或信誉概不负责。

（3）银行对于任何电报、信件或单据在寄送途中的延误和/或丢失所引起的后果，或由于任何电讯工具在传递中的延误、残缺和其他错误，或由于专门术语在翻译或解释上的错误，不承担义务和责任。

（4）银行对于自己所收到的指示因意思不明需澄清所引起的延误不负责任。

（5）银行对于天灾人祸、暴动、内乱、叛乱、战争或它们所不能控制的任何其他原因，或罢工、停工致使营业中断所造成的后果，不承担义务或责任。

此外，《统一托收规则》还规定：除非事先征得银行同意，货物不应直接运交银行；如果货物直接运交银行或者以银行为收货人，银行无提货义务（此项货物仍由发货人承担风险与责任）。

（三）关于提示、付款、承兑等手续

（1）银行应按交来的单据原样向付款人发出提示。

（2）如果是即期付款的单据，银行必须毫不延误地提示付款人付款。

（3）如果是远期付款的单据，银行必须毫不延误地提示承兑，当要求付款时，必须不迟于到期日提示付款。

（4）如果跟单托收中有远期付款的汇票，托收委托书中必须指明在承兑或付款后将单据交给付款人；如无此规定，单据在付款后交付。

拓展案例

国内某公司以D/P付款交单方式出口，并委托国内甲银行将单证寄由第三国乙银行

转给进口国丙银行托收。后来得知丙银行破产收不到货款，该公司要求退回有关单证却毫无结果，请问托收银行应负什么责任？

分析： 托收银行不负任何责任。根据《托收统一规则》规定：在托收方式下，银行只作为卖方的受托人行事，为实现委托的指示，托收银行可选择委托人指定的银行或自行选择或由别的银行选择的银行作为代收行；单据和托收委托书可直接或间接通过别的银行寄给代收行。但与托收有关的银行，对由于任何文件信件，或单据在寄送途中的延误和丢失所引起的后果，或由于报、电传、电子通信系统在传递中的延误、残缺和其他错误，以及由于不可抗力、暴动、内乱、战争或其他所不能控制的任何其他原因致使业务中断所造成的后果，不承担义务或责任。

所以，在本案例中，托收银行只要尽到"遵守信用，谨慎从事"义务，对托收过程中所发生的各种非自身所能控制的差错，包括代收行倒闭致使委托人货款无法收回且单据也无法收回，不负任何法律责任。

拓展案例

有一笔出口合同，付款条件为45天见票付款交单方式。出口人在填写的托收委托书中，虽说明除本金上需加收利息，但并未说明利息不能免除。在出口人所提交的汇票上也未列明利息条款。当银行向进口人提示单据时，进口人只肯支付本金而拒付利息，在此情况下，银行在收到本金后即交出单据，并通知出口人有关拒付利息的情况。试问，出口方能否追究代收行未收利息即行交单的责任？

分析： 出口方不能追究代收行的责任。在托收业务中，托收银行及代收银行均按托收委托书的指示办事。尽管出口人在托收委托书中说明需加收利息，但并未说明利息不可免除，且开具的汇票上未列明利息条款。因此，代收行根据《托收统一规则》的有关规定，将单据在未收利息只收本金后即行交给进口人的行为是合理的，出口人也无权追究代收行的责任。

第二节 托收业务的种类和流程

URC522的第二条将单据分为金融单据和商业单据。金融单据是指汇票、本票、支票或其他类似用于获取付款的单据。商业单据是指发票、货运单据、保险单据或其他类似单据，或称为其他一切非金融单据。在此基础上，托收业务分为光票托收、跟单托收和其他托收，分述如下。

一、光票托收

▶ 1. 概念

光票托收是指不附带商业单据（主要指货运单据）的托收，主要有汇票、支票、旅行支票和本票的托收。光票托收的汇票，在期限上也应有即期和远期两种。但在实际业务中，由于一般金额都不太大，即期付款的汇票较多。

2. 光票托收的程序

光票托收的程序如图 4-4 所示。首先由委托人填写托收申请，将票据一并交给托收行；然后托收行依据托收申请制作托收指示，一并航寄代收行。对即期票据，代收行收到后应立即向付款人提示付款，付款人如无拒付理由，应立即付款。付款人付款后代收行将票据交给付款人入账。对于远期票据，代收行收到后，应立即向付款人提示承兑，付款人如无拒绝承兑的理由，应立即承兑。承兑后，代收行持有等到期再做付款提示，此时付款人应付款。如遇付款人拒付，除非托收指示另有规定，代收行应在法定期限内做成拒绝证书，并及时将拒付情况通知托收行。

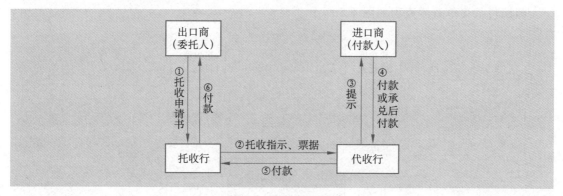

图 4-4　光票托收流程

拓展案例

我国某出口公司在广交会上与一外商签订一笔出口合同，并凭外商在广交会上递交的以某银行为付款人、金额为 10 万美元的支票在 2 天后将合同货物装运出口。随后，我国出口公司将支票通过国内银行向国外付款行托收时，被告知该支票为空头支票，由此造成货款两空的损失。

分析： 为防止外商签发空头支票，出口公司应该坚持让外商签发保付支票，而且先通过国内银行将支票向国外付款行做光票托收，收回款项再发货。

二、跟单托收

跟单托收是指附有商业单据的托收。卖方开具托收汇票，连同商业单据（主要指货物装运单据）一起委托给托收行。跟单托收也包括不使用汇票的情况，有时为了避免印花税，不开汇票而只拿商业单据委托银行代收。

在跟单托收项下，出口商为了能够顺利收取货款，应注意以下几点：

(1) 汇票金额要一致；
(2) 汇票出票人签字或盖章；
(3) 汇票要背书；
(4) 汇票的出票人和签发人要一致；
(5) 汇票要与发票等单据保持一致；
(6) 价格条款是 CIF，要有保险单，保险单的金额要超过发票金额；

(7) 运输条款与价格条款保持一致；

(8) 根据运输单据的要求，是否要求背书；

(9) 各种单据中的货物描述，要保持一致。

跟单托收根据交单方式可分为即期付款交单、远期付款交单和承兑交单。

（一）即期付款交单

即期付款交单（document against payment at sight，D/P at sight）指出口方按合同规定日期发货后，开具即期汇票（或不开汇票）连同全套货运单据，委托银行向进口方提示，进口方见票（和单据）后立即付款。银行在其付清货款后交出货运单据。

即期付款交单具体流程如图4-5所示。

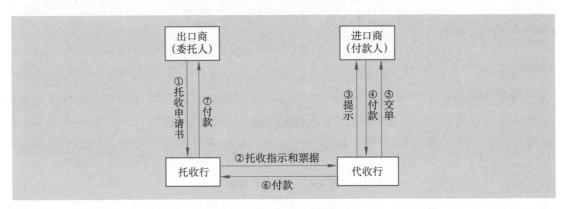

图4-5 即期付款交单流程

（二）远期付款交单

远期付款交单（documents against payment of usance bill，D/P after sight）指出口方按合同规定日期发货后，开具远期汇票连同全套货运单据，委托银行向进口方提示，进口方审单无误后在汇票上承兑，于汇票到期日付清货款，然后从银行处取得货运单据。远期付款交单流程如图4-6所示。

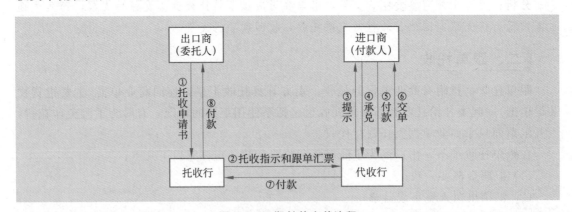

图4-6 远期付款交单流程

远期付款交单和即期付款交单都属于付款交单，即出口方在委托银行收款时，指示银行只有在付款人（进口方）付清货款时，才能向其交出货运单据，也就是交单以付款为条件。因此，远期付款交单和即期付款交单的交单条件是相同的：买方不付款就不能取得代表货物所有权的单据,所以卖方承担的风险责任基本上没有变化。

远期付款交单是卖方给予买方的一种资金融通方式,融通时间的长短取决于汇票的付款期限,通常有两种规定期限的方式:一种是付款日期和到货日期基本一致,买方在付款后,即可提货;另一种是付款日期比到货日期要推迟许多,买方必须请求代收行同意其凭信托收据(T/R)借取货运单据,以便先行提货。

所谓信托收据,是进口方借单时提供的一种担保文件,表示愿意以银行受托人身份代为提货、报关、存仓、保险、出售,并承认货物所有权仍归银行。货物售出后所得货款应于汇票到期时交银行。代收行若同意进口方借单,万一汇票到期不能收回货款,则代收行应承担偿还货款的责任。但有时出口方主动授权代收行凭信托收据将单据借给进口方,这种做法将由出口方自行承担汇票到期拒付的风险,与代收行无关,称为"付款交单,凭信托收据借单(D/P,T/R)"。从本质上看,这已不是"付款交单"的做法了。

拓展案例

天津 M 出口公司出售一批货给香港 G 公司,价格条件为 CIF 香港,付款条件为 D/P 见票 30 天付款,M 出口公司同意 G 公司指定香港汇丰银行为代收行,M 出口公司在合同规定的装船期限内将货装船,取得清洁提单,随即出具汇票,连同提单和商业发票等委托中国银行通过香港汇丰银行向 G 公司收取货款。五天后,所装货物安全抵达香港,因当时该商品的行市看好,G 公司凭信托收据向汇丰银行借取提单,提取货物并将部分货物出售。不料,因到货过于集中,货物价格迅速下跌,G 公司以缺少保险单为由,在汇票到期拒绝付款。你认为 M 公司应如何处理此事,并说明理由。

分析:M 公司应通过中国银行要求香港汇丰银行付款。这是因为,香港汇丰银行在未经委托授权的情况下,自行允许 G 公司凭信托收据先行提货,这种不能收回货款的责任,应由代收行(汇丰银行)负责。

(三)承兑交单

承兑交单方式(document against acceptance,D/A),指出口方发运货物后开具远期汇票,连同货运单据委托银行办理托收,并明确指示银行,进口人在汇票上承兑后即可领取全套货运单据待汇票到期日再付清货款。承兑交单流程如图 4-7 所示。

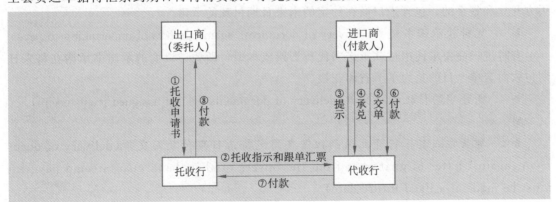

图 4-7 承兑交单流程

承兑交单和上面提及的"付款交单,凭信托收据借单"一样,都是在买方未付款之前,即可取得货运单据,凭以提取货物。一旦买方到期不付款,出口方便可能货、款两空。因此,出口商对采用此种方式持严格控制的态度。

拓展案例

某年6月6日,某托收行受理了一笔付款条件为D/P at sight的出口托收业务,金额为100 000美元,托收行按出口商的要求将全套单据整理后撰写了托收函一同寄给英国一家代收行。单据寄出5天后,委托人声称进口商要求托收将D/P at sight改为D/A at 60 days after sight,最后委托行按委托人的要求发出了修改指令,此后一直未见代收行发出承兑指令。当年8月19日,委托行收到代收行寄回的单据,发现本应3份正本提单现在只有两份。委托人立即通过英国有关机构了解到,货物已经被进口商提走。此时,委托行据理力争,要求代收行要么退回全部单据,要么承兑付款,但是代收行始终不予理睬,货款始终没有着落。

分析:(1)对托收的商业信用性质的把握。根据《托收统一规则》的有关规定:只要委托人向托收行做出了清楚、明确的指示,银行对由此产生的任何后果不负责任,后果由委托人自行承担。

(2)对D/A与D/P之间的法律风险的区分。承兑交单比付款交单的风险大。在承兑交单条件下,进口人只要在汇票上承兑后,即可取得货运单据。

(3)此外,还存在银行与外商相互串通,造成出口人货款与财务的双重损失。

(四)凭其他条件交单

除了常见的承兑交单和付款交单之外,还有以下类型的交单方式:

▶ 1. 分批部分付款(partial payment)

分批部分付款是指凭"一部分即期付款,其余部分承兑,在将来日期付款"的单独汇票而交单。托收行指示代收行部分凭即期付款,其余部分凭承兑远期汇票而交出商业单据,这种方式可以减少出口商凭进口商承兑全部金额汇票而交单所冒的风险。

▶ 2. 凭本票交单(delivery of documents against promissory note)

由于汇票可能导致缴纳印花税,买方和卖方可能同意凭本票交单,本票是由进口商或买方开立和签字的,包含进口商在约定的未来日期付款的承诺。

▶ 3. 凭付款承诺书交单(delivery of documents against letters of undertaking to pay)

有时进口商要求使用付款承诺书代替汇票或本票,即凭进口商的承诺书承诺在将来日期付款而交单,目的是为了节省印花税。

▶ 4. 凭签字的信托收据交单(delivery of documents against assigned trust receipt)

略。

▶ 5. 凭买方或其银行开立保函担保在固定将来日期付款而交单(delivery of documents against letter of guarantee from the buyers or their bank guaranteeing payment must be made at a fixed future date)

略。

第三节　跟单托收的风险及其防范

一、跟单托收的风险

托收结算方式中，不论交单条件是 D/P 还是 D/A，总是出口商发货在前，收取货款在后。出口商与托收行之间、托收行与代收行之间的关系，仅是委托代理关系，银行不提供付款保证。出口商能否按期、如数地收回货款，两家银行概不负责，出口商能否收款取决于进口商的信誉和支付能力。

在跟单托收业务中，银行仅提供服务，而不提供任何信用担保。银行在传递单据、收取款项的过程中不保证进口商一定付款，对单据是否齐全，是否符合买卖合同规定也不负责。实务中，有的银行会核对单据与贸易合同是否一致（单同一致），但这仅仅是出于对出口商的善意和额外服务。若单据与贸易合同不一致，托收行业只是提醒出口商注意，是否需要修改由出口商自行做出决定，银行对此没有强制性。例如，货物到达目的地后，遇到进口商拒不赎单而导致的无人提货和办理进口手续等情况，除非事先征得银行同意，否则银行无照管货物之责。因此，跟单托收作为一种结算方式，对出口商有较大的风险，对进口商也有一定的风险。

（一）出口商的风险

在跟单托收业务中，出口商采用托收作为结算方式，依靠的是进口商的信誉，相信进口商在被提示汇票和单据时，会履行合同规定的付款或承兑义务。若进口商能按时履约，结算就能顺利进行。但如果进口商付款人违约，拒绝承兑或拒绝付款，或因种种原因无力付款，出口商收款人将陷入极为被动的局面。出口商面临的主要风险表现在以下方面。

（1）进口商破产、倒闭或失去偿付能力。

（2）进口地货价下跌或产生不利于货物的其他情形，进口商借口拒绝付款或拒绝承兑，甚至可能承兑汇票到期后而拒绝付款。

（3）出口商交付货物的质量、数量、包装、时间等不符合买卖合同规定，进口商拒绝履行付款义务或要求降低价格，甚至要求索赔。

（4）进口商国家限制或"有条件进口"的产品，需要凭"进口许可证"或类似的特别证明才能进口该类产品，但在货到目的地、单据到达或付款到期时，还未取得该类证明文件，使货物到达目的地时被禁止进口或被处罚。或在外汇管制国家，进口商付款人未能及时申请到外汇，不能按时付款取货。

（5）进口商在承兑交单方式下，凭承兑汇票取得单据后，到期拒付，出口商收款人虽然可以凭进口商承兑的汇票要求其承担法律责任，但打跨国官司费钱、费时又费力，有时收汇的款项还抵不上聘请律师的费用，或在此时进口商付款人已经破产、倒闭，最终可能仍然货款两空，甚至倒贴各种费用。

（二）进口商的风险

跟单托收业务中，由于银行并不担保出口商会按买卖合同交货，即使银行审核了单据并要求出口商做到单据和合同一致，也仅仅是单据的表面与合同一致，而非实质的一致，因此进口商仍可能面临以下风险。

（1）在按合同规定对出口商通过银行提示的单据付款或承兑后，凭单据提取的货物与合同不符。

（2）在远期付款交单项下，承兑了汇票后，到期不能从代收行处取得单据，而自己却承担了到期付款的责任。

在使用跟单托收结算方式时，虽然进口商也有一定的风险，但出口商承担的风险要大得多。因此，为防止风险、减少损失，进出口双方事先均要调查对方的资信情况，而出口商对进口商的资信等情况更要了解得十分清楚，并确信安全可靠后才能使用托收方式，对承兑交单这种方式更应慎之又慎。

二、跟单托收的风险防范

由于跟单托收对进口商有利、对出口商不利的特点，因此，跟单托收的风险主要是指出口商的风险。出口商如何在跟单托收结算方式下，趋利避害，安全收汇，可以从以下几个方面把握。

（一）事先调查进口商的资信状况和经营作风

通过网络、业务往来账户银行或是专业的咨询公司等途径，获得被指定调查客户的较为翔实的资料，如相应的登记证明、公司章程、股东名册、公司规模、背景、经营者的能力、往来客户及银行（账户行）、财务状况、年销售状况，甚至以往客户的分布地区等，以及咨询公司对该客户的总体评价。

（二）了解出口商品在进口国的市场行情

出口商必须了解出口商品在进口国的市场行情，根据不同的情况，做出决策，如当出口商品在进口国家属于滞销商品，出口商又急于使该商品进入进口国市场，在进口商资信和经营作风良好的条件下，为鼓励进口商经营该商品，给予进口商一定的优惠，可考虑使用远期承兑交单；反之，当出口商品在进口国家属于畅销商品，进口商又急于要货的情况下，若进口商资信和经营作风一般，则可考虑使用付款交单。

（三）熟悉进口国的贸易管制和外汇管理法规

对于有进口管制的国家，应确定进口商已获得有关法定部门的进口许可证明或类似文件。对于进口商所在国是属于外汇管制的国家，或本国货币为不可自由兑换货币的，应确定进口商已取得相关的外汇额度，或该国外汇管理法规需要的证明文件。以免产生货到目的地后发生由于不准进口或没有许可证明不能进口，导致货物长期滞留港口或被处罚没收的情况，或由于缺乏外汇额度，进口商付款人无法付出外汇的情形。

（四）要了解进口国银行的习惯做法

在跟单托收业务中，无论是银行还是企业，各当事人对即期付款交单和远期承兑交单的操作、各自应承担的义务和责任都趋于一致，没有多大的争议，但在远期付款交单方式下，各当事人对各自应承担的义务和责任、具体的业务操作均有较大的分歧。代收行往往喜欢按自己的习惯操作业务，这就需要出口商对进口国的银行习惯做法有充分的了解。例如，一些南亚和拉美国家的代收行，基于当地的法律和习惯，对来自别国的远期付款交单方式的托收业务，通常在进口方付款人承兑汇票后就立即将单据交给进口商，即把远期付款交单擅自改为按承兑交单处理。他们认为，汇票付款人一经承兑即成为汇票的主债务人，因此，进口商在尚未获取物权凭证之前就需承担债务，这对进口商来说是不公平的。因此，代收行通常将受托按远期付款的跟单托收业务，按承兑交单来处理，这种做法虽然超越了委托人的授权，却符合当地法律的"对价"原则。在这种情况下，如进口商信守合同和票据法的规定，按时付款，则出口商尚能安全收汇。若进口商信誉不佳、市场疲软，或遇进口商居心不良甚至心存欺诈，出口商就可能货款两空。

拓展案例

某出口公司（A 公司）与南美洲进口商（B 公司）签订了一批合同，向其出售衬衣，付款条件为 D/P 60 days。2013 年 10 月—2014 年 2 月，A 公司相继委托国内某托收行（C 银行）通过国外代理行（D 银行）代收货款，付款条件为 D/P 60 days，付款人为 B 公司，金额总计达 150 万美元。

托收指示中列明：deliver documents against payment, due date/tenor 60 days sight，并有"Subject to ICC522"字样。D 银行收到指示后，陆续以承兑交单（D/A 60 days）的方式将单据放给了进口商。到期时，承兑人一直未付款，使 A 公司蒙受重大损失。托收行向代收行提出质疑，代收行发回电文写明："Document have been delivered to the drawee against acceptance of the draft."托收行回电写明："We confirm the payment tenor is D/P 60 days pls deliver documents against payment at 60 days sight"，并要代收行承担擅自放单的责任。但代收行以当地习惯抗辩，称当地认为 D/P 远期与 D/A 性质相同，推诿放单责任，拒绝承担责任。

分析：国际商会《托收统一规则》1995 年修订本，应适用于第二条界定的、并在第四条"托收指示"中列明适用该项规则的所有托收项目，且除非另有明确的相反约定，或与无法规避的某一国家、政府或地方法律及/或法规相抵触，本规则对所有的当事人均具有约束力。

本案例中，《托收统一规则》的规定与南美习惯做法是有抵触的，凡货运南美地区的托收业务，应避免使用 D/P 远期，以免引起不必要的麻烦。

（五）使用适当的价格术语，争取由出口商办理保险

在跟单托收业务中，出口商应使用适当的价格术语，争取自己办理出口货物的保险，以便应对日后的不利情况。在出口托收业务中，出口商应争取按 CIF 或 CIP 条件达成协议或签订合同，这样出口货物的保险由出口商负责办理。如按 FOB、FCA、CFR、CPT 条件成交，则是由进口商办理保险。

（六）办理出口信用保险

出口信用保险是政府为了推动、鼓励出口贸易，保障出口企业的收汇安全而制定的由国家财政提供保险准备金的政策性保险业务，一般适用于付款期限不超过 180 天的承兑交单（D/A）、赊销（O/A）等结算方式下的保险。出口信用保险可承担以下风险：

▶ 1. 商业风险

（1）买方无力偿还债务或破产。

（2）买方拒收货物并拒付货款。

（3）买方拖欠货款。

▶ 2. 政治风险

（1）买方国家禁止或限制汇兑。

（2）买方国家进口管制。

（3）买方国家撤销进口许可证。

（4）买方所在国或货款须经过的第三国颁布延期付款令。

（5）买方国家发生战争、暴乱或革命。

（6）被保险人和买方均无法控制的非常事件。

这种保险是将进口商的信用风险转由保险公司承担，因此，出口商办理出口信用保险不失为目前规避进口商风险的相对有效的手段之一。当然，出口信用保险收费较高，一般在1‰~2‰左右，风险越高的国家或地区，手续费越高。因此，出口商也应权衡利弊后再做决定。

思考与练习

一、思考题

1. 国际商会是如何定义托收的？
2. 托收业务有哪些类型？
3. 比较即期付款交单、远期付款交单和承兑交单这三种交单条件的不同之处。
4. 分析托收业务存在的风险有哪些？出口商如何规避托收业务中的风险？

二、选择题

1. 在托收业务中，以下关系中不属于委托代理关系的是（　　）。

A. 委托人和委托行　　　　　　B. 委托行和代收行

C. 代收行和付款人　　　　　　D. 委托人和"需要时的代理"

2. "D/P，T/R"指（　　）。

A. 付款交单　　　　　　　　　B. 承兑交单

C. 付款交单凭信托收据借单　　D. 承兑交单凭信托收据借单

3. 承兑交单方式下开立的汇票是（　　）。

A. 即期汇票　　　　　　　　　B. 远期汇票

C. 银行汇票　　　　　　　　　D. 银行承兑汇票

4. 光票托收一般不用于（　　）的收取。

A. 出口货款尾款　　　　　　　B. 出口货款

C. 佣金　　　　　　　　　　　D. 样品费

5. 托收行的义务之一是（　　）。

A. 确保货物得到保护　　　　　B. 按委托人的指示办事

C. 审核单据的内容　　　　　　D. 保证为委托人收取款项

6. 在托收方式下，下列对出口商最有利的交单条款是（   ）。
   A. 即期付款交单　　　　　　　　　　B. 远期付款交单
   C. 承兑交单　　　　　　　　　　　　D. 远期限付款交单凭信托收据借单
7. 付款交单凭信托收据借单是（   ）的融资。
   A. 进口商给予出口商　　　　　　　　B. 托收行给予进口商
   C. 代收行给予出口商　　　　　　　　D. 代收行或出口商给予进口商
8. 某公司委托银行办理托收，银行分两次寄单。第一次航邮单据因航空失事丢失商检证书正本。付款人提出缺少正本商检证书，拒付货款，对此（   ）。
   A. 银行有责任　　　　　　　　　　　B. 银行无责任
   C. 银行和委托人都有部分责任　　　　D. 无法判断
9. 在一笔托收业务中，（   ）是托收行应做的工作。
   A. 制作托收指示、向付款人提示跟单汇票
   B. 填写托收申请书、制作托收指示
   C. 审查单据内容、制作托收指示
   D. 依据托收申请书审查单据种类、份数，制作托收指示
10. 在跟单托收中，出口方可能遭遇的风险主要有（   ）。
    A. 进口方因故倒闭破产，无力偿付
    B. 进口方因主观原因拒付货款
    C. 进口国外汇管制方面的规定造成的风险
    D. 代收行出现错误

三、判断题
1. 提示行的英文缩写是 collecting bank。（   ）
2. 在托收业务中，银行的一切行为是按照托收委托书来进行的。（   ）
3. 光票托收和跟单托收一样，都是用于贸易款项的收取。（   ）
4. 托收通过银行进行，所以托收属于银行信用。（   ）
5. 从理论上讲，承兑交单相比于付款交单对于买方更为便利，因为承兑交单中买方承兑后即可提货，往往可以不必自备资金而待转售所得的货款到期时付款。（   ）
6. 托收业务中，代收行对于汇票上的承兑形式，只负责表面上完整和正确之责，不负签字的正确性，或签字人是否有权限签署之责。（   ）
7. 委托人在出口托收申请书上可指定代收行，如不指定，委托行可自行选择它认为合适的银行作为代收行。委托行由于使用其他银行的服务而发生的费用和风险，在前种情况下由委托人承担，在后种情况下由委托行承担。（   ）
8. 托收业务中，只要选择合适的委托行和代收行，委托人收回货款就不成问题。（   ）
9. 承兑交单，即 document against payment，卖方开立的一定是远期汇票。（   ）
10. 委托人与托收行之间的关系是委托代理关系。（   ）

四、案例分析题
1. 某服装贸易公司与美国一家公司签订了一笔 10 万美元的服装出口合同，价格条件

为 FOB 广州，支付条件为 D/P at sight，出口货代公司为买方指定的 ABC 公司，之前公司与该客户曾采用信用证支付方式，通过该货代公司做过两笔订单，所以没有对该货代公司进行详细了解。该服装贸易公司将货物发出后，将包括三份正本货代提单在内的全套货运单据，通过中国银行转交对方指定的代收行收款，但在规定的时间内没有收到货款。在此后的一个多月内，对方一会儿说没见着单据，一会儿说正在和银行商量赎单，一会儿又传来一份真假难辨的银行付款底单，在忍无可忍的情况下，公司只好指示代收行，将全套单据转让给公司在美国的分公司，让其先代收此货物，然后再与买方交涉，以避免港口滞港费的损失，当美国分公司拿着正本提单去提货时，发现货已经被买方提走，公司与卖方交涉，但对方既不回传真，也不接电话。随即，公司派法律顾问带人赶往广州，准备对 ABC 公司采取行动。赶到广州时，ABC 公司早已人去楼空，再到工商部门一调查，才发现该公司根本没有货代资质，仅为一家运输咨询公司，在万般无奈的情况下，该出口公司只好采取委托授权的方式，通过美国分公司请美国律师起诉进口商，但得知该客户已经申请了破产保护，按美国的法律，该出口商只能参加破产清算，经计算，如参加清算，其所得可能还不够支付律师费用，公司只好撤诉。

请分析此案例。

2.2013 年春交会，广东某进出口公司与埃及 H 公司建立了业务关系，H 公司向广东公司订购了近 3 万美元的货物，双方同意以信用证方式结算，初次合作较为愉快，广东公司及时收回了货款。之后，H 公司继续向广东订购货物，货物总值达 26 万美元，这次，H 公司提出了 D/A 60 天的付款方式，要求广东接受，广东公司急于开发市场，接受了公司的付款要求。货物发出后，广东公司及时预付单据，埃及公司承兑了汇票并接受了，可是汇票到期之日，该公司拒绝付款，广东公司自行催收一年后，埃及公司以货物质量问题、不符合当地市场需求、货物仍未售出等为由，坚决拒付货款。

广东公司在货权完全丧失的情况下，委托东方国际保利中心向埃及公司追讨。开始，埃及公司的态度极为强硬，坚持说货物尚未卖出不能付款。为把损失降到最低点，东方国际保利中心向他们提出退单退货的要求。在强大的追讨压力下，该公司承认，他们早已售完广东公司的货物，并把货款用到了其他生意上，由于该笔生意的失败，加上公司的经营及管理不善，导致该公司亏损严重，已经濒临关门倒闭的边缘，根本无法偿还广东公司的欠款。经过进一步的调查发现，埃及公司还有一些库存商品可以变卖，最后广东公司追回了 4 万美元。

请分析此案例。

五、实务操作题

1. 中国上海 A 公司于 2009 年 5 月出口一批货物，货款金额为 10 万美元，委托中国银行上海分行托收，又委托香港渣打银行向当地进口商 B 公司代收，合同规定的交单条件为 D/P 30 天付款。A 公司按约定及时发出货物，取得货运单据，请问：在正常业务中，A 公司应如何签发汇票，如何背书？

2. 有四笔出口业务，付款方式分别为：

(1) D/P 即期(D/P)(D/P at sight)；

(2) D/P 见票 30 天(D/P at 30 days after sight);

(3) D/A 见票 30 天(DIA at 30 days after sight);

(4) D/P 见票 30 天,凭信托收据借单。

设寄单的邮程为 7 天,托收日为 7 月 1 日。问以上四笔业务的提示日、承兑日、付款日、交单日各为哪一天?(不计银行合理工作时间)

第五章
国际结算方式——信用证

本章学习要点

- 掌握信用证的定义、性质，以及信用证业务中各当事人的权利和义务；
- 掌握信用证业务的处理流程；
- 熟悉信用证的种类；
- 熟悉信用证条款和 UCP600 的相关规定；
- 了解信用证的风险及其防范。

导入案例

我国北方公司和美国尼克公司以 CIF 青岛条件订立了进口化肥五千公吨的合同。按照合同规定，北方公司开出以美国尼克公司为受益人的不可撤销跟单信用证，总金额为 300 万美元，双方约定如果发生争议则提交中国国际经济贸易仲裁委员会上海分会仲裁。2015年7月，货物装船后，美国尼克公司持包括提单在内的全套单据在银行议付了货款，货到青岛后，北方公司发现化肥有严重质量问题，立即请当地商检机构进行了检验，证实该批化肥是没有太大实用价值的饲料。于是，北方公司持商检证明要求银行追回已付货款，否则将拒绝向银行支付货款，银行坚持付款，建议北方公司找中国国际经济贸易仲裁委员会上海分会寻求救济措施。

分析： 在信用证方式下，实行的是凭单付款的原则。《跟单信用证统一惯例》规定，在信用证业务中，各有关方面处理的是单据，而不是与单据有关的货物、服务及/或其他行为。所以，信用证是一种纯粹的单据业务，银行虽然有义务合理、小心地审核一切单据，但这种审核只是根据表面上是否符合信用证条款，开证银行只根据表面上相符的单据付款。在本案例中，银行不应追回已付货款，信用证项下银行的义务是审查受益人所提供的单据与信用证规定是否一致，如单证相符、单单一致，银行应立刻无条件付款，北方公司无权拒绝向银行付款，该公司受到开证申请书的约束，在单证相符、单单一致的情况下，履行付款赎单的义务，中国国际经济贸易仲裁委员会上海分会有权受理此案，因为北方公司与美国尼克公司订立的买卖合同中有仲裁协议，北方公司应根据买卖合同，要求美国尼克公司承担违约责任。

第一节 信用证概述

信用证是在托收结算业务基础上演变出来的一种比较完善的结算方式，它的主要作用是把托收方式下由进口商履行的跟单汇票付款责任转由银行履行，保证进出口双方的货款或单据交收不致落空。同时，银行还能为进出口双方提供融资的便利，从而促进国际贸易的发展。

一、信用证的概念

信用证（letter of credit，L/C）是指开证行（进口地银行）应开证申请人（进口商）的要求和指示向受益人（出口商）开立的，承诺在一定期限内凭符合信用证规定的单据付款的书面保证文件。

简而言之，信用证是银行开立的一种有条件的承诺付款的书面文件。

《跟单信用证统一惯例》（UCP600）在其第二条中也给出了信用证的定义：信用证是指一项不可撤销的安排，无论其名称或描述如何，该项安排构成开证行对相符交单予以交付的确定承诺。

a. 如果信用证为即期付款信用证，则即期付款。
b. 如果信用证为延期付款信用证，则承诺延期付款并在承诺到期日付款。
c. 如果信用证为承兑信用证，则承兑受益人开出的汇票并在汇票到期日付款。

上述定义包括以下三方面的内容：

（1）信用证是银行的付款承诺。

（2）开证行的付款条件是相符交单。UCP600第二条规定：相符交单指与信用证条款、本惯例的相关适用条款以及国际标准银行实务一致的交单。

（3）开证行的付款时间可以是即期，也可以是远期付款。即期付款包括即期信用证，远期付款包括延期付款信用证和承兑信用证，这体现在开证行承付责任的规定中。

信用证作为一种银行的付款承诺，提高了国际贸易中出口商收款的保障性，通过出口商提交与信用证规定相符的单据，在一定程度上也能提高进口商收到合格货物的保障性。在国际贸易结算中，使用的信用证基本上都是跟单信用证，我国的进出口贸易也主要采用信用证方式进行结算。

二、信用证的特点

（一）信用证是一种银行信用，开证行承担第一性付款责任

思考：我国某出口公司通过通知行收到一份国外不可撤销信用证，该公司按信用证要

求装货装船后，但在尚未交单议付时，突然接到开证行通知，称开证申请人已经倒闭，本开证行不再承担付款责任，那么开证行做法是否正确呢？

信用证是一种银行信用，开证行承担第一性付款责任，但是是有条件的付款承诺。开证行开出信用证后，以银行信用替代了商业信用。为了体现信用证业务下的银行信用，受益人开立汇票的付款人应该是银行，而不能是开证申请人。UCP600第六条c款规定：信用证不得开成凭以开证申请人为付款人的汇票兑用。实务中，如果信用证规定汇票的付款人为开证申请人，受益人会提出改证的要求。信用证作为银行的一项书面付款承诺，一旦信用证开立生效，开证行就必须承担确定的第一性付款责任。开证行应该在受益人提交符合信用证规定的单据条件下保证付款，不能以开证申请人破产倒闭为理由拒付，即信用证开立后，开证行的付款与开证申请人有无支付能力或支付意愿无关。

（二）信用证是一种自足性文件，它不依附于贸易合同而独立存在

思考：广州某公司向英国出口一批货物，合同规定8月份装船，后来外方开来信用证，将装船期定为8月15日前，但8月15日前没有船去英国，我方立即要求将装船期延至9月15日前装运。外商来电称，同意修改合同，将装船期有效期顺延一个月。该公司于9月10日装船，15日持全套单据向指定银行办理议付，但被银行以单证不符为由拒绝议付，试问议付行的做法合理吗？

信用证作为一种结算方式，其依据是买卖双方签订的贸易合同，信用证上的主要内容也是贸易合同上的内容，即信用证的开立是以贸易合同为基础的，但是信用证一经开出，便成为独立于贸易合同以外的契约，不受贸易合同的约束。也就是说，信用证是一项自足性文件(self-sufficient Instrument)。UCP600第四条a款规定：信用证与可能作为其开立基础的销售合同或其他合同是相互独立的交易，即使信用证中含有对此类合同的任何援引，银行也与该合同无关，且不受其约束。虽然贸易合同是开证申请人开立信用证申请书的基础，随后信用证申请书又成为银行开立信用证的基础，但是信用证与贸易合同是两份完全独立的文件。贸易合同仅约束了签约的进出口商双方，银行不受贸易合同约束，银行也不受申请人基于与开证行或与受益人之间的关系而产生的任何请求或抗辩的影响。银行只对信用证负责，对贸易合同没有审查、监督执行的义务和使用贸易合同的权利，贸易合同的修改、变更甚至失效都丝毫不影响信用证的效力。UCP600第四条b款规定：开证行应劝阻申请人试图将基础合同、形式发票或其他类似文件的副本作为信用证整体组成部分的任何做法。

（三）信用证是一种纯单据业务，其处理的对象是单据

思考：某开证行按照自己开出的信用证的规定，对受益人提交的，经审查符合要求的单据履行了付款责任，但进口商向开证行付款赎单后发现单据中提单是倒签的，于是进口商立即要求开证行退回货款并赔偿其他损失，请问进口商的要求合理吗？

信用证是一项纯单据业务。UCP600第5条规定：银行处理的是单据，而不是单据可能涉及的货物、服务或履约行为。只要受益人提交的单据与信用证相符，开证行就应承担付款责任。若单据与信用证相符，但单据与货物不一致时，银行不能以货物不符等与单据无关的理由进行拒付。此时，开证申请人可以贸易合同为依据与受益人交涉，或以受益人诈骗为理由向法院申请止付令，从而限制开证行对外付款，保障自己的合法权益。

值得注意的是，银行虽然"有义务要合理、小心地审核一切单据"，但是这种审核，只是用以确定单据表面上是否符合信用证条款，开证行只是根据表面上符合信用证条款的单据付款，银行对于任何单据的形式、完整性、准确性、真实性，以及伪造或法律效力上所发生的问题或单据上规定的或附加的一般或特殊条件等方面概不负责。

三、信用证的作用

《跟单信用证业务指南》中将信用证的用途描述为：①它是为购买外国货物和外国设备融通资金的极好工具；②它有助于开证行向进口商融通资金，并控制资金用途；③它是为商界和有关方面在交易中心提供信心和安全因素的有效办法，若不为额外附加条款所累赘，它将成为保障出口商得到货款的常用工具。

归纳起来，信用证的作用主要有以下几点。

（一）信用证解决了贸易双方互不信任的矛盾

信用证使用的前提是买卖双方缺乏相互满意的信用基础，需要借助银行信用实施国际贸易结算。采用信用证结算，由银行出面担保，只要卖方按合同规定交货，就可以拿到货款，而买方又无须在卖方履行合同规定的交货义务前支付货款。

（二）可以保证出口商安全收汇

对出口商来说，信用证可以保证出口商在履行交货后，按信用证条款的规定向银行交单取款，即使在进口国实施外汇管制的情况下，也可以保证凭单收到外汇。

（三）保证进口商安全提货

对进口商来说，信用证可以保证进口商在支付货款时即可取得代表货物的单据，并可通过信用证条款来控制出口商按质、按量、按时交货。

（四）进出口双方都可以在信用证项下获得资金上的融通

对进口商来说，开立信用证时，只需要缴纳部分押金，单据到达后才向银行赎单付清差额。如果是远期信用证，进口商还可以凭信托收据向开证行借出单据先行提货出售，到期时再向开证行付款。对出口商来说，在信用证项下货物装运后，就可以凭信用证所需的单据向出口地银行做押汇，从而取得全部货款。

四、信用证业务的当事人

根据UCP600对信用证的定义，信用证业务包括开证申请人、开证行和受益人三个基本当事人。此外，信用证业务处理中还会出现通知行、付款行、承兑行、议付行、保兑行等被指定银行以及偿付行，如图5-1所示。

（一）开证申请人

开证申请人（applicant）是指要求开立信用证的一方，也称开证人（opener）。在国际贸易结算中，申请开立信用证的一方通常是进口商。为了适应日益增长的备用信用证的需要，UCP600也允许开证行以自身名义对外开证。开证申请人受贸易合同和开证申请书的约束，其责任和义务分别在贸易合同中和开证申请书背面列明，具体包括以下内容。

▶ 1. 申请开立信用证

作为开证申请人，必须根据合同内容在合理的时间内开出信用证，信用证的内容必须

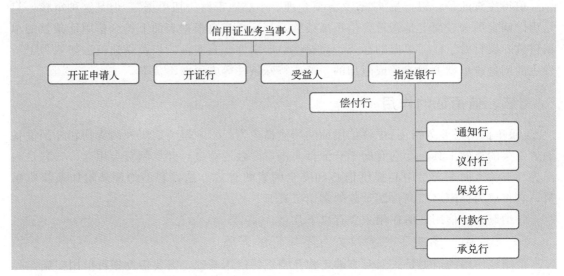

图 5-1　信用证业务的当事人

符合合同的内容。如果信用证的内容跟合同不符,受益人可以提出修改,开证申请人有义务对信用证进行必要的修改。

▶ 2. 提供开证担保

开证申请人应向开证行提供开证担保,开证担保可以是开证保证金、动产质押、不动产抵押、其他银行的保函、出口信用证等。实务中,银行多要求提交保证金,具体数额取决于开证申请人的资信和货物销售状况,可以在 0～100% 变动。银行一般会根据对客户资信调查情况规定授信额度,此额度是免保开证的最高金额。如果开证申请人在银行给予的授信额度内开证,可以免交开证押金。如果开证金额超出授信额度,则超出部分需要提交押金。

▶ 3. 及时付款赎单

在接到开证行的单到通知后,在单证相符的前提下,开证申请人应该立刻向开证行付款赎单。万一开证行破产或无力支付时,有义务向受益人付款,这是信用证业务中申请人承担第二性的付款责任,也是买卖合同上的义务。

▶ 4. 有取得与信用证相符的单据和货物的权利

开证申请人在付款前有权审核单据,如果开证行通知的单据不符合信用证的规定,开证申请人有权拒付或者不赎单。另外,取得该合同相符的货物,也是进口商的基本权利。作为进口商的申请人,有权在支付货款后凭单据取得合同规定的货物,如果发现货物与合同不符,有权利分清过失责任分别向出口商、承运人或保险公司要求赔偿。但不能向开证行要求赔偿。因为信用证对银行而言是纯单据业务,实际上当申请人向开证行付款赎单后,信用证业务就已经结束。

(二) 开证行

开证行(issuing bank)是指应开证申请人要求或者代表自己开出信用证的银行。开证行接受开证申请人的申请后免受开证申请书的约束,必须按照申请人的指示行事并对自己的过失负责。开证行开出信用证后,受信用证的约束,承担对受益人的第一性付款责任。开证行的责任和义务具体包括以下内容。

▶ 1. 根据开证申请人的指示开立信用证

开证申请人通过提交开证申请书与开证行之间确立合同关系,开证行必须严格按照开证申请书的指示开立信用证。如果开证行开立了背离开证申请书内容的信用证,由此产生的一切后果,都由开证行负责。当然开证行为了尽量减轻因为信用证与开证申请书不符所承担的责任,往往在开证申请书中规定一些免责条款,由这些原因引起的信用证与开证申请书不符,开证行可以免责。

▶ 2. 受相应协议的约束

开证行受与开证申请人之间的开证申请书的约束,与受益人之间受信用证的约束,以及与指定银行之间受代理协议的约束。

▶ 3. 承担第一性、独立的、终局性付款责任

开证申请人破产倒闭、拒绝付款、未交开证押金或有欺诈行为不能成为开证行的拒付理由。只要单据相符,开证行必须承担第一性的、独立的付款责任。UCP600第七条在开证行的责任中规定:只要规定的单据提交给指定银行或开证方,并且构成相符交单,则开证行必须承付。开证行自开立信用证之时起即不可撤销地承担承付责任,指定银行承付或议付相符交单并将单据转给开证行之后,开证行应承担偿付该指定银行的责任。

开证行对审单相符后的付款无追索权,但是如果受益人出于恶意伪造单据并经银行事后察觉并审查核实,开证行还是可以控付。

▶ 4. 收取押金或取得质押的权利

开证行有权利根据开证申请人的资信情况收取一定比例,甚至全额的开证押金,或者要求开证申请人做质押,以降低自身承担的开证风险。

▶ 5. 有权审单及拒付

开证行的付款是有条件的,在付款之前,开证行有权利仔细审核单据,如果发现单证不符,可以拒绝付款。开证行审单后发现单据不符,可以拒付,但应该注意以下几点:第一,要用快捷方式通知;第二,要说明拒付的原因;第三,要妥善处理单据。在实务中,开证行为了减少手续和节约时间,审单发现不符点的时候,常常事先征求开证申请人的意见,而不是立即拒付,如果申请人愿意放弃不符点,开证行就可以直接向寄单行付款。

拓展案例

国内A银行收到韩国B银行开来的信用证,信用证中对受益人迟装船赔偿责任规定为:如果受益人迟交货,在迟于交货期14~28天期间,扣除发票金额5%;迟于交货期25~56天期间,扣除发票金额5%;迟于交货期57天,扣除发票金额20%作为对进口商的赔偿。A银行审证时虽然发现信用证漏打最迟装船期,但A银行认为最迟装船期不能超过信用证有效期,按国际惯例,信用证未规定最近装船期的,受益人只要在信用证有效期内提交相符的单据即可,故未向开证行提出修改信用证的要求。

出口商装船发货后向A银行交单,A银行审单相符向B银行寄单,B银行以迟装船为由拒付,扣除赔偿款9 908美元后付款。A银行去电反驳受益人在信用证规定的效期内提交了相符的单据,B银行应履行付款责任。B银行来电声称因为自己工作疏忽,漏打最迟装船期,但是提单上显示出口商装船期迟于贸易合同规定时间,且进口商宣称进出口商双

方已经协商同意扣款。A银行再次去电反驳称出口商未违反信用证的规定，出口商也未与进口商协商同意扣款。按照国际惯例，如果信用证未规定最迟装船期的，受益人只要在信用证有效期内提交相符的单据，B银行就应该承担凭合格单据付款的责任。后经A银行多次去电督促B银行退回不合理的扣款，最终追回了被多扣的9 908美元货款。

分析与启示：

（1）银行办理信用证业务时，遵循的是国际惯例和信用证条款，而不是买卖合同。本案例中，信用证缺少最迟装船期的规定，开证行以受益人提单上显示的装船期迟于贸易合同的装船期为理由提出拒付，违背了信用证独立于贸易合同的性质。这种做法是错误的。

（2）本案例中，开证行在信用证中加列迟装船赔偿条款，使信用证沦为进出口商解决贸易纠纷的工具，银行变成了贸易纠纷的调解人，无意中将自己卷入贸易纠纷中。

（3）A银行从表面上看最终赢了纠纷，追回了扣款，维护了客户利益，但实际上出口商通过银行赢得了贸易纠纷。对B银行来说，过分迁就客户，在信用证中加列不合理的条款，把应由贸易双方通过正常法律程序解决的贸易纠纷加诸到银行身上，不仅将自己卷入贸易纠纷，而且导致自己的声誉受损。作为从事国际业务的银行，只有在办理信用证业务中严格遵循国际惯例，避免卷入贸易纠纷，才能维护自身良好的信誉。

（三）受益人

受益人（beneficiary）是指信用证上指定的享有信用证权益的人，即贸易合同中的出口商。作为出口商，他与开证申请人之间存在买卖合同关系，与开证行之间存在信用证的法律关系，受贸易合同和信用证的约束。收到信用证后，受益人的责任和义务具体包括以下内容。

▶ **1. 审核信用证条款**

受益人收到信用证后，应核对信用证条款是否与贸易合同条款相符，并审核信用证条款能否履行。受益人如果发现信用证跟合同不符，有权要求修改，如果修改后仍然不符，而且足以造成不能接受的损失，则受益人有权拒绝接受信用证，甚至单方面撤销合同并提出索赔。

▶ **2. 按合同发货并提交相符的单据**

作为出口商，其基本义务是按照合同的规定向进口商发货，受益人必须在信用证规定的装运期内装货，在信用证规定的交单期和有效期内提交与信用证相符的单据。如果提交的单据不符合信用证的要求，有义务在规定的时间内修改，否则将承担收不到货款的风险。

（四）通知行

通知行（advising bank）是指根据开证行的指示将信用证通知给受益人的银行。开证行一般会指示其在出口地的分行或代理行作为通知行。通知行可以接受开证行指示通知信用证，也可以不接受开证行指示。如果它决定接受开证行的指示通知信用证，可以通过开证行预留的印鉴和密押核对信用证的真实性并及时向开证行查清信用证的疑点。如果它决定不接受开证行的指示，则必须毫无延迟地告知开证行。通知行的责任主要包括以下内容。

▶ **1. 审核信用证的真实性**

通知行应该合理谨慎地审核信用证的表面真实性，通知行只有在核对签字或密押后，才可以通知受益人，以保护受益人的利益。如果无法确定信用证的真实性，通知行必须立即、毫不延迟地通知开证行，并说明这一点；如果通知行决定将该信用证通知受益人，也必须说明这一事实。信用证及其任何修改,可以由通知行通知受益人,非保兑行的通知行通知信用证及修改时不承担承付或议付的责任,通知行通知信用证或修改的行为,表示其已经确信信用证或其修改的表面真实性。

▶ 2. 缮制通知书

通知行在证实其收到的信用证的真实性以后,一般应该缮制信用证通知书,及时、准确地通知受益人,如果错误地通知信用证的有关条款,给受益人造成损失,通知行要对此负责。实务中,通知行也可以将信用证正本直接交给受益人,自己留下副本。通知行通知信用证之后,有权向受益人收取手续费。

拓展案例

中国银行收到加拿大 B 银行多伦多分行的电开证,中国银行在审证时发现信用证存在以下问题:①该证没有加押,仅在来证中注明"本证将有××来电证实";②装运期与效期为同一天,且在开证后 1 周内到期;③来证规定见票后 60 天付款,受益人可按年利率收取 11% 的利息;④受益人发货后 2 天内将一份正本提单、发票邮寄给申请人;⑤来证电传号不合理;⑥申请人在加拿大,收货人在尼日利亚。一方面,中国银行通知受益人"印押不符",暂缓发货;另一方面,经查询加拿大没有 B 银行。几天后,收到署名为××银行的确认电,但是电文中没有加押证实。中国银行向××银行发出确认电,得到的答复是"我行从未发出该确认电,本行与开证行无任何往来"。

分析:

常见假证的特点:来证无押;装运期与有效期短;受益人提交正本提单给申请人;开立远期信用证,许诺高额利率;申请人与收货人在不同国家和地区。

(五)保兑行

保兑行(confirming bank)是指根据开证行的授权或要求对信用证加具保兑的银行。为了增加信用证的付款保证性和接受性,保兑行一般由信誉良好的银行担当。实务中,开证行一般会指定通知行担当保兑行。

被指定保兑的银行可以接受开证行的指示对信用证加具保兑,也可以不接受开证行的指示。如果它接受开证行的指示对信用证加上保兑,则与开证行同责,承担第一性付款责任和终局性付款责任。UCP600 第八条 b 款规定:保兑行自对信用证加具保兑之时起即不可撤销地承担承付或议付的责任。第八条 c 款规定:其他指定银行承付或议付相符交单并将单据转往保兑行之后,保兑行即承担偿付该指定银行的责任。如果它不接受开证行的指示,则可仅通知信用证而不需对信用证加保兑。UCP600 第八条 d 款规定:如果开证行授权或要求一银行对信用证加具保兑,而其并不准备照办,则其必须毫不延误地通知开证行,并可通知此信用证而不加保兑。

(六)议付行

议付行(negotiating bank)是指接受开证行的邀请,并根据受益人的要求,按照信用证的规定对单据进行审核,确定单证相符后向受益人垫付货款,并向信用证指定的银行收回垫付款项的银行。议付行可以是通知行、保兑行或出口地的其他银行。议付行购买受益人的汇票和单据,扣除手续费、邮电费和押汇利息等开支后,预先付款给受益人。从票据的角度来看,议付行支付了对价获得汇票和单据，成为汇票的正当持票人，其权利和义务主要有以下内容。

▶ 1. 有权不议付

由于议付行只是受开证行的邀请，而不是本身做出承诺，因此，有权利不议付信用证，一般只有在开证行资信不佳或者信用证过于复杂、议付的风险比较大的时候，议付行才会拒绝议付。否则，议付行不会放弃收益颇丰的议付业务。

▶ 2. 必须严格审单

开证行对议付行的偿付是以议付行买入汇票所附的单据，符合信用证要求为条件，因此，议付行必须严格审核单据，确保单证一致才能保全自己的利益，如期及时收回垫款。

▶ 3. 享有索偿及追索权

议付行只是按照信用证中开证行的付款承诺和邀请，根据受益人的要求对单据进行审核，然后议付，并有权利向开证行凭相符的单据要求偿付。在议付行未获准偿付之前，议付行对受益人享有追索权，也就是说，如果开证行倒闭，无力偿付或者拒付，议付行有权利向受益人要求偿还付款。但是，如果议付行是保兑行，在遭到开证行拒绝付款后就没有了向受益人追索的权利。

拓展案例

我国 A 出口公司出口一批工艺品到日本的 B 公司，合同约定以信用证方式结算。B 公司委托 B 银行开立一张金额为 85 780 美元的议付信用证，指定出口地的 A 银行议付信用证并对信用证加上保兑。A 银行审证后认为 B 银行资信不错，保兑了信用证后将信用证通知给了 A 公司。A 公司在信用证规定的最迟装船期装船，在信用证的最迟交单期和有效期内提交全套单据给 A 银行议付。A 银行审单相符后对单据进行了议付，随后将全套单据邮寄给 B 银行。之后，B 银行来电拒付，拒付的理由为："invoice not certified by chamber of cmmerce"，A 银行遭受了巨大损失。

分析：

（1）不可撤销保兑信用证下，保兑行与开证行承担相同的第一性付款责任，只要单据相符，就应该履行付款责任。A 银行收到单据并经审单后对 A 公司议付是正确的处理。

（2）议付行向受益人议付票款后向开证行寄单索汇，若开证行审单发现单据不符拒付，议付行可以作为汇票的正当持票人向受益人追索票款。但是如果议付行对信用证做出了保兑，成为保兑行后，其付款就是终局性付款，没有追索权。本案例中，作为保兑行的 A 银行审单时未发现单据的不符点而错误地议付，既无法获得开证行的偿付，也不能向受益人追索，A 银行只能承兑由于自己工作疏忽带来的损失。所以 A 银行应该严格认真地按照国际惯例审单，必须以单单一致、单证一致为付款的唯一依据，这样才能避免风险。

（七）付款行

付款行(paying bank)是指开证行在信用证中指定一家银行为信用证项下汇票上的付款人或是在信用证下执行付款的银行，它可以是开证行自身也可以是开证行的付款代理行，如通知行。

开证行指定的承担付款责任的通知行一经接受开证行的代付委托，它的审单付款责任就与开证行一样，属于终局性的，付款后无追索权。付款行一旦验单付款，只能向开证行索偿，不得向受益人追索。

（八）承兑行

承兑行（accepting bank）是指要求受益人开立远期汇票的远期信用证中，指定作为受票行的银行对远期汇票做出承兑，这家银行就是承兑行。

承兑行的付款属于终局性的，如发现单据不符应拒付。一旦验单付款，就不得向受益人追索，只能向开证行索偿。

（九）偿付行

偿付行（reimbursing bank）是指开证行授权另一家银行代为偿付被指定银行、保兑行（统称索偿行）的索偿时，则该银行为偿付行。一般当信用证采用第三国货币结算时，开证行会指定在货币清算地的一家往来银行作为偿付行。

开证行开出信用证后应向偿付行发出偿付授权书（reimbursement authorization），通知授权付款的金额、有权索偿银行等内容。出口地银行在议付或代付款之后，一面把单据寄给开证行，一面向偿付行发出索偿书，偿付行收到索偿书后向索偿行付款，然后再向开证行索汇。若开证行审单发现单据不符，有权向索偿行追回已经偿付的款项，但开证行不得向偿付行追索。

偿付行类似于开证行的出纳行，单据正确与否不构成其偿付的依据。UCP600 第十三条规定：开证行不应要求索偿行向偿付行提供与信用证条款相符的证明。若偿付行不能偿付，开证行应承担偿付的责任。

第二节 跟单信用证的业务流程和内容

一、跟单信用证的业务流程

在处理不同类型的跟单信用证时，虽然某些具体操作环节存在差异，如不同兑用方式信用证中受益人交单和银行付款方式不同，但其他的处理流程大致相同，本节将结合实务中常见的跟单议付信用证介绍处理流程。

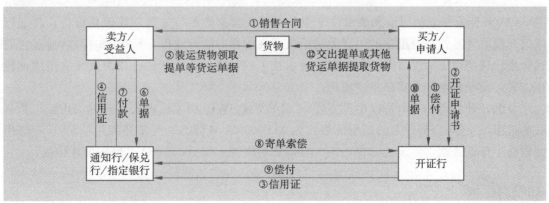

图 5-2 跟单信用证业务流程

（1）申请人和受益人订立销售合同，订明采用跟单信用证的支付方式。信用证是依据销售合同开立的，但是信用证是独立文件，不受销售合同的约束。

（2）申请人按照销售合同制作开证申请书，指示开证行按照开证申请书开立信用证。在国际贸易结算中，订立买卖双方之间的销售合同时才有申请人。如果开证行自营进口贸易，开证行就可以自身名义开立信用证，该证就成为两个当事人的信用证（two-party credit），即开证行和受益人。

知识拓展

在申请开证以前，申请人与受益人对于如何开证，至少要在七个方面达成一致意见：①信用证是否需要转让、是否需要保兑；②信用证结算方式是即期付款、延期付款、承兑还是议付；③信用证的货币是什么，金额是多少；④信用证的有效期是什么日期；⑤最迟装运日期和交单期限是何日期；⑥是否允许分批装运或支款，是否禁止转运；⑦海运贸易条件 FOB、CFR、CIF 规定卖方必须在买卖约定期限内交货，申请人的开证最迟时间必须在这段时期或以前。

买卖双方在合同中约定采用信用证结算时，通常由买方向其所在地的一家银行提出开证申请，填写并提交开证申请书。开证申请书是申请人和开证行之间的法律文件，也是开立信用证的依据，其内容的完整性、明确性非常重要。

知识拓展

开证申请书一般包括两部分内容：

（1）正面是信用证的内容。信用证内容应该完全按照贸易合同的内容进行填写，合同是信用证的基础，是申请人申请开证和受益人审证的依据。

（2）背面是申请人对开证行的声明，是申请人和开证行之间的法律契约，用以明确申请人与开证行之间的权责。为了减少资金方面的风险，大多数开证行都要求申请人在申请开证时缴纳一部分开证押金。背面的主要内容有：①明确申请人应及时偿还开证行的义务；②明确表示同意开证行根据 UCP600 的免责条款免除义务；③申请人同意在付款前将货物的所有权转让给开证行；④申请人承诺支付信用证项下的各项费用；⑤申请人明确遵循 UCP600 开证要求。

（3）开证行开立信用证和要求位于受益人所在国家的银行去通知或保兑银行，开证行以信开或电开方式将信用证的内容发送给出口商所在的联行或保兑行（通知行），通过它们通知或转递信用证给受益人。由于现代通信技术的发展，全电开证已成为主要的信用证传递方式，信开和电开方式已很少使用。

全电开证（full cable）是以电讯方式（TELEX 或 SWIFT）发出内容完整的信用证，是有效的信用证正本。SWIFT 的信用证格式为 MT700 和 MT701。与信开相比，SWIFT 信用证省略了保证条款，但加注密押，系统自动核对密押无误后，SWIFT 信用证才生效。

知识拓展

通知行接到信用证可以选择下列做法：

(1) 通知信用证给受益人，通知行必须核验信用证的表面真实性：①信开信用证必须核验信用证的签字相符；②电开信用证应该核验密押相符；③检查没有列入银行内部欺诈/可疑的银行名单中。然后把信用证通知受益人并带有免责声明：我行（通知行）不承担任何责任（Without any engagement or responsibility）地通知已收到下列经证实的 SWIFT 电文。

(2) 如果通知行不能核验信用证的表面真实性，必须毫不迟疑地告知开证行，并在通知信用证中告知受益人：它不能核验该证。

(3) 不通知信用证时，通知行必须毫不延迟地告知开证行，不必说明拒绝通知的理由。

(4) 如果信用证要求通知行加上保兑（We request you to advise the beneficiary adding your confirmation），通知行愿意加上注明："我行保兑此证（We hereby confirm the credit）"或另在通知书上注明加上保兑之意，并可限定该行保兑的范围。这时的通知行也是保兑行。

(5) 如果通知行不愿保兑，必须毫不延迟地通知开证行。

(6) UCP600 第九条规定通知信用证指示时，如遇指示不完整或不清楚时，通知行可以对受益人做出仅作参考的预先通知，不负任何责任。通知行应将此事通知开证行，并要求开证行提供必要的资料。通知行收到开证行提供的完整、明确的指示后，方可作为正式的通知。通知行要想知道哪些信用证指示不完整或哪些不清楚，就必须仔细阅读信用证指示，审查信用证的条款和条件。但是，第九条说的并不是通知行的责任，仅是它向受益人提供参考而已。

(7) 通知行可以被信用证规定为指定银行。开证行为了便利受益人交单和融资，可以授权位于受益人所在地或其邻近地点的一家代理行（多数情况是通知行作为指定银行，它们是指定即期付款行、指定延期付款行、指定承兑行和指定议付行）。如果是自由议付的信用证，被选择的议付行就是指定银行。

(8) 可转让、不可撤销信用证的指定银行办理信用证转让给第二受益人的业务，这时的指定银行成为转让行（transferring bank），可转让、不可撤销、自由议付的信用证应在信用证中指定一家银行作为转让行，多数情况是指定通知行作为转让行。

(4) 通知行通知受益人。通知行收到信用证密押无误后，按自己的通知书格式照录全文，通知受益人。如信用证以受益人为收件人，寄给出口地银行后，银行核对印鉴无误后，将原证交给受益人，这时候银行成为转递行（transmitting bank）。

(5) 受益人审证发货并制作单据。

为了保证受益人（出口商）同时完成信用证以及贸易合同项下的义务，受益人在接到信用证时，必须严格根据合同审证，消除信用证交单时的潜在风险。

知识拓展

审核信用证的项目一般包括以下方面：

(1) 信用证是否属于通知行正式通知的有效信用证。

(2) 审核信用证的种类。

(3) 审核 L/C 是否加具保兑。审核信用证是哪一家银行保兑以及保兑费由谁承担是审核信用证的内容之一。一般来说，信用证由第三银行加以保兑，其可靠程度比一般信用证高，但资信优良的开证行开出的信用证不需要保兑。

（4）审核开证申请人和受益人。由于开证申请人的名称或地址经常会与进口商在进出口合同上显示的名称或地址不一样，因此要仔细审核开证申请人的名称和地址，以防错发、错运货物。

（5）审核信用证的支付货币和金额。信用证的金额和支付的货币种类应与合同一致，总金额的大小写数字必须一致。如果合同订有溢短装条款，那么信用证金额还应包括溢短装部分的金额。来证采用的支付货币种类如果与合同规定的货币不一致，应按银行外汇牌价折算成合同货币，在不低于或相当于原合同货币总金额时才可接受。

（6）审核付款期限和有关货物的内容描述。审核付款期限是否与合同一致或者可接受。审核信用证有关货物的内容描述，如来证中的有关品名、质量、规格、数量、包装、单价、金额、装运港、卸货港、目的地、保险等是否与合同规定一致；有无附加特殊条款及保留条款；是否需要提供客户检验证明；商业发票是否要求证实或有进口国的领事签证等，这些条款必须仔细审核，视具体情况判断是否接受或提请修改。

（7）审核信用证的到期地点。信用证均需规定到期日、到期地点与交单地点。所谓到期日，是交单的最后期限。所谓到期地点，是有效期内交单有效的地点。到期地点、到期时间与信用证的兑用银行，即交单有效银行所在地必须匹配。

UCP600规定："THE PLACE OF THE BANK WITH WHICH THE CREDIT IS AVAILABLE IS THE PLACE FOR PRESENTATION"（信用证兑用的银行地点就是交单地点）。由于指定银行被指定承付或议付单据，因此指定银行所在地为信用证规定交单地。可在任何银行兑用（available with any bank）的信用证，任何银行所在地均为交单地点。不管信用证类型如何，是否有指定银行，所有的信用证都可以在开证行兑用，即受益人可以直接交单到开证行。因此，在任何情况下，开证行所在地银行都是信用证规定的交单地点。银行在开立信用证时，要注意"place of expiry"栏与"available with"栏之间保持一致性，要把"available with"后面的银行所在地规定为交单地，如"place of expiry"栏显示为任何银行。同时，"available with"栏也显示任何银行，"place of expiry"栏显示为指定银行，"available with"栏也显示指定银行。

按照UCP600，信用证最好不要规定限制在开证行兑用有效，如信用证限制在开证行兑用，如果出口地没有被指定银行，而受益人不得不向非指定银行交单。在这种情况下，单据如果在寄单银行与开证行之间遗失，开证行或保兑行均没有付款责任。

（8）审核装运期、转船、分批装运条款和有效期。装运期是对货物装运时间的规定，原则上必须与合同一致。如果信用证到达太晚而不能按期装运，应及时电请国外进口商延期装运。一般情况下，进口商不愿意允许其进口的货物转船。审核有关条款时，应注意它是否与合同的规定一致。如果信用证规定允许转船，还应注意在允许转船的内容后面有无列特殊限制或要求，例如，指定转运地点、船名或船公司。对这些限制或要求应考虑是否有把握控制，如不能，则应及时通知对方改证。信用证中如规定分批、定期、定量装运，那么在审核来证时，应注意每期装运的时间是否留有合适的间隔。按照国际惯例，对于分期装运的信用证要认真对待。信用证的有效期限与装运期限应有一定的合理间隔，以便在货物装运后有足够的时间进行制单和办理结汇。

（9）审核信用证付款方式和提交的单据。银行的付款方式有四种：即期付款、延期付款、承兑和议付。所有的信用证都必须清楚地表明付款属于哪一类，同时，要仔细审核来证要求提供的单据种类、份数及填制要求等，如发现不适当的要求或规定，应酌情做出适当处理。

（10）审核信用证上印就的其他条款和特殊条款。信用证上有许多印就的内容，特别是对在信用证空白处、边缘处加注的字句和戳记应特别注意，这些内容往往是信用证内容的重要补充或修改，稍不注意就可能造成事故或损失。对于信用证上的特殊要求条款，如不能做到或认为不合理要及时提出修改。

（6）受益人将要求的单据提交指定银行。

受益人在审证无误后，可按期出运，签发跟单汇票（如需要），并备齐信用证所要求的全套单据，在信用证规定的交单截止日前，连同信用证一并送交保兑行、开证行或信用证指定的银行以获得付款。本环节应特别注意交单期限与单据质量。

知识拓展

受益人交单给被指定银行有四项优点：

（1）有效地点在被指定银行，受益人可以充分利用有效日期，即使在有效日期最后一天交单给被指定银行也不会过期。

（2）被指定银行寄单给开证行在路途中可能遗失，开证行仍应承担付款责任，不能让受益人承担单据遗失的风险。

（3）被指定银行审单发现不符点，受益人就近修改单据很方便。

（4）被指定银行审单，如单证不符，向受益人办理各种结算方式使受益人尽早得到资金融通便利。

受益人也可以直接交单给开证行，这样存在三个缺点：

（1）开证行必须在有效期内收到单据，为了防止过期，受益人必须提早寄单。

（2）从受益人所在地寄单给开证行，单据在路途中可能丢失，风险要由受益人承担。

（3）开证行审单发现不符点，受益人要去修改单据，很不方便。

（7）指定银行凭信用证按照《审核跟单信用证项下单据的国际标准银行实务》，合理小心地审单，在最多5个银行工作日内审核完毕，确定单据表面符合信用证的条款和条件，指定银行就应按照授权办理即期付款，或承担延期付款责任，或承兑远期汇票，或议付/远期汇票。如按 UCP600 规定，周一交单，从周二起算第5个工作日为下周一。

① 银行审单、寄单。银行必须合理、小心地审核一切单据，以确定其表面是否符合信用证条款和条件的要求，确定 L/C 规定的单据表面上符合 L/C 条款要求的依据是 ISBP 或 UCP600。

若单据存在不符点，银行可以要求受益人修改单据，无法修改的，银行应该电提或者表提不符点。所谓电提不符点，是指银行审单后，向开证行电告不符点，单据保留在银行，要求开证行接洽申请人，并回复申请人是否接受不符单据。若申请人接受不符点，则银行可履行议付并寄单和按 L/C 规定索偿。所谓表提不符点，是指银行寄单时在面函上申明不符点，要求开证行联系申请人，并回复是否接受不符点并付款赎单。若申请人接受不符点，则银行按面函上的付款指示付款或回复寄单行按信用证规定索偿。

寄单面函是银行寄单时应当缮制的寄单索汇面函，在上面说明单据份数、索偿金额、费用，以及指示开证行或偿付行如何付款。

② 银行付款、议付或者承兑。信用证项下可以是付款、议付或者承兑，对应的被指定银行可以是付款行、议付行或者承兑行。

• 受益人如向指定的保兑行或者偿付行交单，后者需要审单，单据相符后，对受益人付款。该银行付款后对受益人无追索权。

• 受益人向议付行交单，无论是开证行指定的或是受益人自己指定的，受益人得到的只是凭单据抵押的银行融资或垫付。议付行对受益人享有追索权，开证行若拒付，议付行可以向受益人追索。

• 受益人向指定的银行交单。承兑行承兑后将已获承兑的汇票退回受益人。开证行一般会指定自己或者出口地某银行为承兑行。汇票到期，承兑行无追索权付款，但为了保证受益人利益，不管谁承兑，开证行都承担到期付款的责任。

（8）指定银行寄单给开证行要求开证行偿付。当信用证使用货币不是开证行所在国货币时，开证行要指定信用证货币清算中心的一家代理行作为偿付行并在信用证内注明偿付行名称和"Reimbursement subject to URR 525"字样。在此情况下，指定银行即成为索偿行（claiming bank），应向偿付行提交索偿要求，同时要寄单给开证行。

开证行若指定偿付行，被指定银行应当一方面把单据寄交开证行，另一方面直接向偿付行索偿。若未指定偿付行，被指定银行可以将单据一次或分次寄开证行并同时向开证行索偿。

知识拓展

信用证规定的索偿方式一般分为四类：单到付款、主动借记、授权借记和向偿付行索偿。

① 单到付款，是指议付行向开证行寄单、索偿，开证行审单无误后付款。

② 主动借记，是指开证行或其总行在议付行开立账户。信用证规定，议付后可立即借记其账。

③ 授权借记，是指开证行在议付行虽然开立账户，但信用证规定，必须在开证行收到正确单据后，再授权议付行借记其账户。

④ 向偿付行索偿，是指开证行指定第三家银行为偿付行，偿付行一般是在开证货币的发行国。信用证议付后，议付行向开证行寄单的同时，向偿付行索偿。

（9）开证行收到单据，在最多5个银行工作日内审单完毕，确定单证相符后，就向指定银行偿付。如果信用证另有偿付行，开证行不办理偿付，而只接受单据。

开证行根据信用证条款全面审核保兑行或被指定银行寄来的单据后，根据本信用证适用的UCP600判定是否交单相符，在规定的期限内，开证行有权拒绝接受不符单据，拒绝对外支付信用证金额，如装运期超期的信用证。

审单必须合理谨慎。开证行经审单无误后应立即承付：如果信用证为即期付款信用证,则即期付款;如果信用证为延期付款信用证,则承诺延期付款并承诺在到期日付款;如果信用证为承兑信用证,则承兑受益人开出的汇票并在汇票到期日付款。

UCP500规定,开证行应在合理时间内,但最长不超过7个银行工作日(自收单日的次日起算)内确定交单是否相符。UCP600取消了审单"合理时间"的概念,并将7个工作日缩短为"最长不超过5个"。UCP600第十四条b款规定,开证行从交单次日起至多5个银行工作日内确定交单是否相符。

知识拓展

当开证行确定交单不符后,可以拒绝付款,也可以自行决定联系申请人放弃不符点。UCP600第十六条d款规定,相关银行需在不迟于自交单翌日起第5个银行工作日结束前发出拒付通知。当开证行决定拒绝付款时,必须给予交单人一份单独的拒付通知,该通知必须声明:

① 开证银行拒绝承付。

② 开证银行拒绝承付所依据的每一个不符点。

③ 银行留存单据听候交单人的进一步指示,或者开证行留存单据直到其从开证申请人处接到放弃不符点的通知并同意接受该放弃;或者同意接受对不符点的放弃前从交单人处收到其进一步指示;或者银行将退回单据;或者银行将按之前从交单人处获得的指示办理。

④ 拒付通知必须以电讯方式,如不可能,则以其他快捷方式,在不迟于自交单日起5个银行工作日结束前发出。

⑤ 开证行按照以上要求发出拒付通知后,可以在任何时候将单据退还给交单人。

⑥ 如开证行未能按照以上要求发出拒付通知,可以在任何时候将单据退还给交单人。

⑦ 开证银行拒绝承付,并按照以上要求发出拒付通知后,有权要求返还已偿付的款项及利息。

开证行拒付应一次性提出每个不符点,不可分期提出,不得以不正当的理由苛求交单人提交的单据。

(10) 开证行接受单据后,按照它与开证申请人预先订立的偿付协议交单给开证申请人。

(11) 申请人按照预先订立的协议,偿付单据款项给开证行。

开证行受单偿付后,应立即通知开证申请人付款赎单。开证申请人在接到开证行付款赎单的通知书后,应在付款前对单据予以审核,在确定单据无误后,应尽快向银行付清所有应付款项,以赎回全套单据,凭提单提货。若剔除的货物与单据不符,则对开证行无要求赔偿的权利。如果审单有问题,开证申请人应向开证行说明拒付理由,但不得以货物的质量问题要求银行予以赔偿。开证申请人拒付后,开证行自己承担损失,对已偿付的款项无追索的权利。

(12) 开证申请人把运输单据提交当地承运人或其代理人,提取货物。

二、信用证开证申请书

信用证开证申请书如图 5-3 所示。

APPLICATION FOR IRREVOCABLE DOCUMENTATY CREDIT   ORIGINAL

TO: _____ BANK   L/C No. _____

_____ BRANCH   Date: _____

Subject to the Uniform Customs and Practice for Documentary Credit 1993 Revision ICC Publication 500, and to the terms and conditions overleaf, please issue an irrevocable documentary credit with terms stated below by (Please mark "X" in ☐)

☐ Full teletransmission   ☐ Mail/Airmail

☐ Brief teletransmission followed by mail confirmation

Expiry Date and Place

Advising Bank (if blank, any bank at your option)	Applicant

Beneficiary (full name and address)	Amount (in figures and words)

Shipment from _____ to _____ Latest date of shipment : _____ Price term: ☐ FOB ☐ CFR ☐ CIF ☐	Partial Shipments ☐ allowed ☐ prohibited	Transhipment ☐ allowed ☐ prohibited

Credit available by ☐ negotiation ☐ acceptance ☐ sight payment ☐ deferred payment with

Draft(s) drawn on issuing bank at sight for % of invoice value.

Documents required:

☐ Signed Commercial Invoice in copies indicating this L/C No. and Contract No.

☐ Signed Packing List in copies .

☐ Full set of clean shipped on board Ocean Bill of Lading marked "☐ Freight Prepaid   ☐ Freight Collect" made out to order of , notifying ☐ applicant

☐ Clean Air Waybills showing "☐ Freight Prepaid ☐ Freight Collect" and consigned to notifying ☐ applicant ☐

☐ Rail Waybills showing "☐ Freight Prepaid ☐ Freight Collect" and consigned to

☐ Insurance Policy/Certificate in duplicate blank endorsed for 110 % of the invoice value, showing claims payable at destination in currency of the draft, covering All Risks and War Risks and

☐ Certificate of Origin in copies issued by

☐ Other documents required:

Description of Goods:

(Brief description without excessive detail)

Additional instructions:

☐ All banking charges outside the Issuing Bank including reimbursing charges are for account of Beneficiary.

☐ Documents must be presented within _____ days after the date of issuance of the transport documents but within the validity of this credit.

☐ Both credit amount and shipment quantity _____ % more or less are allowed.

☐ Third party as shipper is not acceptable.

☐ Short Form/Blank Back B/L is not acceptable.

☐ Other terms and conditions (if any):

In case of queries, please contact _____

Tel No.   Fax No.

☐ To be continued on separate continuation sheet(s)

Stamp of Applicant

Verify Stamp:

图 5-3 信用证开证申请书

信用证开证申请人承诺书

（注：本承诺书印在信用证开证申请人申请书的背面）

我公司已依法办妥一切必要的进口手续，兹谨请贵行为我公司依照本申请书所列条款开立不可撤销跟单信用证，并承诺如下：

一、在申请开证时我公司（请用"×"选择其一）：

☐使用贵行与我公司签订的编号为_____《贸易融资额度合同》项下的 ☐信用证开证额度 ☐信托收据额度。

☐使用编号为_____《信用证开证合同》。（适用于单笔业务）

☐存入贵行开证保证金，开证保证金比例为开证金额（含溢装金额）的_____％，即开证保证金金额为（币种、大写）_____，并使用贵行与我公司签订的编号为_____《贸易融资额度合同》项下的_____额度，币种、金额为（大写）_____。

☐存入贵行开证保证金，开证保证金比例为开证金额（含溢装金额）的100％。

二、同意贵行依照国际商会第500号出版物《跟单信用证统一惯例》等办理该笔信用证业务，并同意承担由此产生的一切责任。

三、信用证项下人民币和外币结算均通过贵行办理。

四、根据贵行要求，及时提供有关贸易合同等文件及资料。

五、我公司承诺对贵行所负债务履行偿付义务。本条所称债务包括但不限于信用证项下应付货款、有关手续费、电讯费、杂费、因贵行发生信用证项下垫款我公司应付的逾期利息、违约金、赔偿金、国外受益人拒绝承担的有关银行费用及贵行实现债权的费用。

六、如信用证需修改，由我公司向贵行提出书面信用证修改申请。我公司保证支付因信用证修改而产生的一切费用（包括国外受益人拒绝承担的有关银行费用）。

七、在贵行信用证单据通知书规定的期限内，书面通知贵行办理对外付款/承兑/确认迟期付款/拒付手续。若我公司未在规定期限内书面通知贵行，则贵行有权自行决定办理对外付款/承兑/确认迟期付款/拒付手续，我公司愿承担由此引起的一切责任和后果。

八、我公司如因单证有不符之处而拟请求贵行拒绝付款/拒绝承兑/拒绝确认迟期付款时，将在贵行到单通知书规定的期限内，向贵行提出书面拒付请求及理由，一次列明所有不符点，同时将贵行交给我公司的资料全部退回贵行。对单据存在的不符点，贵行有独立的最终认定权和处理权，贵行有权确定是否对外付款/承兑/确认迟期付款。

九、如我公司申请开立的为即期信用证，且贵行认为单证无不符点时，我公司承诺在贵行发出信用证到单通知书后三个银行工作日内，向贵行付清所有款项及有关费用。

如我公司申请开立的为远期信用证，则我公司在付款到期日前，向贵行付清所有款项及有关费用。

十、对外付款时，贵行有权从我公司在贵行开立的保证金账户直接划收或从我公司在中国建设银行系统开立的其他账户划收。如我公司未付清应付款项，则贵行有权行使担保权或采取其他措施实现债权。

十一、我公司发生名称、法定代表人(负责人)、住所、经营范围、注册资本金变更等事项,将及时通知贵行。

十二、我公司发生承包、租赁、股份制改造、联营、合并、兼并、分立、合资、申请停业整顿、申请解散、申请破产等足以影响贵行债权实现的情形,将提前书面通知贵行,征得贵行同意,并按贵行要求落实债务的清偿及担保。

十三、我公司发生停产、歇业、被注销登记、被吊销营业执照、法定代表人或负责人从事违法活动、涉及重大诉讼活动、生产经营出现严重困难、财务状况恶化等情形,足以影响贵行债权实现的,均应立即书面通知贵行,并按贵行要求落实债务的清偿及担保。

十四、不与任何第三方签署有损于贵行权益的合同。

十五、由于开立信用证所基于的基础合同发生纠纷或由于第三方原因造成乙方损失的,我公司同意承担赔偿责任。

十六、贵行对由于任何电文、信函或单据传递中发生延误、遗失所造成的后果,或对于任何电讯传递过程中发生延误、残缺或其他差错,概不负责。

十七、信用证开立申请书应当用英文填写的部分及信用证修改申请书一律用英文填写。如用中文填写而引起的歧义,贵行概不负责。

十八、因信用证开立申请书、信用证修改申请书字迹不清或词义有歧义而引起的一切后果均由我公司负责。

十九、贵行已应我公司要求做了相应的条款说明,我公司已全面、准确地理解本申请书的各项条款。我公司特做出上述承诺,并严格遵守。

二十、是否接受本公司的开证申请,由贵行根据有关规定办理。

二十一、本承诺书与正面开证申请书为一份完整文本,我公司在正面开证申请书上的签字盖章对本承诺书同样有效力。

国际商会标准跟单信用证格式对开证申请书填写的要求如下。

(1) 申请人。应填写申请人的准确名称和详细地址,如街道、邮编等。

(2) 开证行。为方便起见,开证行可将其名称及地址预先印好。

(3) 申请书的日期。填写标准跟单信用证申请书的日期。

(4) 到期日和到期地点。应规定信用证的到期日和到期地点。信用证的有效期长短应视交易的具体情况而定。交单地点是指使用信用证的被指定银行所在地的城市或国家。

(5) 受益人。应填写受益人的完整名称和详细地址。

(6) 航空邮寄开证。通常以时间和费用因素决定是否采用航空邮寄开证。

(7) 简电通知。

(8) 电讯开证。

(9) 可转让信用证。只有明确注明可转让(transferable)的信用证方可转让。

(10) 保兑。如申请人在信用证中"要求保兑"(confirmation requested)的空格内加以标注,则表明其欲请开证行授权或要求另一银行向受益人保兑该信用证。如申请人在"授权保兑"(authorized if requested by beneficiary)空格内加以标注,则表明其欲请开证行指示被指定银行在向受益人通知信用证时不要加具保兑，但如随后受益人要求信用证予以保兑时，则被指定银行才被授权对该信用证加具保兑。

（11）金额。信用证金额应分别以大小写表示。货币名称应使用国际标准化组织制定的货币代码表示。

（12）使用信用证的被指定银行和兑用方式。①被指定银行的选定，申请人可以加注"由你们选择的银行"，也可以留着空格不填，由开证行选择一家被指定银行。②信用证可适用的兑用方式，应在即期付款信用证、延期付款信用证、承兑信用证及议付信用证中选择其一。

（13）分批分期装运。如果允许分批分期装运，在"Partial Shipment Allowed"栏中标注；如果不允许分期分批装运，在"Partial Shipment Not Allowed"栏中标注。

（14）转运。如果允许转运，在"Transshipment Allowed"栏中标注；如果不允许转运，在"Transshipment Not Allowed"栏中标注。

（15）申请人投保。如保险事宜由申请人办理，则申请人须在此注明。

（16）运输细节应明确、完整地规定装运地和目的地，并应在"不得迟于"（not later than）后规定最迟装运期。

（17）货物描述。货物描述应避免罗列过多细节。

（18）贸易术语。目前使用的贸易术语是《2000年国际贸易术语解释通则》和《2010年国际贸易术语解释通则》。

（19）～（23）规定的单据。应注明单据名称，正本、副本份数，出单人。

（24）交单期。应注明受益人交单的期限。

（25）附加指示。填写需要时的附加指示。

（26）结算。通常在申请书中预先印就授权借记申请人账户，或者如采用其他结算方式，则应注明如何办理结算。如果申请人的账号未在申请人栏内注明，则应写明申请人账号。

（27）签字。由申请人签字并加列日期。

三、跟单信用证的格式和内容

信用证上所记载的事项必须明确、正确、完整，否则将导致当事人之间的纠纷。信用证的格式多种多样，因开证行而异。目前使用最多的是《跟单信用证统一惯例》（UCP600）的格式，我们主要介绍SWIFT系统开立的信用证。SWIFT电文格式共分为十大类，MT700和MT701是其中的第七类电文格式，主要用于信用证和银行保函。

（一）SWIFT跟单信用证条款项目代码简介（见表5-1）

表5-1 MT700和MT701信用证条款项目代码简介

代码	栏位名称
20	Documentary Credit Number 信用证编号
27	Sequence of Total 电文页次
32B	Currency Code, Amount 币种、金额

续表

代码	栏位名称
39A	Percentage Credit Amount 信用证金额上下浮动允许的最大范围
39B	Maximum Credit Amount 最高信用证金额
39C	Additional Amount Covered 附加金额
40E	Applicable Rule 适用条文
41A	Available with… by… 指定的有关银行及信用证兑付的方式
42C	Drafts at… 汇票付款日期
42A	Drawee 汇票付款人
42M	Mixed Payment Details 混合付款条款
42P	Deferred Payment Details 延期付款条款
43P	Partial Shipment 分批装运
43T	Transshipment 转运
44A	Loading on Board/Dispatch/Taking in Charge at/from… 装船、发运和接受监管的地点
44B	For Transportation to… 货物发运的最终目的港（地）
44C	Latest Date of Shipment 最迟装船日
44D	Shipment Period 装期
45A	Description of Goods and/or Services 货物与/或服务描述
45B	Description of Goods and/or Service 货物和/或服务的描述
46A	Documents Required 所需单据
46B	Documents Required 所需单据
47A	Additional Conditions 附加条款
47B	Additional Conditions 附加条款
48	Period for Presentation 交单期限
49	Confirmation Instruction 保兑指示
50	Applicant 申请人
53A	Reimbursement Bank 偿付银行
57A	Advising through 通知银行
59	Beneficiary 受益人
71B	Charges 费用情况
72	Sender to Receiver Information 银行间的备注
78	Instructions to the Paying/Accepting/Negotiating Bank 对付款/承兑/议付银行的指示

(二)信用证通知书及信用证

▶ 1. 出口信用证通知书(见图 5-4)

ADVICE OF A DOCUMENTARY CREDIT

TO：

日期：
DATE：
我行编号：
OUR REF：

内容：L/C No. 开证日期(Issuing Date)
　　　金额(Amount)
　　　效期(Expiry Date)
　　　最后装船期(Latest Shipment Date)

开证行
(Issuing Bank)：

WE HAVE PLEASURE IN ADVISING YOU AN <u>ORIGINAL DOCUMENTARY CREDIT</u> AS PER ATTACHED SHEET(S).
兹通知<u>正本信用证</u>一份，内容见附件。
IF YOU FIND ANY TERMS AND CONDITIONS IN THE L/C WHICH YOU ARE UNABLE TO COMPLY WITH AND OR ANY ERROR(S). IT IS SUGGESTED THAT YOU CONTACT APPLICANT DIRECTLY FOR NECESSARY AMENDMENT(S) SO AS TO AVOID ANY DIFFICULTIES WHICH MAY ARISE WHEN DOCUMENTS ARE PRESENTED.
如本信用证有无法办到的条款及／或错误，请径与开证申请人联系，进行必要的修改，以排除交单时可能发生的问题。
THIS L/C CONSISTS OF　　SHEET(S),INCLUDING THE COVERING LETTER AND ATTACHMENT(S).
本信用证连同面函及附件共　　张。
SUBJECT TO UNIFORM CUSTOMS AND PRACTICE FOR DOCUMENTARY CREDITS. (2007 REVISION) ICC PUBLICATION NO.600
依照国际商会《跟单信用证统一惯例》(2007年修订版) 第600号出版物。

FOR

_____

AUTHORIZED SIGNATURE(S)
签章

图 5-4　信用证通知书

▶ 2. 跟单信用证

MT700……………ISSUE OF A DOCUMENTARY CREDIT………………

SEQUENCE OF TOTAL　　　　　　　　27：1/1
FORM OF DOCUMENTARY CREDIT　　　40A：IRREVOCABLE
DOCUMENTARY CREDIT NUMBER　　　　20：LC51G4C087333324

DATE OF ISSUE	31C: 141119
DATE AND PLACE OF EXPIRY	31D: 150130 CHINA
APPLICANT	50: HOPE TRADING EST., P.O. BOX 0000 DAMMAN 31491, SAUDI ARABIA TEL: 88888888
BENEFICIARY	59: XYZ CORPORATION NO.233, TAIPING ROAD, QINGDAO, CHINA TEL: +865320000000
CURRENCY CODE, AMOUNT	32B: USD26693,86
PERCENTAGE CREDIT AMT TOL.	39A: 05/05
AVAILABLE WITH…BY…	41D: ANY BANK IN CHINA BY NEGOTIATION
DRAFTS AT…	42C: AT SIGHT FOR 100 PCT OF THE INVOICE VALUE
DRAWEE	42D: BSFRSARIAEST BANQUE SAUDI FRANSI
PARTIAL SHIPMENT	43P: NOT ALLOWED
TRANSHIPMENT	43T: ALLOWED
LOADING/DISPATCH/TAKING IN CHARGE/FM	44A: ANY CHINESE PORT
FOR TRANSPORTATION TO…	44B: DAMMAN PORT, SAUDI ARABIA
LATEST DATE OF SHIPMENT	44C: 141215
DESCRIPTION OF GOODS/SERVICES	45A: FROZEN CHICKEN BREAST MEAT, A GRADE, PACKING: 1KG X 12/CARTON, UNIT PRICE: USD1 800.00/MT CIF HAMBURG, GERMANY QUANTITY: 2000CARTONS/24MTS
DOCUMENTS REQUIRED:	46A:

1. MANUALLY SIGNED COMMERCIAL INVOICE IN 5 COPIES, THE ORIGINAL MUST BE CERTIFIED BY CHAMBER OF COMMERCE AND LEGALIZED BY SAUDI CONSULATE/EMBASSY IN CHINA. THE COMMERCIAL INVOICE MUST SHOW THAT:

   -THE GOODS ARE LESS THAN 30 DAYS OLD AT THE TIME OF LOADING

   -NAME OF THE COUTRY OF ORIGIN TO BE SHOWED CLEARLY ON EACH POLYBAG AND ON EACH OUTER MASTER CARTON

   -FOB VALUE, FREIGHT CHARGES SEPARATELY AND TOTAL C

AND F VALUE

2. FULL SET INCLUDING 2 NON-NEGOTIABLE COPIES OF CLEAN ON BOARD OCEAN BILLS OF LADING MADE OUT TO ORDER AND BLANK ENDORSED, MARKED"FREIGHT PREPAID"NOTIFYING APPLICANT. THE BILL OF LADING MUST SHOW THE FOLLOWING: (A) THE NAME, FULL ADDRESS AND TELEPHONE NUMBER OF SHIPPING AGENT AT THE PORT OF DISCHARGE. (B) THE AGE OF THE VESSEL AND ITS YEAR OF BUILT. (C) THE SEAL NUMBER(S) OF THE FCL REEFER CONTAINER(S).

3. A CERTIFICATE ISSUED AND SIGNED BY THE OWNER, AGENT, CAPTAIN OR COMPANY OF THE VESEL/PLANE/TRUCK APPENDED TO THE BILL OF LADING/AIRE WAYBILL/TRUCK WAYBILL LEGALIZED BY SAUDI EMBASSY/CONSULATE STATING: (1) NAME OF VESSEL………… PREVIOUS NAME………(IN CASE OF SEA), NAME OF PLANE/FLIGHT NO……….(IN CASE OF AIR), NAME OF THE TRUCK COMPANY/TRUCK NO………(IN CASE OF LAND), (2) NATIONALITY OF VESSEL/PLANE/TRUCK ……………(3) OWNER OF VESSEL………(IN CASE OF SEA)OWNER OF PLANE/COMPANY………(IN CASE OF AIR)OWNER OF TRUCK/COMPANY………(IN CASE OF LAND), (4) VESSEL/PLANE/TRUCK WILL CALL OR PASS THROUGH THE FOLLOWING PORTS/AIRPORTS/BORDERS ENROUTE TO SAUDI ARABIA: 1………2………3………4……….(PLEASE LIST PORTS/AIRPORTS/BORDERS)
THE UNDERSIGNED(THE OWNER, AGENT, CAPTAIN OR COMPANY OF THE VESSEL/PLANE/TRUCK) ACCORDINGLY DECLARES THAT THE INFORMATIONS PROVIDED(IN RESPONESES TO 1 TO 4)ABOVE ARE CORRECT AND COMPLETE AND THAT THE VESSEL/PLANE/TRUCK SHALL NOT CALL AT OR ANCHOR ON ANY OTHER PORTS/AIRPORTS/BORDERS OTHER THAN THAT MENTIONED ABOVE ENROUTE TO SAUDI ARABIA.

WRITTEN ON THE……………………….. DAY/MONTH/YEAR
SAUDI EMBASSY/CONSULATE   SIGNATURE OF VESSEL'S
SEAL AND SIGNAURE   /PLANE'S/TRUCK'S OWNER
                                 AGENT, CAPTAIN
THIS CERTIFICATE IS NOT REQUIRED IF SHIPMENT IS EFFECTED ON NATIONAL SHIPPING COMPANY OF SAUDI ARABIA OR

UNITED ARAB SHIPPING CO. (SAG)OR SAUDI ARABIAN AIRLINES.
4. PACKING LIST IN 3 COPIES
5. CERTIFICATE OF QUALITY ISSUED BY CIQ, STATING THAT THE GOODS ARE UP TO EU STANDARDS
6. CERTIFICATE OF ORIGIN FORM A ISSUED BY CIQ
7. CERTIFICATE OF ORIGIN ISSUED BY CHAMBER OF COMMERCE IN THE NAME OF APPLICANT IN ONE ORIGINAL PLUS TWO DUPLICATES, THE ORIGINAL MUST BE CERTIFIED BY CHAMBER OF COMMERCE AND LEGALIZED BY SAUDI CONSULATE/EMBASSY IN CHINA STATING THE COUNTRY OF ORIGIN, NAME AND FULL ADDRESS OF THE MANUFACTURER/PRODUCER AND SHIPPER, CONFIRMING THAT THE GOODS RELEVANT TO THIS L/C ARE OF CHINESE ORIGIN.
8. ONE COPY OF FAX SENT TO THE APPLICANT ADVISING SHIPMENT IN DETAILS WITHIN 5 WORKING DAYS OF SHIPMENT IS MADE. A TRANSMISION REPORT IS ALSO REQUIRED.
9. HALAL SLAUGHTERING CERTIFICATE IN ONE ORIGINAL PLUS ONE DUPLICATE CERTIFIED BY CHAMBER OF COMMERCE AND LEGALIZED BY SAUDI EMMBASSY/CONSULATE IN CHINA SHOWING/EVIDENCING THE FOLLOWING:
   -PRODUCTION/EXPIRY DATES OF GOODS
   -SLAUGHTERING DATE
10. DECALARATION OF NON-WOOD PACKING, OR CERTIFICATE OF HEAT TREATMENT ISSUED BY GOVERNMENT AOTHORITY IF WOOD PACKING INCLUDED.

ADDITIONAL CONTITIONS   47A
1. A DISCREPANCY FEE OF USD5 400 OR ITS EQUIVELLENT WILL BE DEDUCTED FROM THE PROCEEDS IF DOCUMENTS ARE PRESENTED WITH DISCREPANCY(IES).
2. INSURANCE COVERED BY THE APPLICANT.
3. ALL DOCUMENTS REQUIRED MUST BEAR THE NUMBER OF THIS CREDIT.
4. ALL DOCUMENTS MUST BE MADE OUT IN ENGLISH LANGUAGE.
5. EACH NEGOTIATION UNDER THIS CREDIT MUST BE NOTED ON THE REVERSE OF THIS INSTRUMENT BY THE NEGOTIATING BANK.
6. BILL OF LADING ISSUED BY FREIGHT FORWARDER NOT ACCE-

PATABLE.

7. BILL OF LADING SHOWING COSTS ADDITIONAL TO THE FREIGHT CHARGES NOT ACCEPTABLE.
8. REPRODUCED DOCUMENTS BY MEANS OF REPROGRAPHIC, AUTOMATED, COMPUTERIZED SYSTEM, CARBON COPES OR PHOTOCOPY MACHINE ARE NOT ACCEPTABLE, UNLESS SUCH DOCUMENTS BEARING ORIGINAL SIGNATURE(S) AND STAMP(S) OF THE ISSUER(S) AND THE PARTY(IES)/AUTHORITY(IES) WHOM THEIR COUNTERSIGNATURE(S)/CERTIFICATION/LEGALIZATION ARE REQUIRED AS STIPULATED IN THIS LETTER OF CREDIT.
9. NEGOTIATION/PAYMENT UNDER RESERVE/GUARANTEE(or indemnity)STRICTLY PROHIBITED.
10. DOCUMENTS ISSUED PRIOR TO THE DATE OF THIS L/C NOT ACCEPTABLE.
11. GOODS MUST BE CONTAINERIZED IN 40 FT REEFER CONTAINERS (REEFER TEMPERATURE BELOW-18 DEGREE CENTIGRADE)AND BILL OF LADING MUST EVIDENCE THE SAME.
12. QUANTITY 5 PCT MORE OR LESS ARE ALLOWED
13. STALE BILLS OF LADING ARE NOT ACCEPTABLE.

CHARGES　　　　　　　　　　71B：ALL BANING CHARGES OUTSIDE THE OPENING BANK ARE FOR BENEFICIARY'S ACCOUNT

PERIOD FOR PRESENTATIONS　　48：DOCUMENTS MUST BE PRESENTED FOR NEGOTIATION WITHIN 15 DAYS AFTER BILL OF LADING DATE, BUT WITHIN THE VALIDITY OF THIS CREDIT.

CONFIRMATION INSTRUCTION　　49：WITHOUT

INSTR. TO PAY/ACPT/NGG BANK　78：

1. ALL DOCUMENTS ARE TO BE FORWARDED TO BANQUE SAUDI FRANSI, EASTERN REGIONAL MANAGEMENT, KING ABDUL AZIZ STREET, P. O. BOX 397, ALKHOBAR 31952, SAUDI ARABIA, TEL：(03)8871111, FAX(03)8821855, SEIFT：BSERSARIEST. IN TWO CONSECUTIVE LOTS.
2. UPON RECEIPT OF ALL DOCUEMNTS IN ORDER, WE WILL DULY HONOUR/ACCEPT THE DRAFTS AND EFFECT THE PAYMENT AS INSTRUCTED AT MATURITY.

SENDER TO RECEIVER INFO　　72：THIS LC IS SUBJECT TO UCP 2007 ICC PUB. NO. 600.

第 三 节　信用证的种类

信用证根据不同的标准可以划分为不同的种类，如图 5-5 所示。

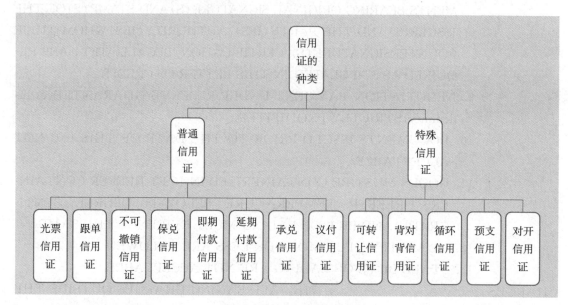

图 5-5　信用证的种类

一、普通信用证

（一）光票信用证和跟单信用证

▶ 1. 光票信用证

光票信用证（clean letter of credit）是指开证行仅凭受益人开具的汇票而付款的信用证。实务中，受益人在汇票之外还提交了如发票、垫款清单在内的非货运性单据，也属于光票信用证。光票信用证在贸易货款的结算上使用不广泛，主要被用于贸易总公司与各地分公司之间的货款清偿和非贸易费用的结算中。

▶ 2. 跟单信用证

跟单信用证（documentary letter of credit）是指开证行凭跟单汇票或单纯凭单据付款的信用证。跟随汇票的单据包括代表货物所有权或证明货物已装运的运输单据、商业发票、保险单、商检证书、海关发票、产地证、装箱单等单据。国际商品贸易中主要用跟单信用证。

（二）不可撤销信用证

不可撤销信用证（irrevocable letter of credit）是指信用证一经开出，在有效期内，未经出口商及有关当事人的同意，开证行不得片面撤销或修改信用证，只要出口商提供的汇票、单据符合信用证的规定，开证行就必须履行付款责任。为了明确信用证方式下开证行确定的付款责任，UCP600第三条规定：信用证是不可撤销的，即使未如此表明。这是国际商会首次在UCP中删除可撤销信用证，相对于UCP500相关条款的规定，UCP600进一步明确了信用证的不可撤销性。此规定不仅保障了信用证下受益人的权利，也进一步凸显了信用证中银行信用的特征。

不可撤销信用证中分别在首部和尾部两处涉及了不可撤销的规定。在信用证首部标明的"IRRVOCABLE"字样，代表了信用证不可撤销的类型。在信用证尾部开证行的保证条款中，明确了开证行凭合格单据的不可撤销的付款责任。常见的开证行保证条款为："We hereby engage that payment will be duly made against documents presented in conformity with the terms of this credit."（我行在此保证对凭符合信用证规定提交的单据履行付款责任。）

（三）保兑信用证

保兑信用证（confirmed letter of credit）是指开证行开出的不可撤销信用证中，又有另一银行（一般为出口地通知行）对该信用证做出了付款保证。不可撤销的保兑信用证，具有开证行和保兑行的双重付款保证。保兑行对信用证加具保兑，与开证行承担同样的第一性付款责任，必须对受益人提交的符合信用证规定的单据进行付款。信用证加上保兑后，对受益人而言就拥有了双重的收款保障，受益人可以要求开证行和保兑行中任何一家银行履行付款责任。实际业务中，如果信用证规定以保兑行作为付款人时，受益人应该首先要求保兑行付款，保兑行不付款再找开证行付款；如果信用证规定以开证行作为付款人时，受益人应该首先要求开证行付款，开证行不付款再找保兑行付款。受益人对开证行的资信不够了解或不够信任时，可以提出找另外一家银行对信用证加保兑，有时开证行担心自己开立的信用证不被受益人接受也会主动要求加保兑。由于开证行已经有明确的付款承诺，增加保兑需要支付额外的保兑费，故实务中保兑信用证并不常见。

知识拓展

信用证中的保兑表示开证行开立信用证时，对是否需要加保兑的表示为：

☐without adding your confirmation

☐adding your confirmation

☐adding your confirmation, if requested by the Beneficiary

上述三个选择项分别是：无须加上保兑；加上保兑；如果受益人要求，则加上保兑。被指定银行可以选择按照指示对信用证加保兑，也可以不按照指示对信用证加保兑。只有当通知行在给受益人的信用证通知书中加注："This credit is confirmed by us"或者"We hereby added our confirmation to this credit"时，这张信用证才能被视为保兑信用证。

（四）即期付款信用证、延期付款信用证、承兑信用证和议付信用证

UCP600第六条b款规定：信用证必须规定其是以即期付款、延期付款、承兑还是议付的方式兑用。

信用证四种不同兑用方式的写法如下。

This credit available with（此处可选择填写开证行或通知行或其他银行）

☐By sight payment/By payment

□By acceptance at _____（加远期汇票的期限）
　　□By deferred payment at _____（加延期付款的时间）
　　□By negotiation
　　□and beneficiary's draft at(加汇票的期限)drawn on(加汇票付款行)

其中，前四个选择项分别是即期付款信用证、承兑信用证、延期付款信用证、议付信用证，最后一个选择项涉及的是上述四种信用证中是否需要提交汇票的要求。即期付款信用证中可带即期汇票也可不带汇票，承兑信用证中必须带远期汇票，延期付款信用证中无须带汇票，议付信用证中可带即期汇票或远期汇票。一张带即期汇票的、以通知行为议付行、以开证行为付款人的议付信用证表示为：

This credit available with Advising Bank
　　□By negotiation
　　□and beneficiary's draft at sight drawn on Issuing Bank

▶ 1. 即期付款信用证

即期付款信用证(sight payment letter of credit)是指受益人将单据交给指定付款行，经银行审核单据相符，即予付款的信用证。即期付款信用证中应该注明"by sight payment"字样。

信用证下指定的即期付款行可以是开证行，也可以是通知行、保兑行或第三国的银行。如属前者，开证行履行即期付款责任；如属后者，开证行应保证向指定银行履行偿付责任。即期付款信用证下可以要求受益人开立汇票，也可以不要求开立汇票。如果需要受益人开立汇票，只能开立即期汇票。即期付款行的付款是终局性的，审单相符付款后不能向受益人追索。

▶ 2. 延期付款信用证

延期付款信用证(deferred payment letter of credit)是指受益人将单据交给指定付款行，经银行审核单据相符，只能在某个特定事件或某个指定时间后若干天收款的信用证，一般常见的特定事件是受益人交单日或货物装船日。延期付款信用证中应该注明"by deferred payment"字样。延期付款行的付款是终局性的，审单相符付款后不能向受益人追索。

延期付款信用证不需要提交汇票。一方面，受益人基于合理避税、节约成本的需要，不开立汇票，而以商业发票代替汇票作为付款凭证；另一方面，由于不使用汇票，受益人也无法通过银行承兑汇票贴现获得融资。

延期付款信用证较多见于资本货物交易，它便于进口商在付款前先凭单提货，产品安装、调试甚至投入使用后，再支付设备价款。

▶ 3. 承兑信用证

承兑信用证(acceptance letter of credit)是指受益人开立以指定银行为付款人的远期汇票，连同规定的单据交给指定承兑行，经审单相符，该行承兑汇票后，在将来某一天支付票款给受益人的信用证。承兑信用证中应该注明"by acceptance"字样。

信用证下指定的承兑行可以是开证行，也可以是保兑行或通知行。承兑行的付款是终局性的，审单相符付款后不能向受益人追索。

承兑信用证和延期付款信用证都属于远期付款信用证，但是承兑信用证具有延期付款信用证所没有的优越性：一方面，开证申请人获得了远期付款的融资，受益人也获得了银行承兑汇票贴现的融资；另一方面，受益人因利用承兑信用证而满足了开证申请人延期付款的愿望，有助于达成交易。

▶ 4. 议付信用证

议付信用证（negotiation letter of credit）是指受益人将跟单汇票或不带汇票的全套单据交给银行，银行审单相符购买汇票单据，垫款扣去利息后将净款支付给受益人的一种信用证。议付信用证中应该注明"by negotiation"字样。议付信用证下如果开立汇票，汇票的付款行不能是议付行，而应该是议付行之外的其他银行，如开证行、保兑行或偿付行。议付行审单议付后，作为支付了对价的汇票正当持票人，拥有对受益人的追索权。

根据议付信用证中是否有特别指定的议付行，议付信用证可以划分为自由议付信用证和限制议付信用证两种类型。自由议付信用证中注明"This credit available with any bank by negotiation"，可以由任何银行担当议付行。限制议付信用证中注明"This credit available with A bank by negotiation"，只能由指定的 A 银行担当议付行。如果限制议付信用证中受益人交单给非指定银行议付，则开证行不承担对该行的偿付责任。

二、特殊信用证

（一）可转让信用证

可转让信用证（transferable letter of credit）是适用于有中间商贸易背景的一种信用证，是指信用证的受益人（第一受益人）可以请求授权付款、延期付款、承兑或议付的银行（转让行），或如果是自由议付信用证时可以要求信用证特别授权的转让行，将信用证全部或部分转让给一个或数个受益人（第二受益人）使用的信用证。

可转让信用证业务处理流程如图 5-6 所示。

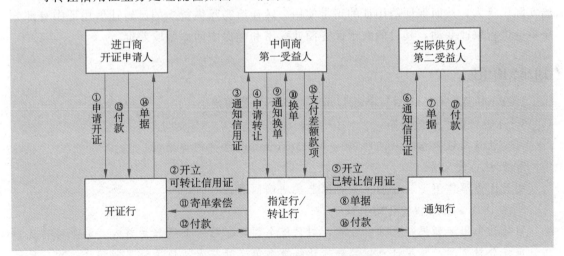

图 5-6　可转让信用证业务处理流程

① 进口商到进口地银行申请开立信用证。
② 开证行开立可转让信用证。
③ 指定银行将信用证通知给中间商，即第一受益人。
④ 中间商填写转让申请书，向转让行申请转让信用证。

⑤ 转让行缮制已转让信用证给通知行。
⑥ 通知行将信用证通知给实际供货人，即第二受益人。
⑦ 实际供货人向通知行交单。
⑧ 通知行向转让行交单。
⑨ 转让行通知中间商换单。
⑩ 中间商替换实际供货人提交的汇票和发票。
⑪ 转让行向开证行寄单索汇。
⑫ 开证行向转让行付款。
⑬ 开证行通知开证申请人付款。
⑭ 开证申请人付款后获得单据。
⑮ 转让行将差价支付给中间商。
⑯ 转让行向通知行付款。
⑰ 通知行向实际供货人付款。

可转让信用证与普通信用证的差异主要体现在以下方面。
（1）适用于有中间商的贸易背景。在信用证基本当事人中，增加了转让行和第二受益人。
（2）增加了转让行与中间商之间转让信用证的处理环节。
（3）增加了转让行与中间商之间换单的处理环节。

此外，在其他各环节的处理上，可转让信用证与普通信用证处理并无太大差异。有中间商的交易中，为了保守商业秘密，避免买方和实际供货人直接订约成交，中间商在签订合同时要求买方开立以中间商为第一受益人的可转让信用证。由于中间商并没有货物，也无法交单，故中间商必须通过转让将提交货物和单据的义务以及交单取款的部分权利转让给实际供货人，从而保证信用证的正常使用。转让给实际供货人的已转让信用证中有部分条款会进行修改变动，其目的在于保守商业秘密和确保中间商赚取差价。

知识拓展

UCP600 第三十八条对可转让信用证有以下主要规定。

1. 可转让信用证的判断

可转让信用证系指特别注明"转让"（transferable）字样的信用证。

2. 转让行的义务

银行无办理信用证转让的义务，除非其明确同意。

3. 转让的受益人和转让的次数

可转让信用证如果禁止分批装运，则只能全额转让给一个第二受益人。如果可转让信用证准许分批装运，信用证可以部分转让给数名第二受益人。信用证只能转让一次，已转让信用证不得应第二受益人的要求转让给任何其后受益人，但第一受益人不视为其后受益人，即第二受益人将信用证转回给第一受益人不在禁止之列，并且可由第一受益人将信用证进行再转让。

4. 信用证的修改

任何转让要求须说明是否允许及在何条件下允许将修改通知第二受益人。如果信用证转让给数名第二受益人,其中一个或几个第二受益人拒绝接受对信用证的修改,并不影响其他第二受益人接受对信用证的修改。对接受者而言,该信用证即被相应修改,而对拒绝接受修改的第二受益人而言,该信用证未被修改。

5. 已转让信用证可改变的内容

信用证金额、规定的任何单价、截止日(信用证效期)、交单期限、最迟发运日或发运期间,其中任何一项或全部项目均可减少或缩短。必须投保的保险比例可以增加,以达到原来信用证或本惯例规定的保险金额。可用第一受益人的名称替换原证中的开证申请人名称。减少信用证金额和单价是为了保证中间商可以赚取差价。截止日、交单期限、最迟发运日或发运期间缩短是为了保证中间商有充足的时间替换实际供货人提交的部分单据,以确保获得单证相符条件下开证行的付款。投保的百分比增加,是确保第二受益人在降低的发票基础上投保能达到原来信用证要求的投保金额,而不会因为投保金额不符遭到拒付。

6. 第一受益人可替换的单据

第一受益人有权以自己的发票和汇票(如有)替换第二受益人的发票和汇票,其金额不得超过原信用证的金额。经过替换后,第一受益人可在原信用证项下支取自己发票与第二受益人发票间的差价(如有)。可转让信用证下,开证行承担第一性的付款责任,转让行不承担付款责任。由于已转让的信用证降低了信用证金额和单价,为了保证这套单据获得开证行的付款,第一受益人必须将降低了金额的汇票和发票恢复成符合原来信用证要求的汇票和发票,以避免被开证行拒付。同时,只有将第二受益人提交的汇票和发票金额提高才能同时保证中间商获得差价。

(二) 背对背信用证

背对背信用证(back to back letter of credit)也是适用于有中间商贸易背景的一种信用证,亦称对背信用证,是指一张信用证的受益人以这张信用证(母证,original credit)为保证,要求该证的通知行或其他银行在该证的基础上,开立一张以本地或第三国的实际供货人为受益人的新证(子证,secondary credit),这张新证就是背对背信用证。背对背信用证是一种具有从属性质的信用证,即子证以母证为开证基础,并在信用证部分条款上保持了与母证的一致。

背对背信用证业务处理流程如图 5-7 所示。

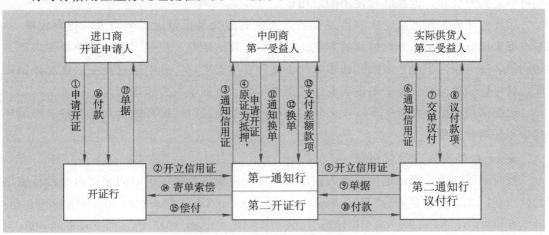

图 5-7　背对背信用证业务处理流程

可转让信用证和背对背信用证都可适用于有中间商的交易，两者在业务处理上有许多相似之处，如实际供货人收到的信用证与中间商收到的信用证会在以下的项目上发生改变：信用证金额及单价降低，截止日（信用证效期）、交单期限、最迟发运日或发运期间减少或缩短，投保比例增加，中间商会替换实际供货人的汇票和发票。但是，可转让信用证的新证是根据原证转开的，两者之间存在着直接的连带关系，即原证与新证都由同一个开证行开立，开证行要对第一受益人和第二受益人负责。而背对背信用证的原证与新证是两张独立的信用证，分别由两家开证行单独开立，原证开证行对第一受益人负责，新证开证行对第二受益人负责。可转让信用证和背对背信用证的区别如表 5-2 所示。

表 5-2 可转让信用证和背对背信用证的区别

可转让信用证	背对背信用证
转让行依据可转让信用证中开证行的指示向第二受益人开立新证，原证开证行对新证也承担开证行责任	背对背信用证的原证开证行不对新证承担开证行责任
可转让信用证是基于一个信用证产生的开证行对受益人（第一受益人和第二受益人）的付款承兑等信用证法律关系	背对背信用证是两个有关联但独立的信用证，各自有其完整的信用证关系体系（开证行、申请人、受益人等），相互并不依存
可转让信用证的交单付款都是基于原证，交单付款行为一次完成	背对背信用证由于是完全不同的两个信用证，两证各自完成交单付款行为
中间行（转让行）并不承担付款责任，风险较小	中间行（新证开证行）承担开证行的付款责任，风险较大
实际供货人采用可转让信用证风险更大	实际供货人采用背对背信用证更安全

（三）循环信用证

循环信用证（revolving letter of credit）是指信用证的部分金额或全部金额被使用以后仍可恢复到原金额，能被继续使用的信用证。

循环信用证主要适用于大宗商品交易。大宗商品交易批量大、金额大，货物较单一，基本都采用分批装运、分批付款的方式。因为每次装运条件、金额、提供的单据要求都是相同的，进口商为了避免多次开证带来的手续和费用支出，实务中通过开立一张循环信用证，就可以涵盖一笔交易下的多次装运和交单付款，节省了人力和费用。

根据信用证循环方式的不同，循环信用证可划分为按时间循环的信用证和按金额循环的信用证两种类型。

▶ 1. 按时间循环的信用证

按时间循环的信用证是指受益人在每次使用完信用证后隔多少时间又可再次循环使用的信用证，其常见的表示为"This credit is revolving at USD60 000.00 covering shipments of 3 consecutive calendar month from June 2015 to August 2015 up to a total amount of USD180 000.00"。

2. 按金额循环的信用证

按金额循环的信用证是指信用证每期金额用完后，可恢复到原金额循环使用，直到规定的总金额用完为止的信用证。

1) 自动循环信用证

自动循环信用证（automatic revolving credit）是指信用证每期金额被支用后，不必等待开证行通知，能自动恢复到原金额继续使用的信用证，其常见的表示为"This credit can be automatically renewed to the amount of USD50 000.00"。

2) 非自动循环信用证

非自动循环信用证（non-automatic revolving credit）是指信用证每期金额被支用后，必须等待开证行通知，才可恢复到原金额继续使用的信用证，其常见的表示为"This credit cannot be renewed until received the notice from the issuing bank"。

3) 半自动循环信用证

半自动循环信用证（semi-automatic revolving credit）是指信用证每期金额被支用后，若干天内未接到开证行提出停止循环使用的通知，则可恢复到原金额继续使用的信用证，其常见的表示为"This credit can be renewed to the amount after 9 days if not received the notice from the issuing bank indicating that the letter of credit cannot be renewed"。

无论是按时间循环的信用证还是按金额循环的信用证，凡是上次未用完的信用证余额可以移到下一次一并使用的称为积累循环信用证（cumulative revolving credit）。凡是上次未用完的余额不能移到下一次一并使用的称为非积累循环信用证（non-cumulative revolving credit）。

（四）预支信用证

预支信用证（anticipatory letter of credit）是指开证行在信用证中加列特别条款，授权出口地银行（预支行）在受益人收到信用证后至交单前预先垫付全部或部分金额给受益人的一种信用证。开证行在申请人的要求下，在信用证上加列预支条款，授权出口地银行仅凭受益人签发的光票和将来装运货物、提交单据的装船保证书（undertake of shipment），在交单前就向受益人预先垫付全部或部分货款，以帮助受益人备货装运。预支条款常见的表示为"We(the Issuing Bank)hereby authorize ××Bank at their discretion to grant to you an advance or advances to the extent of(amount)(say…)against the delivery of undertaking shipment. Any interest accrued thereon should be charged to you from the date of each advance to the date of __ repayment at the current rate of interest in the proceeds of any draft negotiated under this credit may at their discretion be applied by them in the repayment to them of the whole or any pt of such advance together with interest as aforesaid. In consideration of X Bank making such advance(s)to you and in case you will eventually fail to effect shipment covered by the credit，we guarantee repayment and undertake to pay them on demand any sum owing by you in respect of such advance(s)together with interest thereon"。

在受益人交单时，预支行扣还已垫付的本息，将余额付给受益人。银行预支款项后要求受益人交出信用证正本，以控制受益人向该行交单。若到期受益人未能装运，则由开证行负责向预支行偿还本息，再由申请人对开证行负责偿还本息。

预支信用证业务处理流程如图5-8所示。

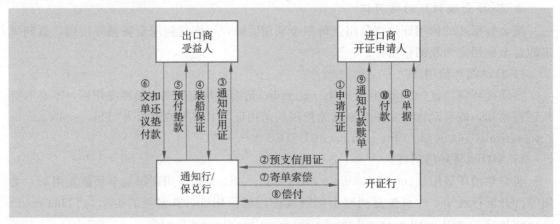

图 5-8 预支信用证业务处理流程

如图 5-8 所示，预支信用证处理中，开证行授权出口地银行凭信用证和装船保证书可提前预支全部或部分金额给出口商，从而改变了普通信用证下银行凭相符单据付款的条件。为引人注目，早期信开信用证中预支条款使用红色字体表示，又称为"红条款信用证"（red clause credit），而目前在电开信用证中不再使用红色字体突出预支条款，这并未影响预支信用证的效力。

预支信用证既是进口商给予出口商融通资金便利的一种信用证，也是进口商为了提高竞争力、获得短缺商品进口时可采用的一种信用证。如果受益人无法按期装运货物和交单，进口商需要承担预支信用证中的融资风险。

（五）对开信用证

对开信用证（reciprocal letter of credit）是指两张信用证的开证申请人互以对方为受益人而开立的信用证，常用于易货贸易、补偿贸易、来料加工、来件装配业务中。在易货贸易中，进出口商双方间有两笔相反方向的货物买卖，采用对开信用证结算时，涉及两张相反方向信用证的处理。从这两张信用证的当事人关系看，第一张信用证的申请人和受益人分别是第二张回头信用证的受益人和申请人，第一张信用证的开证行和通知行分别是第二张回头信用证的通知行和开证行。

对开信用证业务处理流程如图 5-9 所示。

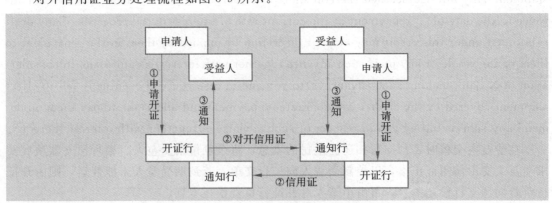

图 5-9 对开信用证业务处理流程

第四节 信用证的风险及其防范

信用证结算是国际经济活动中使用最为广泛的一种结算方式,是银行有条件的付款承诺,只要提交了与信用证相符的单据,开证银行就必须履行信用证项目下相应的付款责任。由于其属于银行信用,对双方来讲都具有安全保证作用,所以是一种比较安全的结算方式,保障了交易的正常进行。但由于信用证适用领域的跨国性及信用证本身的独立性,决定了信用证结算方式的局限性,给进出口双方及银行都带来一定的风险。

一、信用证结算方式的风险

(一) 对出口商的风险

▶ 1. 拒付风险

在信用证交易中,银行办理付款、承兑等是以单据为依据,但在实务中因单据内容的复杂或开证银行开立的信用证条款不清以及各国法律规范、文字含义、贸易习惯等的不同,虽有《跟单信用证统一惯例》作为原则性的规定,但因理解不同,适用条件不同或者买方根本就不付款等,发生拒付的情况也不足为奇。在国际贸易实务中,拒付现象时有发生,这不仅给信用证交易中的各当事人造成不同程度的损失,而且还往往影响货物买卖契约的履行,造成货物买卖双方或某一方违约甚至解除契约。出口商应该严格按 UCP600 中的规定去做,以减少乃至杜绝产生拒付现象的原因,才能在以信用证为支付方式的国际贸易中争取主动,避免纠纷和损失。

▶ 2. 当事人丧失支付能力的风险

1) 开证行丧失支付能力

信用证的功能,主要以开证银行的信用取代买方的商业信用,以确保货款的支付。在整个信用证交易中,开证行是责任中心,是有关当事人关系的纽带,如果开证行倒闭或无法履行承诺,就不能对单据进行偿付,直接威胁议付行或出口商的利益,同时对于信用证各当事人都将产生很大的影响。

2) 开证申请人丧失支付能力

开证行一旦根据开证申请人的申请对外开立了信用证,就承担了第一性的付款责任,到期只要受益人提交符合信用证的单据,不管申请人是否来付款赎单,开证行都要对外付款,除非信用证另有约定,否则其绝对不能以开证申请人丧失支付能力来对抗受益人。为了保护自己,开证行在开证前,都要对开证申请人进行资信审查,以决定是否需要提供有关的保证。如全额保证金担保、信用担保、抵押担保等。但是即使采取保护措施,开证申请人丧失支付能力的风险还是经常发生。如全额保证金因货币贬值不足以对外付款赎单;担保人失去代为偿还债务的能力;抵押品高估而不足以清偿债务。这些情况都可能致使开证行为了维护国家和自己的声誉而被迫对外垫款,遭受重大损失。

▶ 3. 信用证诈骗的风险

信用证诈骗主要表现为两种:伪造信用证诈骗和软条款信用证诈骗。

1）伪造信用证诈骗

有些进口商使用非法手段制造假信用证，或窃取其他银行已印好的空白格式信用证、无密押电开信用证、假印鉴开出信用证，签字和印鉴无从核对，或开证银行名称、地址不详等。对于假信用证，若出口商没有发现信用证的假造而交货，将导致货款两空。这种诈骗一般有以下特征：信用证不经通知行便直达受益人手中；所用信用证格式陈旧或过时；信用证签字笔画不流畅或采用印刷体签名；信用证条款自相矛盾或违背常规；信用证要求货物空运或提单做成申请人为收货人。

2）软条款信用证诈骗

软条款信用证又称"陷阱"信用证，它采用了比较隐蔽的诈骗手法，从表面上看，软条款信用证是合法的真的信用证，具有较大的迷惑性。实际上，信用证中规定一些限制性条款，或条款不清、责任不明，等于把信用证变成实质意义可撤销的信用证，使受益人的利益处于无保障的状态之中。这种软条款信用证可使开证申请人控制整笔交易，而受益人处于受制于他人的被动地位。

信用证中常见的软条款如下：

（1）信用证中载有暂不生效条款。如信用证中注明"本证暂不生效，待进口许可证签发通知后生效"，或注明"等货物经开证人确认后再通知信用证方能生效"限制性付款条款。如信用证规定："信用证项下的付款要在货物清关后才支付""开证行须在货物经检验合格后方可支付""在货物到达时没有接到海关禁止进口通知，开证行才付款"等对信用证中对受益人的交货和提交的各种单据加列各种限制，如"出口货物须经开证申请人派员检验，合格后出具检验认可的证书""货物样品先寄开证申请人认可，认可电传作为议付单据之一"等。

（2）对装运的限制。信用证中对受益人的交货装运加以各种限制，如"货物装运日期、装运港、目的港须待开证人同意，由开证行以修改书的形式另行通知"。信用证规定禁止转船，但实际上装运港至目的港无直达船只等。此类陷阱条款的共同特点是权利的单向性，即申请人制约受益人，当申请人采取或不采取某种行为不利于受益人时，受益人不能采取维护自身利益的行为。

（二）对进口商的风险

在信用证业务中，由于各当事人处理的是单据，而不是实际货物，因此出口商只要提交与信用证条款相符的单据，开证行就应付款。这样，进口商获得单据后可能面临以下风险。

▶ 1. 进口商获得的是虚假单据

伪造虚假单据，是指单据不是由合法的签发人签发，而由诈骗人或委托他人伪造；或在合法签发人签发单据后进行篡改，改变单据中的有关内容，使之单证相符，骗取货款。若进口商获得的是虚假单据，进口商据此根本得不到货物。此种情况说明出口商利用信用证上述特点，伪造虚假单据来骗取信用证下开证行或其指定银行的付款，进而使进口商遭受很大损失。

▶ 2. 进口商凭单据提取的货物与合同的规定不符

在信用证项下，银行付款仅凭单据，而不过问货物实际情况的特点，使进口商可能获得残次、腐烂、低值甚至毫无价值的货物,进而蒙受很大损失。这种情况下,单据本身是真实的,是由合法签发人签发,但单据的内容与单据所代表货物的实际情况不符。由于提单在货运单据中代表货物的所有权,单据欺诈一般都涉及提单。通常都是受益人伪造提单或受益人与船公司勾结,由船公司出具假提单。

▶ 3. 出口商获预支信用证下银行预支付款后延迟发货或潜逃

预支信用证下银行对出口商的预支款项通常是在获得进口商及开证行的指示后进行的。预支的目的本来是帮助出口商准备货物,但当出口商获得付款后不发货或者消失时,进口商预付的款项就要遭受损失。

(三) 对银行的主要风险

由于信用证方式是建立在银行信用基础上的支付方式,业务比较复杂,涉及的当事人多,因此信用证业务中银行面临的风险主要表现在以下方面。

▶ 1. 开证行的风险

银行提供开证服务时面临的风险。信用证是一种有条件银行付款保证。当开证行向出口商开出信用证时,则构成开证行的一项承诺,即出口商只要提供与信用证条款相符的单据,开证行就应履行付款责任。当开证行对外付款后,尽管此时开证行往往掌握进口商申请开证。预先交付信用证金额一定比例的押金,但进口商并未向开证行付款赎单或并未完全支付信用证中的金额,这样开证行就要承担对外付款后进口商不赎单或拒付的风险。

▶ 2. 通知行的风险

银行通知信用证时可能面临的风险。信用证的通知一般是由开证行在信用证中指定的出口地银行承担。按照UCP600的规定,当出口地银行接到对方银行开立的信用证,为电传开立或信开时,应通过核对密押号码和预留印鉴等方式来表面审核所收到的信用证的真伪。如不能确定真伪时,出口地银行在不承担责任的前提下告知出口商此信用证尚未确定真实性的事实,并以最快方式联系开证行加以确认。如果通知信用证时未满足上述要求,则通知行应承担相应的责任。

二、信用证风险的防范措施

(一) 出口商对风险的防范措施

▶ 1. 做好客户的资信调查

选择贸易对象,调查客户资信是保障交易顺利、安全进行的第一步。一个好的贸易伙伴可以给企业带来兴旺发达,而与不摸底细的中间商、皮包公司进行交易,就可能带来风险,遭受经济损失。因此,要对贸易对象的资信情况、经营作风、经营能力进行调查了解。有关资料可以通过以下渠道获得:(1)通过国内外信息机构调查;(2)通过我国驻外机构、中国银行有往来关系的国外银行协助调查;(3)通过国外代理机构或与客户有往来关系的银行或客户协助调查。总之,通过调查研究,应选择对我方友好、资信可靠、经营作风正派、经营能力较强的客户进行交易。

▶ 2. 做好开证行的资信调查

信用证属于银行信用,开证行承担首先付款的责任。所以,资信良好、信誉卓著的第一流银行开来的信用证,是安全收汇的保证。当接到进口商要求其银行开立的带有各种条款的信用证时,面对对方银行的付款保证,出口商应做好开证行的资信调查。因此,对开证行的资金能力、财务状况、经营作风要进行调查了解。对开证行的资信调查可委托开办有外汇业务的商业银行来了解,由于银行的分支机构遍布世界各地,银行对与之有业务往来关系银行的资信情况均有调查研究。

▶ 3. 做好审证工作

在出口业务中,审证工作是银行与外贸企业共同的责任。其中银行着重审核开证行的政治背景、资信能力、付款责任和索汇路线等内容。外贸企业着重审核信用证内容与买卖合同是否一致,如信用证金额、货币、商品的品质、规格、数量、包装等条款,信用证规定的装运期、有效期和交单地点,分批和转运,对单据的要求等方面的审核。信用证应由通知行进行传递,按 UCP600 规定,通知行负有证明信用证的真实性的责任,如信用证不是经通知行传递,受益人必须提高警惕,不予接受或予以退回。若发现是伪造的信用证,出口商应立即采取措施避免损失。通过审证若发现有"软条款",应立即以最快捷的通信方式与进口商协商,要求改证,对信用证的"软条款"不予接受。

▶ 4. 发生拒付时应采取的措施

在信用证交易中,一旦发生单据被开证银行拒绝承兑或付款的情况,出口商应立即采取下列措施,以减少损失。

(1)研究拒付的理由并与往来银行商讨对策。出口商在接到银行拒付的通知之后,应仔细研究其拒付的理由是否充分,是否确因单据有问题,造成单证不符或单单不符,如果不是因为此种原因或虽有微小的不符,但一般不构成拒付时,就应考虑到其他原因,或者开证银行由于买方的信用、财务状况不佳,恐其无力赎单而故意以无关紧要的瑕疵拒付的情况是很多的。如发生这种情况就要从法律上、惯例中寻找依据,并主动与往来银行的有关专业人士研究对策。如认为其拒付理由十分牵强、不充分,应通过往来银行,按照统一惯例的有关规定据理力争,讨得公道。

(2)直接与买方或其代理商交涉。因信用证交易是单据交易,只有卖方提交的单据完全符合信用证的规定条款时,开证银行才付款。单据虽然只有微小的瑕疵,卖方也不能强迫开证银行付款,在这种情况下,只能直接向买方或其代理商交涉。

▶ 5. 提高业务人员素质,丰富国际贸易经验

诈骗分子之所以在国际间大肆从事诈骗活动,就是认为行骗对象缺乏国际贸易的经验,在业务上存在欠缺,如伪造信用证和伪造单据的信用证诈骗分子认为银行审证人员无法识破其伪造手段,软条款信用证诈骗分子认为受益人无法识别其陷阱条款等。诸如此类的诈骗中,业务人员的素质是关键。如果业务人员头脑冷静、经验丰富、熟悉国际贸易惯例和信用证方式的相关知识,诈骗分子就不会轻易得手。

(二)进口商对风险的防范措施

▶ 1. 开证前,应增加对出口商的了解,加强资信调查

进口商应了解出口商的生产经营状况、经营实力、经营规模、有无不良出货记录等。在国际贸易业务中,不仅出口商需要了解进口商,而且进口商同样需要知道出口商的情况。只有这样,业务双方才能防患于未然。

▶ 2. 开证时，应要求信用证中加列有关货物状况的条款

信用证业务的特点之一就是单据与实际货物相脱离，因此，进口商只能通过信用证中加列一些条款来约束出口商发运货物。例如，要求出口商提交商品相关的检验证书，可以对出口商发运的货物加以控制，以避免出口商不发货、发假货、发残次货物及少发货等行为的发生；对出口商货物发运状况加以规定，如货物装船日、装运港口、卸货地点、是否允许分批发运、是否允许转船等情况加以限制，以避免出口商不按时发货或货物发运后进口商不能按时获得货物等情况的发生；对出口商发运货物后向银行提示单据的日期加以规定。此日期的规定对进口商而言同样重要，如果出口商发运货物后迟迟不交付单据，除了会发生许多不必要的费用支出外，进口商还不能及时得到货物，从而影响进口商的资金周转。

▶ 3. 加强审单工作，以避免由于伪造单据或欺诈性单据而带来的损失

对于伪造单据，由于提单是物权凭证，因此伪造的单据中通常包括提单。买方应在买卖合同中规定采用 FOB、FCA 条件，由自己派船装运。若由卖方负责装运，应在合同中订明装运船只必须是某几家著名船公司的船舶，货物装船后可要求船公司发出货物确已装船的证明。为防止卖方与船公司勾结串通，还可要求有关提单经船公司签署之外，再由航运公会、商会等予以证明。国际上一些机构，如劳合社情报和劳合社航运机构、国际海事局，以及一些信誉较好的航运经纪人也可以提供有关船舶、承运人、租船人等各种情报，这样买方就可及时了解货物装运情况，一旦发现问题及时处理。针对欺诈性单据，买方可在买卖合同中规定货物在装运前由一个信誉卓著的检验机构负责对货物进行检验并规定检验证书中的一份由该检验机构直接寄给议付行或开证行，以便银行在审单时将之与卖方所提交的检验证书核对，对重要的进口商品或大型成套设备的进口，买方还可指定由本国或自己所熟悉的商检机构到装运港检验及监装。

▶ 4. 合理利用信用证欺诈例外原则

在信用证支付方式中，卖方以单据欺诈手段骗取货款的案件不断发生，如果固守信用证独立于合同这一原则，势必纵容这些诈骗分子，买方就处于极为不利的地位。有鉴于此，为了打击国际贸易中出现的欺诈行为，不少国家的法律、判例对欺诈行为提出了相应的处理原则。如果在银行对卖方提交的单据付款或承兑以前，发现或获得确凿证据，证明卖方确有欺诈行为，买方就可以要求银行停止对卖方付款，或请求法院向银行颁布禁令，禁止银行付款；同时，银行在这种情况下也没有义务对表面符合信用证条款，而实际上含有欺诈内容的单据付款。

(三) 银行对风险的防范措施

▶ 1. 加强信用监管，严格授信额度

加强对进出口商、委托行的信用监督管理，严格授信额度，确立适当的担保机制是银行防范信用风险和操作风险的有效措施。

(1) 银行应建立必要的客户资信调查机构和客户信用信息档案，及时、客观地围绕客户的经营财务状况、资金周转情况、在同行业中的地位以及该行业的发展动向、与银行的往来情况等分析其资信。

(2) 银行在对进出口商提供信用证融资或对出口商进行议付前，应通过自己的同行、

互联网、海外分支机构等，充分了解进出口商所在国的政治经济环境，全面分析和把握该国的经营环境。尤其要对遭遇金融危机的国家做出合理的风险预测，采取措施，避免因国家因素影响而带给商业银行风险。

（3）银行在对企业的信用证授信过程中，应根据企业的经营业绩、资产负债比例等确定相应的授信额度，并落实相应的担保、抵押等，将信用风险和操作风险控制在有限范围内。

▶ 2. 完善审单制度，提高相关业务人员素质

商业银行应制定单证审核各岗位的职责和操作规程，形成相互配合、相互监督、相互制约的管理机制。SWIFT系统的安全管理员、系统管理员、报文复核员、报文修改员、报文授权员、密押员等应根据各自的权利和责任规范操作。应定期对审单人员进行培训，帮助他们准确把握单证相符内涵，传授他们鉴别不符点的技巧。审单人员应严把审单质量关，保证单证相符，不给对方以丝毫挑剔的把柄。如果发生不符点方面的争议，应立即通过内部和外部专家的力量，谨慎分析，把问题解决在萌芽状态，避免商业银行因垫付带有不符点的单据而被拒绝偿付。

▶ 3. 注重国际市场风险研究，主动应对汇率和价格波动

银行在进行信用证业务时，一方面，应选择好合同货币，争取使用本国货币作为合同货币，或者出口争取使用硬币、进口争取使用软币；另一方面，在远期信用证中可通过协商在合同中加列货币保值条款，尽可能降低由于汇率波动带来的风险。另外，商业银行应加强对进口商品价格的分析。如果进口商品的价格处于上升周期，则即使进口商不能按时付款，开证行也较易变现货物，降低损失。对于价格趋于下跌或波动较大的进口商品，开证行则需要考虑要求进口商交存100%的保证金。同时，保证金若为非开证币种时，还应上浮一定比例，以防范进口商非正常套现和汇率波动的风险。

拓展案例

某市中国银行分行收到新加坡某银行电开信用证一份，金额为100万美元，购花岗岩石块，卸货港为巴基斯坦卡拉奇，信用证中有下述条款：

（1）检验证明书于货物装运前开立并由开证申请人授权的签字人签字，该签字必须由开证行检验；

（2）货物只能待开证申请人指定船只并由开证行给通知行加押电通知后装运，而该加押电必须随同正本单据提交议付。

问：该信用证可不可以接受？为什么？

分析：

（1）该条款（证书由开证申请人授权的签字人签字，并且签字由开证行检验）不能接受，属于由开证一方单方面控制的软条款（受益人应要求修改信用证，撤销该条款）。

（2）该条款同样是一种软条款，不能接受。由开证一方指定船只不符合有关惯例要求；由开证行加押电文通知装运及提交加押电文议付也是一个由开证一方单方面控制的条款，影响信用证的生效。

思考与练习

一、思考题

1. 什么是跟单信用证？跟单信用证有哪些特点？
2. 跟单信用证中有哪些当事人？各当事人的权利义务有何规定？
3. 画出跟单议付信用证的业务流程，并说明跟单议付信用证各环节处理的要点。
4. 分析各种特殊信用证适用的贸易背景以及操作中应特别注意的事项？

二、选择题

1. 在信用证支付方式下，将信用证通知受益人的是（　　）。
   A. 开证银行　　　　B. 通知银行　　　　C. 转递银行　　　　D. 议付银行
2. 下列当事人中，（　　）是信用证的第一付款人。
   A. 开证行　　　　B. 议付行　　　　C. 开证申请人　　　　D. 通知行
3. 根据 UCP600 的规定，保兑行对所保兑信用证的责任是（　　）。
   A. 在开证申请人不能付款时，承担向受益人付款的责任
   B. 在开证行不能付款时，承担向受益人付款的责任
   C. 在付款行不能付款时，承担向受益人付款的责任
   D. 承担第一性付款责任
4. 银行审单议付的依据是（　　）。
   A. 合同信用证　　　　　　　　　　B. 合同单据
   C. 单据信用证　　　　　　　　　　D. 信用证委托书
5. 按照国际商会 UCP600 的解释，所有的信用证都应该为（　　）。
   A. 可撤销信用证
   B. 不可撤销信用证
   C. 既可能是可撤销信用证，也可能是不可撤销信用证
   D. 由开证行和受益人协商确定
6. 可转让信用证可以转让（　　）。
   A. 一次　　　　B. 两次　　　　C. 多次　　　　D. 无数次
7. 进口商付款后发现货物与合约不符，不能向（　　）索赔。
   A. 银行　　　　B. 出口商　　　　C. 轮船公司　　　　D. 保险公司
8. 可转让信用证指特别注明（　　）字样的信用证。
   A. negotiable　　　　B. transferable　　　　C. divisible　　　　D. fractionable
9. 信用证的特点表明各有关银行在信用证业务中处理的是（　　）。
   A. 相关货物　　　　B. 相关合同　　　　C. 抵押权益　　　　D. 相关单据
10. 以下不属于信用证特点的是（　　）。
    A. 信用证是由开证银行承担第一性付款责任的书面文件
    B. 开证银行履行付款责任是有限度和条件的
    C. 信用证是一种商业信用
    D. 信用证是一项独立的、自足性的文件

三、判断题

1. 信用证的开立说明了开证行接受了开证申请人的要求,因此信用证体现了开证行对开证申请人的承诺。( )

2. 银行开立信用证是以自己的信用为申请人向受益人做出的有条件的付款保证,越是资信良好的银行,其开立的信用证就越容易被受益人接受。( )

3. 开证行指定一家银行对信用证加具保兑,如该银行决定不加保兑,必须毫不延迟地通知开证行。( )

4. 跟单信用证开立的基础是销售合约,因此信用证下当事人不仅受信用证条款的约束,而且同时受销售合约条款的约束。( )

5. 通知行有权拒绝通知信用证的指定。但是,如果通知行选择通知信用证,就必须合理谨慎地检验信用证的表面真实性。( )

6. 即期付款信用证可以是开证行自己付款,也可以由其他银行付款;可以要求受益人提供汇票,也可以不要求提供汇票。( )

7. 根据UCP600规定,信用证必须有一个最迟交单期的规定,即要求受益人在货物装运后的若干天内向银行交单。假如信用证上没有这一项规定,则银行可按21天掌握。( )

8. 对于同一修改书中的内容,受益人可以对能做到的修改接受,对不能做到的修改不接受。( )

9. 保兑行对其所保兑的信用证的责任随信用证的修改而自动延展到修改的条款。( )

10. 对开信用证即对背信用证,是一种从属信用证,这种信用证是受益人把开证行开给他的信用证用作支持其往来银行开给其供货商的另一信用证。( )

四、案例分析题

1. 某年加拿大一开证行开来L/C一份购买纺织品,金额为63 000加元,装运期为1月31日。1月8日,我方出口公司(受益人)提交单据一套,金额73 467加元。这显然是货物超装,金额超支。出口公司声称此项超装事前已征得进口方即开证申请人口头同意。议付行遂按不符点交单方式向开证行寄单,要求开证行收货付款。1月23日,开证行来电指出,申请人以"单证不符"为理由拒绝接受单据。但是,如受益人肯将全部纺织品货价下降为每码60加分,总金额降为64 832加元,则申请人愿意付款赎单。1月29日,出口公司表示不同意降价,并提出进口方违背诺言是不守信用的行为。2月23日,开证行再次来电称,申请人坚持不肯付款赎单。由于受益人超装已造成单据不符,一切风险由出口方承担,有关单据暂由开证行代为保管,如果3月3日前得不到处理指示,则将所有单据退回议付行。2月27日,议付行电告开证行,此项纠纷正由进出口双方协商解决,请暂勿退单。3月10日,开证行又来电称,进口方不能承担滞期费(此项费用每天251加元,已累计未付3 500加元)。至此,议付行被迫只得委托开证行代为提货存仓办理保险。3月28日,开证行电告已照办,划议付行账户4 961加元。由于进口方以单证不符为由坚持不付款,开证行也照章拒付,最后我方出口单位被迫将货物转交另一客户作为"寄售"处理。此项出口业务以遭受严重损失而告终。

请分析我方应从中吸取什么教训。

2. 某外贸公司（卖方）在2011年下半年与南亚某国一进口商（买方）就出口柴油机配件签订了多份外贸售货合同，双方约定货款总值的30%用信用证方式支付，余下70%的货款用电汇方式支付。买方以申请开信用证为由，要求卖方开给的发票以信用证金额显示为货款金额，即仅及货款实际金额的30%，卖方不谙其中奥妙，也就答应了。买方凭这张虚假货款的商业发票，办妥了开证申请。卖方在收到对方开出的信用证以及电汇支付的15%左右的货款之后，就按时将货物装船出运。货到目的港之后，买方却迟迟不付应用电汇方式支付的未付款，卖方不敢贸然以正本海运提单办理信用证项下的议付结汇，信用证有效期很快就到期，货物因无人前去提领长期压港，船方代理不得不向提单通知人（即买方和开证银行）发出催提通知书。买方收到后就凭此通知书向开证银行申请为其出具担保，以供买方向船方申请凭担保无正本提单提货。开证行以原开出的信用证货款金额为限出具了保函。船方代理见出具的无正本提单提货的银行保函合乎规定，就将货物放给了买方。这样买方仅仅支付了相当于货款总额45%左右的货款（包括开信用证的保证金）就提取了货物。卖方见买方一直不付款赎单，便与承运船公司交涉，船方称凭银行保函代替正本提单提货是国际惯例并将保函传真给卖方，担保金额仅为实际货款总额的30%，才知上当受骗了。现在却只能追回30%的货款加上已收的15%电汇款，剩下55%的货款要到国外去找买方打官司，在法制不够健全的南亚国家谈何容易。

请分析外商的诈骗手法和我方应吸取的教训。

3. 我A公司（卖方）与澳门B公司（买方）签订了一个出口外衣到欧洲的出口合同，出口金额20多万美元，款式由B公司提供，面料由B公司指定国内供应商D提供，结算方式为100%不可撤销即期L/C。收到L/C后，A公司即对L/C仔细审核，发现有以下问题：

（1）开证申请人系第三方香港C公司，据B公司说，其货卖给C公司。因A公司与B公司系第一次做生意，且金额较大，A公司即委托通知行对开证申请人进行了资信调查，调查结果显示C公司资信良好。

（2）有一个软条款，要求A公司在议付时需提交买方出具的客检证书，且证书签署人已在开证行留有印鉴。A公司要求取消该软条款，B公司不同意，原因是服装行业普遍存在提供客检报告的惯例。

合同签订后，B公司多次催促A公司派人与B公司布料QC人员一道赴面料供应商D处购指定面料。A公司在收到L/C后，即同B公司QC人员一道购回面料，经工厂入厂检验，发现其成分比例与所签合同有出入，A公司要求换货，D公司也同意换货，这时候B公司不同意换，提出修改L/C上布料成分比例，并催促A公司尽快开剪，同时又要求与A公司签订另一个外衣合同，价值10多万美元，同样也是指定面料供应商D提供面料，此时，改证迟迟未到，离交货期已不远了，鉴于B公司表现出来的种种迹象，A公司顿起疑心，提出了：①因买方擅自变更布料成分，引起合同变化，A公司要求买方须先支付总价值30%的货款作为预付款；②取消客检证。若这两条不满足，我方不开剪。此时，公司不仅不改证，还气势汹汹地叫嚣索赔。最后，给A公司留下了不仅是一堆价值百万的布料，更多的是惨痛教训。

请分析我方应吸取什么教训？

五、根据合同审核信用证

广州金海工具进出口有限公司
GUANGZHOU JH HAND TOOL I/E CO., LTD.
296 ZHONGSHAN ROAD, GUANGZHOU CITY GUANGDONG, CHINA

销售确认书
SALES CONFIRMATION

To:
SAYID TOOL ENTERPRISES   S/C No.: YKGG150609
753 TARRAGONA ROAD   Date: 09 JUNE 2015
DURBAN SOUTH AFRICA   Place: GUANGZHOU, CHINA

Dear Sirs:

We hereby confirm having sold to you the following goods on terms and conditions as specified below:

Description of Goods and Packing	Quantity	Unit Price	Total Amount
HAND TOOLS			CIFC5DURBAN
10PCS COMBINATION SPANNER	1200SETS	USD15.00	USD13 200.00
12PCS DOUBLE OFFSET RING SPANNER	1000SETS	USD12.50	USD12 500.00
	2200SETS	LESS 5% COMM.	USD25 700.00 USD1 285.00
PACKING: IN ONE CARTON OF 20 SETS EACH, TOTAL IN 1*20 FCL.		CIFNET	USD24 415.00

Total Amount in words: SAY U.S. DOLLARS TWENTY FOUR THOUSAND FOUR
                         HUNDRED AND
                         FIFTEEN ONLY.
Port of loading: NINGBO/SHANGHAI
Port of discharge: DURBAN, SOUTH AFRICA
Time of Shipment: ON OR BEFORE 16 JULY 2015
Partial: NOT ALLOWED
Transshipment: ALLOWED
Insurance: TO BE EFFECTED BY THE SELLER FOR 150 PCT OF
                         THE INVOICE VALUE COVERING ALL RISKS AND
                         WAR RISK AS PER ICC(A) DATED 01/01/2010
Terms of Payment: BY CONFIRMED AND IRREVOCABLE LETTER OF CREDIT
                         IN FAVOUR OF THE
                         SELLER TO BE AVAILABLE BY SIGHT DRAFTS AND

	TO BE OPENED AND REACH
	CHINA ON OR BEFORE 13 JUN. 2015 REMAINING VALID FOR NEGOTIATION IN
	CHINA UNTIL THE 15TH DAYS AFTER THE TIME OF SHIPMENT
Inspection:	INSPECTED BY CIQ
Shipping Marks:	AS PER SELLER'S OPTION
Documents required:	MANUALLY SIGNED COMMERCIAL INVOICE IN TRIPLICATE
	FULL SET CLEAN ON BOARD BILL OF LADING MADE OUT TO ORDER AND BLANK ENDOURSED NOTIFY THE BUYER
	INSURANCE POLICY IN DUPLICATE
	INSPECTION CERTIFICATE ISSUED BY CIQ
	PACKING LIST IN TRIPLICATE
	CERTIFICATE OF ORIGIN
The Seller:	The Buyer:
Zhejiang YK GG Hand Tool I/E Co., Ltd.	Sayid Tool Enterprises
	Mohamed Sayid

进口国开来的有错误的信用证

ISSUING BANK:	NATIONAL BANK OF SOUTH AFRICA, DURBAN
ADVISING BANK:	BANK OF CHINA, GUANGZHOU BRANCH
SEQUENCE OF TOTAL	*27: 1/1
FORM OF DOC. CREDIT	*40A: IRREVOCABLE
DOC. CREDIT NUMBER	*20: NBB15-06-287
DATE OF ISSUE	31C: 150612
EXPIRY	*31D: DATE 150716 PLACE AT DURBAN
APPLICANT	*50: SAYID TOOL ENTERPRISES
	753 TARRAGONA ROAD
	DURBAN SOUTH AFRICA
BENEFICIARY	*59: GUANGZHOU JH GG HAND TOOL I/E CO., LTD.
	269 ZHONGSHAN ROAD
	GUANGDONG CHINA
AMOUNT	*32B: CURRENCY USD AMOUNT 25 700.00
AVAILABLE WITH/BY	*41D: ANY BANK
	BY NEGOTIATION
DRAFT AT…	42C: AT SIGHT
	FOR FULL INVOICE VALUE

DRAWEE	42D：	NATIONAL BANK OF SOUTH AFRICA DURBAN
PARTIAL SHIPMENT	43P：	NOT ALLOWED
TRANSSHIPMENT	43T：	ALLOWED
PORT OF LOADING	44E：	NINGBO/SHANGHAI
PORT OF DISCHARGE	44F：	DURBAN SOUTH AFRICA
LATEST DATE OF SHIP.	44C：	150716
DESCRIPTION OF GOODS	45A：	HAND TOOLS AS PER S/C NO. YKGG150906 CIFC5 DURBAN 10PCS COMBINATION SPANNER 1200SETS，USD15.00PER SET 12PCS DOUBLE OFFSET RING SPANNER 1000SETS，USD12.50 PER SET PACKING：IN ONE CARTON OF 20 SETS EACH，TOTAL IN ONE 20 FEET FULL CONTAINER LOAD.
DOCUMENTS REQUIRED	46A：	＋SIGNED COMMERCIAL INVOICE IN THREE COPIES ＋FULL SET CLEAN ON BOARD OCEAN BILL OF LADING MADE OUT TO ORDER MARKED FREIGHT COLLECT NOTIFY APPLICANT ＋PACKING LIST IN THREE COPIES ＋CERTIFICATE OF ORIGIN GSP FORM A IN ONE COPIES ＋INSPECTION CERTIFICATE FOR QUALITY ISSUED BY ENTRY-EXIT INSPECTION AND QUARANTINE OF THE PEOPLE'S REPUBLIC OF CHINA ＋BENEFICIARY'S CERTIFICATE STATING THAT EACH COPY OF INVOICE，BILL OF LADING AND PACKING LIST HAVE BEEN SENT TO APPLICANT IMMEDIATELY AFTER SHIPMENT

ADDITIONAL COND.	47A:	+DOCUMENTS PRESENTED WITH DISCREPANCY WHETHER INDICATED OR FOUND IS SUBJECT TO A HANDLING FEE OF USD50.00 WHICH IS PAYABLE BY
		THE BENEFICIARY AND WILL BE DEDUCTED FROM
		PROCEEDS UPON NEGOTIATION
		+THIS CREDIT IS SUBJECT TO THE U.C.P. FOR DOCUMENTARY CREDITS(2007 REVISION)ICC PUBLICATION NO 600
DETAILS OF CHARGES	71B:	ALL BANK CHARGES OUTSIDE SOUTH AFRICA ARE
		FOR ACCOUNT OF THE BENEFICIARY
PRESENTATION PERIOD	48:	WITHIN 5 DAYS AFTER THE DATE OF SHIPMENT BUT
		WITHIN THE VALIDITY OF THE CREDIT
CONFIRMATION INSTRUCTION	*49:	WITHOUT
	78:	ON RECEIPT OF DOCUMENTS IN ORDER AT OUR COUNTER, WE SHALL REMIT IN ACCORDANCE WITH
		THE NEGOTIATING BANK'S INSTRUCTION IN THE SAME CURRENCY OF THE CREDIT
SEND. TO REC. INFO.	72:	DOCUMENTS TO BE DISPATCHED BY COURIER SERVICE
		IN ONE LOT TO NATIONAL BANK OF SOUTH AFRICA,
		TRADE SERVICES, 109 ORANGE STREET DURBAN, SOUTH AFRICA

经审核,信用证中的错误有如下十处:

(1) _____

_____

_____

(2) _____

_____

_____

(3) _____

(4) _____

(5) _____

(6) _____

(7) _____

(8) _____

(9) _____

(10) _____

第六章 国际结算方式——银行保函与备用信用证

本章学习要点

- 掌握银行保函和备用信用证的概念、主要内容,以及当事人的主要责任;
- 了解银行保函和备用信用证的业务流程及分类;
- 了解银行保函、备用信用证和跟单信用证的异同。

导入案例

中国 A 公司与外国 B 公司签订补偿贸易合同,约定由 A 公司从 B 公司引进某生产线,价格为 100 万美元。A 公司以 20% 现金以及该生产线生产的产品作为价款,合同履行期限为四年,为了保证 A 公司履行合同,B 公司要求 A 公司以备用信用证形式提供担保。A 公司于是向国内 C 银行申请开立备用信用证,C 银行根据 A 公司的委托,开出了一份以 B 公司为受益人,金额为 80 万美元的备用信用证。该信用证受国际商会 2007 年修订的第 600 号出版物《跟单信用证统一惯例》的约束,在 C 银行开立的备用信用证的担保下,B 公司与 A 公司间的补偿贸易合同生效。后来,A 公司未能在合同规定的日期内履约,B 公司便签发汇票连同违约声明提交 C 银行,要求其支付备用信用证项下的款项,C 银行对 B 公司提交的汇票和声明进行审查后认为单证相符并向 B 公司偿付了 80 万美元。

分析:本案涉及一种特殊的信用证——备用信用证。开证行保证在申请人不履行其义务时,由开证行付款。如果开证申请人履行了约定的义务,该信用证则不必使用,因此,备用信用证对受益人来说是备用于开证申请人发生违约时取得补偿的一种方式,具有担保的性质。同时,备用信用证又具有信用证的法律特征,开证行处理的是与信用证有关的文件,而与交易合同无关,备用信用证既有信用证的一般特点又有担保的性质。备用信用证通常用作投标履约,以及预付款项下出口商按时发运货物的保证。在备用信用证项下,只要受益人向指定银行提交备用信用证规定的汇票及/或开证申请人未履约的声明或证明文件,就可以取得开证行的偿付。由于有银行的偿付做担保,备用信用证的使用极大地促进了商业交易的开展。

第一节 银行保函

一、银行保函的概念

银行保函(banker's letter of guarantee,L/G)是指银行应委托人的申请而开立的有担保性质的书面承诺文件,一旦委托人未按其与受益人签订的合同约定偿还债务或履行约定义务,则由银行履行担保责任。

在国际贸易、国际借贷、国际租赁、国际投资等各种对外经济活动中,由于交易双方处于不同的国家和地区,交易更具复杂性和风险性,通过履行保函中的银行信用代替商业信用作为履约保证,易于被交易对手接受,有利于保证交易的顺利进行。

二、与银行保函相关的国际惯例

随着国际经济贸易的发展和变化,银行保函在国际上的使用范围不断扩大,为了便于实际业务中参考和使用,国际商会 ICC 先后制定了与之相关的国际惯例。

1978 年,制定了《合约保函统一规则》,即 ICC 第 325 号出版物(Uniform Rules for Contract Guarantees),简称 URCG325。

1982 年,制定了《开立合约保函的标准格式》,即 ICC 第 406 号出版物(Model Form for Issuing Contract Guarantees)。

1992 年,ICC 对 URCG325《合约保函统一规则》进行了修订,公布了《见索即付保函统一规则》,即 ICC 第 458 号出版物(Uniform Rules for Demand Guarantees),简称 URDG458,其中的 Contract 改为 Demand 意味着保函必须是即期的。

三、银行保函的特点

(一)保函不依附于商务合同,具有独立的法律效力

保函依据商务合同开出,但又不依附于商务合同,就其性质而言,保函独立于基础关系和申请,担保人完全不受这些关系的影响或约束。当受益人在保函项下合理索赔时,担保行就必须承担付款责任,而不论委托人是否同意付款,也不管合同履行的实际事实。担保行与保函所可能依据的合同无关,也不受其约束。委托人是否确实未履行合同项下的责任义务,是否已被合法地解除了该项责任义务,担保行不负责任。

(二)银行信用作为保证,易于为合同双方接受

国际商会在 2010 年修订的《见索即付保函统一规则》(URDG758)中规定,受益人只需提示书面请求和保函中所规定的单据就可以向担保行索偿。担保行付款的唯一依据是受益人提交的索赔单据,而不是某一事实。在国际交易中最常见的独立性见索即付保函中,只

要受益人提交的单据及其内容与保函条款和条件相符，并同时与 URDG758 规定和保函国际标准实务操作一致，担保行就应该承担第一性的付款责任。

（三）银行保函较适用于更多的国际经济活动

银行保函与跟单信用证相比，两者的当事人权利和义务基本相同，一旦跟单信用证要求受益人提交的单据是包括运输单据在内的履约证明商业单据，而保函要求的单据则是受益人出具的关于委托人违约的声明或证明。这一区别，使两者适用范围存在较大的不同，银行保函可适用于除了国际贸易之外的其他各种经济交易中。

四、银行保函涉及的当事人

（一）基本当事人

▶ 1. 委托人

委托人（principal）即保函的申请人（applicant），是指向银行（作为担保人）提出申请并委托银行向被担保人（作为受益人）开出保函的当事人。委托人通过开立保函的形式向合同的另一方当事人（被担保人）做出履行合同的承诺，一旦自己违约，担保人对开出的保函向被担保人做出赔偿后，向担保人给予足够补偿的承诺。

委托人填写《保函申请书》要求担保人开立保函，担保人往往除了要求委托人事先交付一定比例的保证金，还会要求委托人提供相关的抵押物或出具反担保，委托人还需向担保人缴纳相关的银行费用。委托人有时是投标人，有时是买方或卖方，有时是承租人等。

▶ 2. 受益人

受益人（beneficiary）是指接受保函并有权在委托人不履行或不能完全履行合同中规定的义务时，根据保函中规定的条款向担保人提出索偿（而不顾委托人的反对）的当事人。在投标保函和履约保函项下，指招标人；在进口保函项下，指出口方或供货人；在租赁保函项下，指出租人。

▶ 3. 担保人

担保人（guarantor or surety）是指接受委托人的申请向受益人开立保函的银行，向受益人承担有条件或无条件赔偿责任的银行，在受益人提出符合保函规定条款的索偿要求时（需证明委托人已经违约或自己已经履约），应立即履行付款，同时也可立即向委托人要求补偿。如果委托人不能立即偿还担保人的付款，担保人有权处置委托人提交的保证金、抵押物或向反担保人提出补偿的要求。

（二）相关当事人

▶ 1. 通知行

通知行（advising bank）也称传递行（transmitting bank），是指受担保人的委托将保函交给受益人的银行。担保行开出保函后，可直接交给受益人，也可通过受益人所在地银行通知，以确保其真实性。通知行的责任就是负责核实印鉴或密押以确定保函表面的真实性，不承担保函项下的任何支付。

通知行对保函内容正确与否、对保函在传递中的延误、遗失均不负责任，也不承担赔付责任，有权按规定向担保人、委托人或受益人收取一定的通知费。

2. 反担保人

反担保人(counter guarantor)是指担保人为了规避自身的风险，常常要求除委托人以外的第三者向担保人进行再担保，一旦自己承担第一性的偿付责任向受益人偿付了款项后，转而向委托人索要相应款项被拒付时，可依据反担保函向反担保人索赔。反担保人就是应委托人的要求向担保人出具反担保函的人(往往也是一家商业银行)。

3. 保兑行

保兑行(confirming bank)是指应担保行的要求，以自身的信用对担保人的偿付承诺予以保证的银行，一旦担保人未能按保函规定付款，则由保兑行代其履行付款义务。保兑行付款后，有向担保人追索的权利。这与信用证业务中的保兑行类似，当受益人对担保人的信用存有疑虑或由于受益人所在国法规有特别规定时，就可要求另一家信用卓著的银行对保函加具保兑。保兑行通常为受益人所在地的银行。

4. 指示行

由于法规等原因，受益人有时只接受本国银行出具的保函，而保函委托人要求受益人所在地的银行开具保函又不现实，委托人只有通过本国的往来银行转而指示受益人所在地的银行作为担保人，凭委托人的往来银行的反担保开出所要求的保函。

委托人的往来银行不直接向受益人开具保函，而是指示受益人所在地的银行凭其反担保向受益人出具保函，所以称该委托人的往来银行为指示行(instruction bank)。所以派生了后面将提到的"转开"保函。

五、银行保函的内容

根据URDG458《见索即付保函统一规则》的要求，保函和保函的修改应当清楚、准确、简洁。虽然交易的合约不同、保函的种类不同、各国的习惯不同，保函的格式会有多种多样，但所有的保函都包括两部分的内容：URDG458规定的基本内容和附属内容。

(一) 银行保函的基本内容

在实际保函业务中，使用的银行保函种类虽然很多，但不同类别的保函具有一些基本相同的内容，根据URDG458，任何一份保函通常至少都会包括以下8个方面的基本内容。

1. 有关当事人的名称和地址

保函应清楚地表明委托人、受益人及担保人的名称、地址，如果有通知行、转递行等，也可以将其名称和地址列出。

2. 开立保函的原因、种类

保函中应对交易加以描述，包括合约的编号、签订日期、事由(供应货物的名称、数量等，工程项目名称等)及当事人等。虽然保函与交易合约是相互独立的，但开立保函毕竟是为了担保委托人履行合约下的义务，而不同的合约中委托人的义务是各不相同的，所以要求保函注明其起源的交易。

3. 保函的担保金额和所采用的货币

通常保函将规定一个最高限额，而非确定金额，因为在开立保函时，事先不能知道委托人违约给受益人造成损失的程度。担保金额随履约的比例应该逐步减少，在保函中需加列递减条款(第7条)。一般保函中使用的货币要与合同规定的货币一致。

▶ 4. 保函的到期日和/或到期事件

保函的到期日也称保函的效期,是受益人提出索赔的截止期限,非实际付款日期。受益人只有在到期日之前向担保人提出索偿才能得到支付款。保函效期有两种表示方式:一是规定确定的到期日,如2007年11月20日;二是规定失效事件,即以某事件的发生之日为到期日,如施工完毕、验收合格、交货结束等。如果保函同时规定了到期日和失效事件,保函的到期日以两者较早发生者为准。

▶ 5. 保函的赔付条款

赔付条款是指保函的付款承诺或索赔条件。赔付条款必须"单据化",担保人仅在受益人向其提交了与保函规定的条款相符的书面索赔书或证明文件(如仲裁裁决书、质量鉴定书、验收报告、检验证书等广义单据,这些文件或单据需由保函及合同之外的第三方出具)后,才向其承担付款或赔偿。这样既可以防止受益人的不正当索赔,也可以避免担保人去验证客观事实而陷入合同纠纷。有时保函还要求受益人提出付款或索赔时出具汇票。

▶ 6. 索偿办法

说明受益人向担保行提出索偿的方式(如信索或电索)和路径(是否通过通知行)等。

▶ 7. 保函金额递减条款

保函可以明确规定,在某个规定的日期或向担保人提交了保函所规定的单据时,保函的金额可以减少某一规定的金额或可以确定的某个金额。如履约保函就可以规定,当工程完成至某一进度时,凭项目监理的进度证明文件,保函的金额可以降至某一金额,当保函金额减少时,担保人应及时通知委托人或指示人。

▶ 8. 其他条款

其他条款包括与保函有关的保兑、修改、撤销及仲裁等内容。

(二)银行保函的附属内容

(1)保函的编号、开立日期和地点。

(2)保函的种类,如是投标、履约还是预付款保函等。

(3)保函的生效条款。保函有生效日(受益人有权提出索赔或付款要求的起始日),一般情况下保函是自开出之日起生效,但保函也可规定一个较晚的生效日,这个日期可以是一个指定日期,也可以是规定一个生效事件(如在履约保函以收到预付款为生效条件)。

(4)担保人的责任条款。为明确担保行的责任,防止日后发生争议,保函通过此条款体现出担保人的第一性或第二性的付款责任。

(5)适用的法律或仲裁条款。保函可以规定适用哪一个国家的法律或仲裁程序。大多数国家的法律及国际商会关于保函的统一规则都规定:除非另有说明,管辖保函的法律应是担保人所在地的法律,如果担保人有多处营业地址,则以开立保函的营业地的法律为准。

(6)保函适用的国际惯例是《合约保函统一规则》(URCG325)还是《见索即付保函统一规则》(URDG458)。

六、银行保函的种类

目前,保函的国际业务主要应用于进出口贸易、补偿贸易、租赁贸易、采购投标等有形的商品交易,工程投标、技术引进等劳务方面,以及借款、发行债券等资金融通方面。

在实际业务中,银行保函的种类繁多,但我们可以根据不同的要求,从不同的角度将其划分为不同的类型。

(一)独立性保函和从属性保函

根据保函与基础交易的关系不同,可以分为独立性保函和从属性保函。

▶ 1. 独立性保函

独立性保函(independent guarantee)即见索即付银行保函,是指根据基础交易开立,但一经开立后其本身的效力并不依附于基础交易合同,其付款责任以保函自身的条款为准的银行保函。在这种保函项下,保函与基础交易合同之间相互独立,是各自独具法律效力的平行的法律关系,担保人的责任独立于委托人在基础交易合同项下的责任义务,其仅受保函本身规定条件的约束。当今国际上所通行的保函绝大多数为独立性保函。

▶ 2. 从属性保函

从属性保函(accessory guarantee)是指其效力依附于基础交易合同的银行保函。这种保函是基础交易合同的附属性合同,其法律效力会随着基础合同的存在而存在,随着基础合同的变化或灭失而发生变化或灭失。在从属性保函项下,担保人承担的付款责任是否成立,只能以基础合约的条款及背景交易的实际情况来加以确定。

(二)付款类保函和信用类保函

根据保函项下支付前提的不同,可以分为付款类保函和信用类保函。

▶ 1. 付款类保函

付款类保函(payment guarantee)是指银行为了某种必然会涉及支付行为的经济活动所开立的保函,如付款保函、延期付款保函、补偿贸易保函等。这里所说的支付是指交易活动本身所需要的一种支付行为或支付义务,即对合同项下的另一方所提供的商品、劳务、技术等的支付,而并非指保函项下的付款行为。因此,只要交易发生,这种支付就必然发生,可能由申请人自己直接支付,也可能由担保银行在保函项下间接做出。付款保函分为即期付款保函和延期付款保函两种。

(1)即期付款保函(payment guarantee),通常是担保行向出口商担保,一旦收到保函中所规定的出口商应出具的各种单据,表明已出运货物或工程已进入或完成某阶段进度,由担保行立即向出口商支付货款或进度款。这种付款保函不仅可以单独使用,而且可以与其他商业信用为基础的结算方式如汇款、托收等结合使用,由于它作为商业信用的一种补充,因此受益人应先向申请人索款,未果时才能转向担保行要求支付。

(2)延期付款保函(deferred payment guarantee)。在进口大型成套设备时,一方面由于交货不集中,往往要在较长的一段时间内才能交付;另一方面进口商往往无力一次性支付货款,特别是一些国家要等设备安装投产后才能分批支付货款。在这种情形下,虽然可以采用远期或延期信用证结算,但由于其不如保函灵活,因此实际业务中更多地使用银行保函。所以,延期付款保函是银行应买方或业主的委托向卖方或承包商开立的、对延期支付或远期支付的合同价款以及由此产生的利息所做出的一种付款保证承诺。

在延期款项下，担保人保证在卖方发运货物的若干日期之后，或在承包方完成工程建设项目若干日期之后，将按合同所规定的时间，买方或业主将分期向卖方或承包方支付货款或工程价款以及相应的利息。如果买方或业主不能支付款项及利息，担保行将代为支付。银行在这种保函中保证担保行从收到合同金额90%～100%的国外装船单据起的某一时间开始，把合同金额分为若干相等的份额，每隔一定的时间支付一定份额并加利息，直到付清为止。

不管是即期还是延期付款保函，保函的金额为合同的价款扣除了定金的待付金额，有效期取决于合同中规定的付款期限。

▶ 2. 信用类保函

信用类保函(credit guarantee)是指银行为那些只有在保函申请人存在违约行为而使其在基础合同项下承担了赔偿责任时，支付行为才发生的经济活动所开立的保函。在这类保函项下，只要委托人没有违反与受益人之间所签订的基础合同，保函下的支付就不会发生。信用类保函通常包括投标保函、履约保函、预付款保函等。

(1) 投标保函(tender guarantee/bid bond)。投标保函是指在以投标方式成交的国家贸易和劳务承包业务中，投标方为了防止投标者不遵守在投标书中做出的承诺，要求投标人通过其银行出具的一种书面付款保证文件。在投标保函中，担保行保证投标人履行以下职责：①保证在其报价的有效期内不修改原报价、不撤标、不改标；②保证中标后按投标文件的规定在一定时间内与招标人签订合同，并按招标人规定的日期提交履约保函；③如投标人未履行上述责任和义务，在开标前撤回投标，或中标后不履约，招标人有权凭保函向银行索赔，索赔金额通常为招标报价的1%～5%。

(2) 履约保函(performance guarantee)。履约保函是指银行应供货方或劳务承包人的请求向买主或业主所开立的保证委托人履行某项合同项下义务的书面保证文件。如果在保函等有效期内委托人未能按合约的规定发运货物、提供劳务或完成工程及其他义务，则受益人有权要求担保行给予赔偿。在进出口业务中，履约保函通常用来保证出口方履行贸易合同项下的交货义务。在国际招标中，招标人通常要求中标人签订合同后，必须提供一份履约保函，以保证中标人能履行合同规定的责任和义务。

(3) 预付款保函(advance payment、repayment guarantee)，又称还款保函或定金保函。在金额较大的国际承包工程项目中，一般在签订项目承包合同后，承包商通常要求工程业主按合同规定预付部分款项，用于购买有关的物资。工程业主为防止承包商收款后不履行合同的义务，要求承包商提交由银行出具的保函，目的在于保证一旦承包商违约或未按规定使用预付款，担保行将给予赔偿。这种保函就是预付款保函。目前，国际劳务承包市场上常见的工程预付款金额一般为合同金额的10%～25%，预付款保函的担保金额不应超过承包商收到的工程预付款总额。保函中应规定，在承包商收到有关的预付款后保函才生效。此类保函等有效期为业主从支付给承包商的工程款中扣完该笔预付款为止。

预付款保函不仅用于承包工程项目中，还广泛用于一般性的进出口交易中。在进出口贸易中，买卖双方签订合同之后，出口商为了确保进口商一定买货物，经常要求进口商支付合同金额一定比例的货款作为定金；而进口商担心在支付了定金后不能收到符合合同的货物,因此在支付该笔定金时要求出口商提供一份由银行出具的保函,保证一旦出口商不履行合约或未能按合约的规定发货时,出口商或担保行一定将这部分定金及相应利息退还给进口商。

(4) 质量保函和维修保函(quality/maintenance guarantee)。质量保函和维修保函是指担保行应卖方或承包商的请求就合同标的物的质量所出具的一种保函,旨在保证供货方所提供的货物在承包方所承建的工程项目在规定的时间内符合合同所规定的规格和质量标准。如果在规定的时期内发现货物的质量或工程的质量与合同规定不符,而供货方或承建人又不愿意或不予以更换、维修或补偿损失,则买方或业主有权依据保函向担保行要求赔偿。

质量保函和维修保函都是对履约责任者在合同标的物的质量保证期内合同义务的履行所做的担保,其数额通常与履约保函等金额相同,为合同总价的5%～10%不等。但两者也存在差异:质量保函是对货物的质量所做的担保,通常用于大型机械设备、飞机、船舶等交易中;而维修保函则往往是对工程项目的质量所做的担保,主要用于国际工程承包项目中。

七、银行保函的业务流程

一笔银行保函业务的基本程序大致有以下几个环节:委托人(申请人)向担保人申请开立保函、担保行审查后开出保函、受益人凭保函索赔、担保行对申请人或反担保人追索、保函注销。

(一) 委托人申请开立保函

委托人向银行申请开立保函时,须填写保函申请书和与担保行签订委托担保协议书、提交保证金、抵押物权属证明、反担保,以及有关的业务参考文件。

▶ 1. 保函申请书

需银行提供保函时,申请人应提前向担保人提出申请(预留银行的审查和处理时间),并填写书面的《开立保函申请书》,申请书的格式是银行印就的。该申请书是担保银行与申请人之间的契约,也是银行对外开立保函的法律依据。保函申请书一般应包括以下内容:

(1) 申请人的名称、地址。

(2) 受益人的名称、地址。

(3) 保函的类别。

(4) 保函的金额、币别。

(5) 与保函有关的协议,如投标文件或合同等的名称、日期及号码等。

(6) 有关商品或工程的名称、数量等。

(7) 保函的开立方式。

(8) 保函的有效期。

(9) 申请人的责任保证,即当保函的受益人按保函规定的条件向担保行提出索赔时,申请人要对担保行进行偿付,并注明偿付的方法。

(10) 申请人必须声明担保行的免责事项,即担保行只处理保函所规定的单据和证明,而对其所涉及的合同项下的货物不负责；并且对单据、文件或证明的真伪及在邮递中可能出现的遗失和延误等不负责；对发出的要求通知、转开、保兑的指示未被执行而造成的损失也不负责。

（11）申请人的联系电话、开户银行及账号等。

（12）申请书附件的名称及件数。

申请书必须经申请人的法人代表签字并加盖公章。保函申请书的格式多种多样，如图 6-1 所示。

开立保函申请书

××银行：

_____（以下称申请人）根据_____合同/标书的规定，兹向贵行申请你行开立金额为_____不可撤销、不可转让的_____担保函，担保效期从_____起至_____止。

贷款证编号：_____

受益人名称地址：_____

通知行/转开行：_____

开立方式：信开/电开　　保函种类：_____

申请人就申请开立上述保函向贵行做如下保证和说明：

一、申请人将按贵行规定提供贵行可接受的反担保及贵行要求的其他文件。

二、请贵行参照所附保函格式开立保函，因保函条款而产生的一切风险由申请人承担。

三、在保函有效期内，如受益人按保函条款规定，要求贵行履行保函项下偿付义务，经贵行审核索偿文件/单据后认为符合保函规定时，贵行可立即借记申请人在贵行开立的账户以履行付款责任，申请人对你行为履行担保义务而主动借记申请人账户的行为无任何异议，并放弃一切抗辩权和追索权。

四、申请人保证向贵行支付该保函项下索赔款项、迟付利息、贵行及国外受托行的手续费及其他一切费用(包括电讯费、邮费、印花税等)，上述款项你行也可主动借记申请人在贵行开立的账户。

五、申请人无条件地同意贵行按有关规定和国际惯例办理保函项下的一切事宜，并由申请人承担由此产生的一切责任和风险。

本申请书为我司与贵行签署的_____协议不可分割的一部分。

申请人名称：

（申请人签章）

地址：

法定代表人签字：

联系人：

电话：

传真：

开户行及账号：

图 6-1　开立保函申请书

2. 交付保证金或提供抵押物或反担保

担保人为降低风险,有权要求申请人提供足够的保证金或提供不动产作为抵押物,否则,需提供反担保。

3. 其他有关文件

申请人在提交保函申请书的同时,还应提供项目的有关批准文件、合同副本、反担保文件等,送交担保人审查。

(二) 担保人审查及开立保函

银行在开出保函前通常要认真审查委托人的资格、保函申请书及委托担保协议书、有关的业务文件如合同标书、抵押或其他反担保文件等。

1. 担保行审查

银行在接到保函申请书后,要进行多方面的审查,方可决定是否接受委托人的申请开出保函。重点审查的项目如下。

(1) 对抵押物或反担保的审查,若是以实物抵押,应了解抵押物(包括动产或不动产)的所有权、可转让性及实际价值;反担保人必须具备资格,拥有足够的资金。

(2) 对项目可行性分析和效益的审查,如审查申请人的履约能力、资信状况、经营作风,受益人的信誉、资本情况、经营管理能力或履约能力,项目的先进性,项目所需资金的来源,项目的投入产出、价格、成本及行情等。

(3) 对申请书的审查,即结合有关的合同、标书等的要求审查申请书的有关内容。

(4) 有关责任条款是否明确。

(5) 审查保函格式,当保函的相关格式与内容是由受益人提供和指定时,要注意是否存在无理、不利条款,否则,要建议申请人与受益人商议修改。

2. 担保行开立保函

担保行应根据申请人的要求以直开或转开的形式出具保函。

1) 直开

直开是指担保行应委托人的申请,直接向合同的对方(作为受益人)开立的承担赔偿或偿付责任的保函。在这种开立方式下,当事人只有委托人、受益人、担保行三方。担保行开出保函后,可采取直交或转递两种传递方式转交给受益人。直交是由担保银行直接交给受益人或由委托人交给受益人,而转递是通过受益人所在地的某代理银行(作为通知行)交给受益人。

由于担保行直接向受益人承担担保责任,所以直开形式出具的保函通常也被称为直接保函。

2) 转开

由于有的国家规定不接受国外银行的保函或受益人只接受本国银行出具的保函,所以派生了转开形式出具的保函。

转开是指委托人所在地的往来银行并不直接向受益人开具保函,而是"指示"受益人所在地的银行(作为担保行)凭其反担保向受益人开立保函(所以称该委托人所在地的往来银行为指示行),对受益人承担赔偿或偿付责任。由于该保函由受益人所在地的银行开出(与直开不同),所以转开形式出具的保函通常也被称为间接保函。

间接保函的受益人只能向担保人提出索赔,而不能越过担保人向指示行(作为反担人)提出索赔;指示行(作为反担保人)同样也只对担保人承担责任,而不直接对受益人承担责任。

间接保函有四个当事人:委托人、指示行(作为反担保人)、担保行和受益人。为了保证保函自身没有瑕疵和以后引起不必要的纠纷,确保委托人、受益人和担保行都无异议,保函的正式文本需要经过基本当事人的认可,再由担保行签署生效。

(三) 受益人凭保函要求偿付或索赔

担保行履行偿付或索赔责任的依据是受益人须在保函规定的失效日期或失效事件前提交书面形式的索赔文件(包括保函中规定的单据)和书面声明(包括委托人未能履行合同的第三方证明文件——未付款、未履约、毁约、延迟履约等)。

按照 URDG458,担保人独立承担第一性的偿付责任,根据受益人提交的符合保函规定的索赔文件,担保人享有在合理时间内审核保函项下索赔书及单据的权利,以决定是否向受益人偿付或赔偿,若担保人审核单据无误,应向受益人偿付(不超过保函金额)。如果担保人决定拒绝索赔要求时,应立即用电讯方式或其他快捷方式将拒绝付款理由通知受益人,并保存保函项下提交的所有单据听候受益人处理。当受益人在收到拒付通知后,发现拒付仅仅是由于单据不符引起的,受益人还可以在保函的有效期内重新提交更正后的相符单据再次进行索偿。

(四) 担保人对委托人或反担保人的追索

担保人在向受益人履行赔付后,应取得代位追偿权(subrogation),并将受益人的索赔书和相关单据转交给委托人或反担保人,凭以向委托人或反担保人索取赔偿;担保人根据担保申请书向委托人索赔或担保人根据反担保协议向反担保人索赔。

在直接保函中,担保人将单据转递给委托人;在间接保函中,担保人必须将单据转递给指示行,再由指示行将单据转递给委托人。

(五) 保函的注销

一般,保函在下列情况下可以撤销:保函的效期到期、合同终结、委托人履约、受益人退回保函正本、受益人签章放弃保函项下的一切权利、保函项下担保余额的全部支付。此后,担保行将不再对任何索赔承担责任,担保行的担保责任即可解除,保函也随之被自动注销,而不必另行通知。一般,担保行会要求受益人交回保函的正本。

注意:约旦、巴基斯坦、泰国等国的法律规定,保函到期后的规定时间内(如 3~5 年不等),只要受益人提出赔偿,担保人仍有义务受理并付款。

拓展案例

保函业务中的欺诈条款

保函业务中也常常会发生欺诈。例如,在某公司 100 万美元的服装来料加工贸易合约中,来料的外方要求加工的我方出具 10 万美元的履约保函,保证来料加工的质量、交货期。但是在开到的保函中却没有列举对于进料的质量如何验收,而且验货需要由来料的外方派员验收。显然因为来料的质量会影响服装的质量,外方来员验货会影响交货期。一旦来料的到货时间、到货的质量,以及外方来员验货延误或不签发质检验证书,外方都可以凭保函向担保人索赔,增加了我方和担保银行的风险。

第二节 备用信用证

备用信用证(standby L/C)简称备用证,起源于美国的19世纪晚期,根据《美国联邦银行法》:无论是在联邦还是在各州注册的银行均不得开立保函、禁止参与担保业务,各种保函只能由作为准金融机构的担保公司出具。而世界上其他各国的商业银行却没有这一限制,为了满足储户的需求、招揽担保一类的银行业务、与担保公司和他国银行展开竞争,同时还要避开法律的限制,聪明的美国银行家们采取了一种变通的做法,开立实际上具有保函性质的备用信用证,以备用信用证代替保函。

最初,备用信用证的使用范围仅限于美国商业银行为国内的客户提供担保。"二战"后,随着国际贸易的迅速发展、国际经贸活动的规模扩大、交易方式的逐步多样化,出现交易的金额大、交易的期限长、交易的程序复杂、涉及的问题广泛,为了保证交易的顺利进行,当事人常常需要银行的介入。这就使备用信用证的使用范围越来越广、使用数量也逐渐增多。此后,在美国及美国以外的国家有了较快的发展,并逐步发展成为广泛使用的、具有银行信用的结算方式。

今天,备用信用证除了起到担保的商业用途外,还在很大程度上用于国际结算甚至资金融通,特别是项目融资。备用信用证成为集国际结算、担保、融资为一体的多功能金融产品,因其用途广泛及运作灵活,在国际商务活动中得以普遍应用,但目前在我国应用还不多。

一、备用信用证的定义

根据美联储的定义:备用信用证是代表开证行对受益人承担一项义务的凭证,在此凭证中,开证行承诺偿还开证委托人的借款或对开证委托人的放款,或在开证委托人未能履约时保证为其支付。

备用信用证是指银行根据合约一方当事人(申请人)的要求而向另一方当事人(受益人)所出具的、目的在于保证委托人履行某种义务,并在其"未履约"时,凭受益人所提交的(表面上单单一致、单证一致)单据或文件,代委托人向受益人做出支付一定金额的付款保证的书面承诺。

可以看出,备用信用证完全是与保函一样的定义,所以有人将备用信用证称为担保信用证,也有人称为"具有信用证形式的银行保函"或"具有银行保函性质的信用证"。

二、与备用信用证有关的国际惯例、公约

ICC 在 1984 年颁布实施的出版物 UCP400 中,将备用信用证第一次列入信用证的范围。1993 年颁布实施的出版物 UCP500 中又进一步明确指出:跟单信用证包括在其适用范围的备用信用证。跟单信用证和备用信用证统称为信用证,甚至连 UCP600 也规定在其可适用的范围内包括备用信用证。

由于备用信用证又具有保函的功能,所以备用信用证也一直适用于 ICC 在 1992 年颁

布的出版物《见索即付统一规则》。URDG458 指出：备用信用证在技术上可属本规则范围之内，开立者如为方便起见，也可规定适用本规则。

联合国于 1995 年 12 月 11 日颁布，并于 2000 年 1 月 1 日开始实施的《独立性保函和备用信用证的联合国公约》（简称《保函与备用证公约》）是管辖独立保函和备用信用证的国际公约。

然而，在很多方面 UCP 和 URDG 并未对备用信用证做出具体的规定，这两个国际惯例中都只有部分内容适用于备用信用证，加之各国相关法律的差异，备用信用证在实际应用时出现了很多问题。因此，ICC 在 1998 年颁布了第 590 号出版物《国际备用证惯例》（international standby practice，ISP98），于 1999 年 1 月 1 日开始实施。ISP98 是在参照 UCP500 和 URDG458 的基础上，结合备用信用证的特点而专门制定的，对 UCP500 和 URDG458 中单独对于备用证未加说明的、说明不完善的、容易混淆的事项等都进行了解释、补充、修改、规定，而成为备用证的国际惯例，其颁布与实施统一了备用信用证的定义、操作和赖以遵循的规则，有利于减少与避免使用备用信用证时可能产生的纠纷，推动了备用信用证的使用和发展。

备用信用证遵循国际惯例的优先顺序首先是 ISP98，其次是 UCP600，最后才是 URDG458（虽然备用信用证具有保函性质）。

三、备用信用证的性质

备用信用证一方面具有跟单信用证的性质，另一方面又具有保函的性质，备用信用证是银行信用，具有独立性、单据性的特征。

（一）不可撤销性（irrevocable）

备用信用证一经开立，除非有关当事人同意或备用信用证内另有规定，开证人不得撤销或修改其在该备用信用证项下的义务。

（二）独立性（independent）

备用信用证一经开立，即作为一种自足文件而独立存在，其既独立于赖以开立的申请人与受益人之间的基础交易合约，又独立于申请人和开证人之间的开证契约关系。基础交易合约对备用信用证无任何法律约束力，开证人完全不介入基础交易的履约状况，其义务完全取决于备用信用证条款和受益人提交的单据是否表面上符合这些条款的规定。

（三）单据性（documentary）

备用信用证亦有单据要求，并且开证人付款义务的履行与否取决于受益人提交的单据是否符合备用信用证的要求。备用信用证的跟单性质和商业信用证不同，后者主要用于国际贸易货款结算，其项下的单据以汇票和货运单据为主，而备用信用证则更普遍地用于国际商务担保，通常只要求受益人提交汇票以及声明申请人违约的证明文件等非货运单据。

（四）强制性（enforceable）

不论备用信用证的开立是否由申请人授权，开证人是否收取了费用，受益人是否收到该备用信用证，只要其一经开立，即对开证人具有强制性的约束力。

备用信用证的四个法律性质相辅相成，共同造就了这一金融产品的优异特质："不可撤销性"锁定了开证人的责任义务，进而更有效地保障了受益人的权益；"独立性"传承了信用证和独立性担保的"独立"品格，赋予了其既定的法律属性；"单据性"则将开证人的义务限定于"凭单"原则的基准之上,有益于"独立性"的实施;"强制性"则是对开证人义务履行的严格规范,它与"不可撤销性"的融合充分体现了开证人责任义务的约束性和严肃性,有助于杜绝非正常因素的干扰。基于这些法律性质,备用信用证融合了跟单信用证和独立性担保的特长,在实践中体现出独特的功能优势。

四、备用信用证的业务流程

备用信用证的业务流程与跟单信用证的业务流程(作为商业备用信用证使用时)和保函的业务流程(作为违约付款备用信用证使用时)大体相同,如图6-2所示。

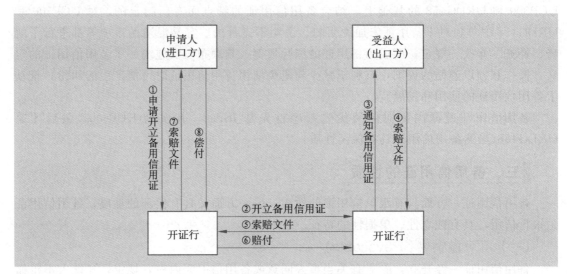

图6-2 备用信用证的业务流程

(1) 开证申请人向开证人申请开立备用信用证。

(2) 开证人严格审核开证申请人的资信能力、财务状况、交易项目的可行性与效益等事项,若同意受理,即开出备用信用证,并通过通知行将该备用信用证通知给受益人。

(3) 若开证申请人按照基础交易合同履行了义务,开证人不必因开出备用信用证而必须履行付款义务,其担保责任于信用证有效期满而解除。若开证申请人未能履约,备用信用证将发挥其支付担保功能。

(4) 开证人审核并确认相关索赔文件符合备用信用证规定后,必须无条件地向受益人付款,履行其担保义务。

(5) 开证人对外付款后,向开证申请人索偿垫付的款项,后者有义务予以偿还。

五、备用信用证的种类

备用信用证用途广泛、方便灵活,提供商业单据与否均可,付款与担保功能兼而有之,可成为跟单信用证和银行保函的替代结算方式。根据ISP98的划分,常用的备用信用证种类有直接付款备用证、投标备用证、履约备用证、预付款备用证、质量和维修备用证、借款备用证、保险备用证、反担保备用证等担保类备用证,还有融资备用证、商业备用证等类别。

（一）直接付款备用信用证

直接付款备用信用证(direct payment standby)一般用于担保到期付款，尤指到期没有任何违约时支付本金和利息，其已经突破了备用信用证备而不用的传统担保性质，主要用于担保企业发行债券或订立债务契约时的到期支付本息义务。

（二）投标备用信用证

投标备用信用证(tender bond standby)一般用于担保申请人中标后执行合同义务和责任，若投标人未能履行合同，开证人必须按备用信用证的规定向受益人履行赔款义务。投标备用信用证的金额一般为投保报价的1‰～5‰（具体比例视招标文件规定而定）。

（三）履约保证备用信用证

履约保证备用信用证(performance standby)是指支持一项除支付金钱以外的义务的履行，包括对由于申请人在基础交易中违约所致损失的赔偿而开立的备用信用证。

（四）预付款保证备用信用证

预付款保证备用信用证(advance payment standby)是指用于担保申请人对受益人的预付款所应承担的义务和责任而开立的备用信用证。这种备用信用证通常用于国际工程承包项目中业主向承包人支付的合同总价10％～25％的工程预付款，以及进出口贸易中进口商向出口商支付的预付款。

（五）保险备用信用证

保险备用信用证(insurance standby)是指支持申请人的保险或再保险义务而开立的备用信用证。

（六）反担保备用信用证

反担保备用信用证(counter standby)亦称对开备用信用证，它支持反担保备用信用证受益人所开立的另外的备用信用证或其他承诺。

（七）融资保证备用信用证

融资保证备用信用证(financial standby)是指支持付款义务，包括对借款的偿还义务的任何证明性文件。目前，外商投资企业用以抵押人民币贷款的备用信用证就属于融资保证备用信用证。

（八）商业备用信用证

商业备用信用证(commercial standby)是指如不能以其他方式付款时，为申请人对货物或服务的付款义务进行保证的备用信用证。

六、银行保函、备用信用证与跟单信用证的比较

银行保函、备用信用证与跟单信用证的比较如表6-1所示。

表6-1　银行保函、备用信用证与跟单信用证的比较

项　　目	银行保函	备用信用证	跟单信用证
是否是自足性文件	从属性保函：否 独立性保函：是	是	是
银行处理的对象	单据，非不履约的事实	单据，非不履约的事实	单据，非货物

续表

项　目	银行保函	备用信用证	跟单信用证
何时使用	委托人不履行义务的情况下付款	申请人不履行义务的情况下付款	受益人履行义务的情况下付款
银行的付款特性	或然性（备用性）	或然性（备用性）	必然性
银行的付款责任	从属性保函：第二性付款责任 独立性保函：第一性付款责任	第一性付款责任	第一性付款责任
遵循的国际惯例	从属性保函：URCG325 独立性保函：URDG458	ISP98	UCP600

思考与练习

一、思考题

1. 简述银行保函的概念及其与合同之间的关系。
2. 银行保函的种类有哪些？
3. 备用信用证的概念是什么？其适用的国际惯例有哪些？
4. 备用信用证的种类有哪些？
5. 试对比备用信用证、银行保函、跟单信用证之间的异同。

二、选择题

1. 开立保函申请书是（　　）代表了一定的法律义务和责任划分的书面文件。

　　A. 申请人与担保行之间　　　　　　　B. 申请人与通知行之间

　　C. 申请人与受益人之间　　　　　　　D. 担保行与转递行之间

2. 以下不属于申请人的主要责任是（　　）。

　　A. 严格按照合同的规定履行自己的义务，避免保函项下发生索偿和赔偿

　　B. 索偿时应按保函规定提交符合要求的索偿证明或有关单据

　　C. 承担保函项下的一切费用和利息

　　D. 在担保行认为必要时，预支担保保证金，提供反担保

3. 卖方或承包方（申请人）委托银行向买方或业主（受益人）出具的，在不能履约时保证退还与预付款等额的款项，或相当于合约尚未履行部分相应比例的预付金款项的保函，称为（　　）。

　　A. 维修保函　　　　　　　　　　　　B. 履约保函

　　C. 保留金保函　　　　　　　　　　　D. 预付款保函

4. 提货保函的受益人为（　　）。

　　A. 银行　　　　　B. 出口商　　　　　C. 船公司　　　　　D. 进口商

5. 以下不属于银行保函和跟单信用证相同点的是（　　）。

　　A. 两者都是由银行做出的承诺

　　B. 两者形式相似

C. 两者都是单据化业务
D. 银行对单据的审核和责任都仅限于表面相符

6. 在（　　）中，担保人的偿付责任从属于或依附于申请人在交易合同项下的义务。申请人是否违约要根据基础合同的规定以及实际履行情况来做出判断，这往往使银行因卷入买卖双方的贸易纠纷而进退两难。

　　A. 从属性保函　　　　　　　　　　B. 独立性保
　　C. 付款保函　　　　　　　　　　　D. 透支保函

7. 保函项下担保权益的享受者，也就是有权按保函规定通过提交某种单据或声明向担保行索取款项的人，是保函的（　　）。

　　A. 申请人　　　　　　　　　　　　B. 担保行
　　C. 受益人　　　　　　　　　　　　D. 反担保行

8. （　　）的情况下，往往不需要保兑行。

　　A. 担保行信誉、资金实力较差　　　B. 申请人信誉、资金实力较差
　　C. 担保行处于外汇紧缺的国家　　　D. 担保行处于政治经济局势动荡的国家

9. 投标保函的申请人是（　　）。

　　A. 招标国政府　　　　　　　　　　B. 招标人
　　C. 投标人　　　　　　　　　　　　D. 中标人

10. 下列不属于进口类保函的是（　　）。

　　A. 付款保函　　　　　　　　　　　B. 租赁保函
　　C. 提货保函　　　　　　　　　　　D. 质量保函

三、案例分析题

1. 某个备用信用证规定受益人支付货款时必须提交一份有关申请人未能在2015年8月至11月间交货的违约声明，但该备用信用证的有效期为2015年10月31日。受益人于2015年11月15日向开证行提交违约声明时遭到拒付。

　　请分析受益人遭到拒付的原因及教训。

2. 广州某企业出口产品时，应外商要求向银行申请了履约保函并提交给客户。保函中约定：如果出口企业不完全履行合同则由银行承担连带责任；保函过期后，由客户退回保函，银行才释放申请银行保函的保证金于出口企业。保函同时约定，与保函有关的一切纠纷由银行所在地法院管辖。现在，合同已履行完成70%，尚有30%未履行完毕，出口产品为机器设备，需要调试，在调试过程中出现纠纷。由于保函已过期5个多月，出口企业要求国外客户退回用以办理释放押在银行的保证金。国外客户以尚未完全履行合同为由拒绝了出口企业的要求。

　　请根据履约保函的要求分析出口企业应该如何处理此事。

第七章 国际结算中的单据

本章学习要点

- 掌握单据的概念、种类和作用；
- 掌握单据审核的基本要求；
- 熟悉商业发票、海运提单、保险单据的种类和审核要求；
- 了解其他单据的种类和审核要求。

导入案例

A公司是一家棉花出口公司，使用该公司原始信纸的同一个文件格式缮制装箱单、重量单以及经认证的重量单。B银行为议付行。A公司在货物装船后，凭全套单据向B银行申请议付时，B银行声称有以下不符点：

(1) 即使实际重量单是正本，也必须加盖正本章。

(2) 尽管信用证没有要求经过签字的单据，装箱单和重量单还是应该在单据指定位置签字，理由是：既然留有签字的位置，这份单据就应该签字。而A公司仅在要求提交经过证实的重量单时才在这一位置上签字。

分析：按照UCP600第十七条的规定，除非单据本身另有说明，单据看似使用出单人的原始信纸出具，银行也将视其为正本单据。因此，本案中的重量单应视为正本，而无需加盖正本章。即使信用证没有要求，汇票、证明和声明自身的性质决定其必须有签字。运输单据和保险单据也必须根据UCP600的规定予以签署。否则，除非单据本身的性质或信用证另有规定，单据均无须签字。

另外，单据上有专供签字的方框或空格，并不必然意味着这一方框或空格必须有签字。如果单据表面要求签字才能生效，则必须签字。然而，为了避免可能出现的混淆，当信用证未明确要求单据必须加具签字时，单据不应含有签字栏目。

第一节 单据概述

一、单据的概念和种类

单据是出口商根据信用证规定备妥并提交的，代表货物所有权、索赔权或收款权，以及对货物情况进行说明的文件。国际商会在 URC522 中将单据划分为金融单据（financial documents）和商业单据（commercial documents）。金融单据是指汇票、本票、支票或其他类似的可用于取得款项支付的凭证，商业单据是指发票、运输单据、所有权单据或其他类似的单据，或者不属于金融单据的任何其他单据。

不同单据的作用不同。商业发票是货物情况说明的总清单；海运提单代表货物所有权，进口商可以凭它到轮船公司提货；保险单据代表货物已经投保，被保险人在遭受损失时拥有索赔权的依据；汇票是收款的凭证；各种检验证书则分别对货物的原产地、质量、数量等情况进行说明。单据自出口商制作或取得后交给进口商，单据是否合格成为检验出口商是否履约和进口商、银行是否应该付款的重要依据。

汇款业务中出口商直接向进口商交单，托收业务和信用证业务中出口商通过银行完成向进口商的交单。托收业务下银行不提供信用，银行无须对单据进行审核。信用证业务下，银行仅在出口商提交合格单据时才履行付款责任，单据的审核成为信用证业务下银行的一项重要工作。因此，本章主要围绕信用证业务下的单据及其单据审核展开。

单据一般分为基本单据和附属单据两大类，如图 7-1 所示。基本单据是指根据货物成

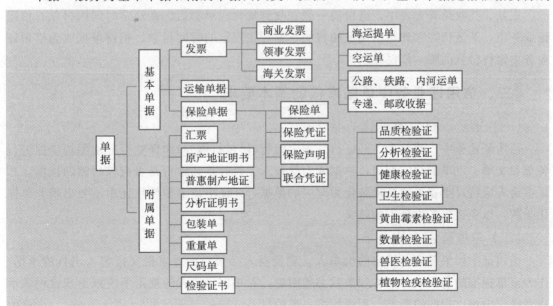

图 7-1 单据的分类

交的贸易条件所确定的，必须由出口方提供的单据，包括发票、运输单据和保险单据。附属单据是指根据贸易合同约定或者信用证条款中的要求和规定，必须向进口方或授权付款银行提供的，除基本单据外的其他单据。商业发票是全套单据的中心单据。运输单据中以海运提单居多，作为一种物权凭证，海运提单是银行审单中的重点。如果受益人提交了空运单、铁路运单等其他运输单据，银行审单时可参照海运提单审核要点来把握。受益人是否需提交保险单据，应视价格条件而定。如 CIF 价格条件下由卖方投保，须提交保险单据，FOB 价格条件下由买方投保，无须提交保险单据。是否需提交汇票视信用证的付款方式而定，承兑信用证必须提交汇票，延期付款信用证不需要汇票，即期付款和议付信用证可带汇票也可不带汇票，但是如果信用证对汇票有要求，则受益人需按信用证要求提交汇票。

二、单据的作用

（一）单据是货物所有权的证明

在国际贸易结算中，卖方交付代表货物所有权的海运提单就代表交付了货物，买方取得海运提单则代表收到了货物。实务中，持单人可以物权单据为质押到银行申请融资。

（二）单据是出口商履约的证明

在国际贸易中，"推定交货"取代了"实物交货"，出口商通过提交合格的单据证明其履行了按期、按质、按量交货的义务。如已装船提单上的签发日是判断出口商是否按期发货的依据，质量单和重量单上所列的货物情况是判断出口商是否按质、按量发货的依据。单据的使用使国际贸易结算中的"一手交钱，一手交货"转变成了"一手交钱，一手交单"。

（三）单据是银行付款的依据

汇款、托收结算方式中，进口商一般在收到货物或单据后，在规定时间内付款。信用证业务中，开证行在收到与信用证相符的单据后在规定的时间付款，相符单据成为信用证业务中银行付款的唯一依据。

三、信用证业务中单据审核的基本要求

（一）指示、行为单据化的要求

信用证业务中，受益人、开证行、指定银行（偿付行例外）和保兑行分别围绕单据进行备单和交单、审单的相应处理，单据成为受益人能否收款和银行是否应该付款的依据。开证申请人应将对受益人的要求转化为对应的单据，开证申请书和信用证中不要出现非单据化条款，以免造成各方处理的歧义。

（二）单据签发人的要求

信用证中如果规定了指定的出单人，则受益人必须根据要求提交指定人出具的单据。作为审单标准的信用证，其各项条款必须明确，对单据出单人的规定不应该出现含糊表示或者操作中难以把握的要求。用诸如第一流的（first class）、著名的（well known）、合格的（qualified）、独立的（independent）、正式的（official）、有资格的（competent）或本地的

(local)等词语描述单据的出单人时，允许除受益人之外的任何人出具该单据。

（三）正副本单据的要求

受益人应按照信用证规定，提交相应的正本单据或副本单据。任何带有看似有出单人的原始签名、标记、印戳或标签的单据，或者单据看似由出单人手写、打字、穿孔或盖章，或者单据看似使用出单人的原始信纸出具，都可视为正本单据。正本单据上可以有"正本"(original)字样，也可以不需注明"正本"字样。信用证中一般要求受益人提交的海运提单和保险单据都为正本单据。信用证要求提交单据的副本时，提交正本或副本均可被接受。

（四）出单日期的要求

一般来说，单据应该在信用证开立后至最迟交单期和有效期前被出具。实务中，受益人可以在收到信用证前先发货并缮制商业发票，故商业发票签发日可以早于信用证开证日期。保险单据开立日期不得晚于提单上货物装运日期，提单上的装运日期不得晚于信用证中规定的最迟装运期。在议付信用证中，受益人一般于议付当天在银行柜台开立汇票，汇票出票日为议付日。

（五）交单时间的要求

受益人应在信用证规定的货物装运后一定时间内向指定银行交单。如果信用证中未规定交单日，则受益人应在货物发运日之后的21个日历日内交单，但是在任何情况下都不得迟于信用证的有效期。银行在其营业时间外无接受交单的义务。

（六）审单时间的要求

开证行、指定银行和保兑行应从收到单据后次日起算五个银行工作日审核完单据，以明确单据相符而付款抑或单据不符而拒付。如果审单银行未在规定的时间内审核完单据，则视为默认单据相符，应该履行付款责任。

（七）审单的依据和方法

银行审单时应根据信用证条款、UCP600和ISBP745来审核单据，并应仅基于单据本身确定其是否在表面上构成相符交单。

银行审单时按照纵横审单法对单据进行审核，以判断单据是否做到"单证一致，单单一致"。首先，银行应以信用证条款为依据，审核各种单据上的内容是否与信用证一致，即是否"单证一致"，这叫横向审单。其次，银行应以商业发票为中心，审核单据之间共有的项目或相关的项目是否一致，即是否"单单一致"，这叫纵向审单。

表 7-1　UCP600 有关单据审核的基本原则和要求

项目	UCP600	要求
指示行为单据化	第五条	银行处理的是单据，而不是单据可能涉及的货物、服务或履约行为
	第十四条 g 款	提交的非信用证所要求的单据将被不予理会，并可被退还给交单人
	第十四条 h 款	如果信用证含有一项条件，但未规定用以表明该条件得到满足的单据，银行将视为未作规定并不予理会

续表

项目	UCP600	要　　求
签发人	第三条	用诸如"第一流的""著名的""合格的""独立的""正式的""有资格的"或"本地的"等词语描述单据的出单人时,允许除受益人之外的任何人出具该单据
正副本单据	第十七条 b 款	银行应将任何带有看似出单人的原始签名、标记、印戳或标签的单据视为正本单据,除非单据本身表明其非正本
	第十七条 c 款	除非单据本身另有说明,在以下情况下,银行也将其视为正本单据: ① 单据看似由出单人手写、打字、穿孔或盖章;或者 ② 单据看似使用出单人的原始信纸出具;或者 ③ 单据声明其为正本单据,除非该声明看似不适用于提交的单据
	第十七条 d 款	假如信用证要求提交单据的副本,提交正本或副本均可
	第十七条 e 款	假如信用证使用诸如"一式两份""两份""两套"等用语要求提交多份单据,则提交至少一份正本,其余使用副本即可满足要求,除非单据本身另有说明
	第三条	单据签字可用手签、摹样签字、穿孔签字、印戳、符合或任何其他机械或电子的证实方法为之
	第十四条 i 款	单据日期可以早于信用证的开立日期,但不得晚于交单日期
	第二十条 e 款	保险单据日期不得晚于发运日期,除非保险单据表明保险责任不迟于发运日生效
	第一条	《跟单信用证统一惯例——2007 年修订本,国际商会第 600 号出版物》(简称 UCP)乃一套规则,适用于所有的其文本中明确表明受本惯例约束的跟单信用证(下称信用证)(在其可适用的范围内,包括备用信用证)。除非信用证明确修改或排除,本惯例各条文对信用证所有当事人均具有约束力
	第十四条 a 款	按指定行事的指定银行、保兑行(如果有的话)及开证行须审核交单,并仅基于单据本身确定其是否在表面上构成相符交单
	第六条 d 款	信用证必须定一个交单的截止日。规定的承付或议付的截止日将被视为交单的截止日
	第十四条 c 款	假如单据中包含一份或多份受第十九、二十、二十一、二十二、二十三、二十四或二十五条规制的正本运输单据,则须由受益人或其代表在不迟于本惯例所指的发运日之后的 21 个日历内交单,但是在任何情况下都不得迟于信用证的截止日
	第三十三条	银行在其营业时间外无接受交单的义务

拓展案例

A 公司对英国出口一批货物，国外开来信用证中对发票只规定：Commercial Invoice in duplicate。A 公司交单后被拒付，理由是商业发票上的受益人漏签字盖章。A 公司经检查发现的确漏签字盖章，立即补寄签字完整的发票。但此时信用证已过期，故又遭拒付。A 公司与买方再三交涉，最后以降价处理才收回货款。本案中的拒付有无理由？为什么？本案中 A 公司的处理是否妥当？为什么？

分析：拒付无理由。根据 UCP600，若信用证没有规定，商业发票不需签署。A 公司处理不妥，应根据 UCP600 向对方解释单据并不存在不符点。

第二节 商业发票

一、商业发票概述

（一）商业发票的概念

商业发票（commercial invoice）亦称发票（invoice），是卖方向买方开立的商品交易清单和向买方索取货款的价目清单。商业发票上详细记载了货物名称、规格、数量、单价、总价等反映商品交易的详细内容，是卖方必须提供的主要单据。

商业发票不仅是买卖双方交易的证明文件，同时也是买方记账、进口报关、海关统计和报关纳税的依据。在卖方不开立汇票的时候，发票还可以替代汇票作为付款依据。如果发生保险索赔，发票还可以作为货物价值的证明文件。此外，商业发票还是银行"单单一致"审核中的中心单据。

（二）商业发票的内容

各国进出口商所使用的商业发票没有统一的标准化格式，但主要项目基本相同，如图 7-2 所示。商业发票应具备首文、正文和结文三部分内容。

▶ 1. 首文

首文（heading）部分应列明发票的名称和号码、合同号码和信用证号码、出票日期和地点、运输工具、装货地点和卸货地点、发货人和收货人等内容。

▶ 2. 正文

正文（body）部分主要包括商品名称和唛头、货物数量和规格、单价和总价、包装方法、毛重或净重等内容。

▶ 3. 结文

结文（complementary）部分包括信用证中加注的特别条款或文句、发票出票人的落款和签字。

ISSUER WENSLI GROUP. #309 JICHANG RD,HANGZHOU,CHINA TEL:86-25-4729178 FAX:82-25-4715619		商业发票 COMMERCIAL INVOICE		
TO N.E.ORIENTAL TRADING CO.LTD. P.O. BOX 12345 CODE 55400 T-3456789 RIYADH KINGDOM OF SAUDI ARABIA		NO. 2010SDT001		DATE 2010.10.11
TRANSPORT DETAILS SHIPMENT FROM SHANGHAI TO DAMMAM PORT BY SEA		S/C NO. NEO2010/026		L/C NO. DES505606
		TERMS OF PAYMENT L/C AT SIGHT		
Marks and Numbers	Number and kind of package Description of goods	Quantity	Unit Price USD	Amount
N.E OT NEO2010/026 DAMMAM PORT B/N 1-600	CFR DAMMAM PORT, SAUDI ARABIA 400 BUNDLES TEXTILE FABRIC 200 BUNDLES LADIES' SUIT	400 BUNDLES 200 BUNDLES	USD120.00 USD50.00	USD58000.00
	Total:600 BUNDLES			USD58000.00

SAY TOTAL:SAY USD FIFTY EIGHT THOUSAND ONLY.
We hereby certify that the contents of invoice herein are ture and correct.

DESUNSOFT TRADING COMPANY

(出口商签字和盖单据章)

WENSLI GROUP.

图 7-2 商 业 发 票

二、商业发票的审核

（一）信用证条款中有关商业发票的要求

信用证单据条款中常见的商业发票要求为"Signed commercial invoice in ____ copies indicating L/C No. and Contract No."（一式____份签字发票，标明信用证号码和合同号码）。

（二）商业发票审核的主要内容

▶ 1. 发票的名称

发票名称必须与信用证要求的一致，应写明商业发票"Commercial Invoice"或发票"Invoice"字样。发票名称中不能有临时发票"Provisional Invoice"或形式发票"Proforma Invoice"等字样。

▶ 2. 出票人

发票的出票人是出口商，必须与信用证上受益人的名称完全一致。可以在发票的信头上直接显示受益人名称也可以在发票的右下角由受益人进行签署。如果信用证未规定受益人提交签字发票，则可以不签字。

▶ 3. 抬头人

发票的抬头人即收货人，必须与信用证上开证申请人名称完全一致。

▶ 4. 发票的日期

发票的日期即发票的签发日期。一般而言，商业发票是全套单据中出具最早的，其日期可以早于信用证开证日期，但不得迟于信用证规定的交单期和有效期。

▶ 5. 唛头

唛头（shipping mark）是运输标志，是为了便于货物在装卸、运输、保管过程中被识别而设置。唛头由进口商名称的缩写、合同号或发票号、目的港、件号几部分组成，通常用一个简单的几何图形和一些字母、数字及简单的文字表示。凡是信用证对唛头有特别规定的，必须逐字按照规定制唛。如果信用证无特别规定，出口商可自行设计唛头或用"no mark"或"N/M"来表示无唛头。

▶ 6. 货物的数量、单价和金额

货物的数量、单价和金额应与信用证保持一致，且信用证金额、发票金额和汇票金额三者应相同。有时由于受益人超载导致商业发票金额大于信用证金额，只要指定银行、保兑行或开证行未对超过信用证允许金额的部分做出承付或者议付，则银行也会接受超额的发票。

如果信用证允许有相应的波动幅度，则发票上显示的货物数量、单价和金额应该在允许波动的幅度范围内。当信用证的货物数量、单价和金额前有"约"或"大约"字样时，则受益人交来发票上相关的数量、单价和金额有不超过10%的增减幅度。当信用证的货物数量、单价和金额前没有"约"或"大约"字样时，则要根据货物数量表示的不同方式采取下面两种不同的处理：①如果信用证未以包装单位件数或货物自身件数规定货物数量时，只要总支取金额不超过信用证金额，则货物数量允许有5%的增减幅度；②如果信用证以包装单位件数或货物自身件数规定货物数量时，则货物数量不允许改变。

▶ 7. 货物的描述

货物描述一般包括货物名称、规格、数量、单价、贸易术语、包装等项目。信用证结算方式中，商业发票中货物的描述应与信用证中的描述一致。如果信用证只规定了货物的总称，发票应照样显示外，还可加列详细的货名，但不得与总称矛盾。如果信用证未规定货物的总称，但列举的货名很详细，则发票应照信用证规定详细列明。

商业发票审核的要点如表7-2所示。

表7-2 商业发票审核的要点

项目	UCP600	要　　求
签发人及签字	第十八条a款	必须看似由受益人出具（第三十八条规定的情形除外）
	第十八条a款	无须签名
抬头人	第十八条a款	必须出具成以申请人为抬头。（第三十八条g款规定的情形除外）

续表

项目	UCP600	要求
货币和金额	第十八条 a 款	必须与信用证的货币相同
	第十八条 b 款	按指定行事的指定银行、保兑行(如有的话)或开证行可以接受金额大于信用证允许金额的商业发票,其决定对有关各方均有约束力,只要该银行对超过信用证允许金额的部分未做承付或者议付
	第三十条 a 款	"约"或"大约"用于信用证金额或信用证规定的数量或单价时,应解释为允许有关金额或数量或单价有不超过10%的增减幅度
	第三十条 b 款	在信用证未以包装单位件数或货物自身件数的方式规定货物数量时,货物数量允许有5%的增减幅度,只要总支取金额不超过信用证金额
	第三十条 c 款	如果信用证规定了货物数量,而该数量已全部发运,及如果信用证规定了单价,而该单价又未降低,或当第三十条 b 款不适用时,则即使不允许部分装运,也允许支取的金额有5%的减幅。若信用证规定有特定的增减幅度或使用第三十条 a 款提到的用语限定数量,则该减幅不适用
	第十八条 c 款	商业发票上的货物、服务或履约行为的描述应该与信用证中的描述一致

三、商业发票审核中常见的不符点

（1）信用证要求签字而未签字。

（2）发票出票人非信用证的受益人。

（3）发票抬头人非信用证的开证申请人。

（4）发票日期迟于信用证的有效期。

（5）价格条件与信用证不符。

（6）单价超出规定的幅度。

（7）发票金额超过信用证金额,或超过其允许的增减额范围。

（8）发票中货物的描述与信用证不符。

（9）发票中所列的装运条件不正确。

（10）信用证禁止分运时,发票做成分批装运。

（11）提交发票的份数不足。

第三节 海运提单

一、海运提单概述

（一）海运提单的概念

海运提单(marine bill of lading/ocean bill of lading, B/L),简称提单,是指由承运人

的船长或船公司或其代理人向托运人签发的，证明收到货物，并将货物运至目的港交付给收货人的凭证。

（二）海运提单的作用

▶ 1. 货物收据（receipt for the goods）

海运提单是承运人确认从托运人处收到货物后签发的证明文件。承运人确认已按提单上所列有关商品的详细情况，收到了托运人提交的货物并装上船，或者收到了货物准备装船。

▶ 2. 运输契约（evidence of contract of carrier）

海运提单背面规定了承运人与托运人的权利和义务，是一份运输合同。承运人保证船只处于适航状态，在托运人提交表面情况良好的货物后，且未出现不可挽力的情况下，将货物运抵目的港，并完好地交付给收货人。

▶ 3. 货物所有权凭证（documents of title）

海运提单代表了货物。提单的合法持有人凭提单可在目的港向轮船公司提取货物，也可以在载货船舶到达目的港之前，通过转让提单而转移货物所有权，或以提单充当向银行融资时的质押担保，持单人通过背书将提单物权转让给银行从而获得垫款。

此外，如果货物在运输过程中受到损失，货主向船公司或保险公司提出索赔时，提单还是重要的索赔依据。

（三）海运提单的当事人

▶ 1. 承运人

承运人是指负责运输货物的当事人，即船方。承运人可能是船公司，也可能是租船人，履行运输合同条款的承运人应该是承担实际运输责任的人。

▶ 2. 托运人

托运人是指委托船方将特定的货物运往目的港的当事人，即货方。依交易情况的不同，托运人可能是发货人，也可能是收货人。信用证方式下的托运人应是受益人，受益人向船公司交货后获得提单才能完成向开证行的交单。

▶ 3. 收货人

收货人一般在提单的抬头人一栏列明，所以收货人亦称为抬头人。收货人可以是托运人自己，也可以是第三者。不同抬头的提单决定了提单的流通性和流通转让方式。

知识拓展

提单抬头的分类

1. 记名抬头

记名抬头是指在收货人一栏写明指定的收货人名称。这种提单不能转让，只能由指定的收货人背书提货，这在一定程度上能防止货物被冒领。记名抬头的提单失去了物权凭证的作用，银行一般不愿接受，在国际贸易中较少使用。记名抬头提单的表示为"Consigned to A Company"或"To A Company"。

2. 指示性抬头

指示性抬头是指在收货人一栏有"Order"字样，这种提单可经背书转让，由持有人凭以向船公司提取货物。根据收货人一栏是否加注收货人的具体名称，指示性抬头又分为记名指示性抬头和不记名指示性抬头（亦称空白抬头）两种。

记名指示性抬头的提单表示为"To order of ____"，空格栏可以填写开证行、出口地银行、出口商或进口商。不记名指示性抬头的表示为"To order"。指示性抬头提单作为物权凭证，可经记名背书或空白背书转让，在国际贸易中最常见。

3. 来人抬头

来人抬头是指在收货人一栏留空不填，或者填列"To the bearer"。承运人将货物交给提单的持有人，任何持有提单的人都可以提货。这种提单不需背书即可转让，由于风险大，在国际贸易中很少采用。

▶ 4. 受让人

受让人是指在提单的背书转让过程中，接受被转让提单的人。受让人接受了被转让的提单，应承担托运人在运输契约中的义务，同时也获得了凭提单提取货物的权利。

▶ 5. 持单人

持单人是指经过正当交接手续而持有提单的人。在提单交接的不同阶段，持单人可能是托运人，或提单中指定的收货人，也可能是提单背书转让过程中的受让人。

▶ 6. 被通知人

被通知人不是提单的当事人，只是收货人的代理人，是被承运人通知之人。空白抬头提单中缺少收货人名称的记载，货到目的港后承运人为了及时通知收货人提货，故需要有被通知人的记载，通过其转告实际收货人及时办理报关和提货手续。

（四）海运提单的内容

海运提单没有标准的格式和内容，但是由于它具有物权凭证的重要性质，所以各船公司制作的海运提单应尽量详尽、明确。

▶ 1. 海运提单正面的内容

海运提单正面需要填写的是有关货物的装运情况，包括托运人、收货人、被通知人、收货地址、船名和航次、装货港和卸货港、交货地、提单号码和集装箱号码、唛头、货物包装和件数、货物描述、毛重和尺码、外包装数量大写、运费条款、正本提单的份数、签发地点和日期、船公司及其代理人签章、装船批注的日期和签署，如图7-3所示。此外，提单正面还有事先印好的四个条款，具体如下。

（1）装船条款或收妥备运条款。在已装船提单上，装船条款说明的是船方收到表面状况良好的货物并已装上了船，通常表示为"Shipped on board the vessel named above in apparent good order and condition (unless otherwise indicated) the goods specified herein and to be discharged at the above mentioned port of discharge or as the vessel may safely get and always afloat"。在备运提单上，收妥备运条款说明的是船方收到表面状况良好的货物准备装船，通常表示为"Received for shipment the goods in apparent good order and condition as specified below unless otherwise stated herein"。

Shipper **WENSLI GROUP.LTD.**		COSCO CHINA OCEAN SHIPPING COMPANY.KJU6878-42 COMBINED TRANSPORT BILL OF LADING
Consignee or order TO ORDER OF ROYAL BANK, NEW YORK,USA		RECEIVED the goods in apparent good order and condition as specified below unless otherwise stated herein. The Carrier in accordance with the provisions contained in this document.
Notify address **N.E.ORIENTAL TRADING CO.LTD.**		1) undertakes to perform or to procure the performance of the entire transport from the place at which the goods are taken in charge to the place designated for delivery in this document ,and
Pre-carriage by	Place of receipt	2) Assumes liability as prescribed in this document for such transport. One of the Bills of Lading must be surrendered duly indorsed in exchange for the goods or delivery order.
Ocean Vessel SKY BRIGHT V.047A	Port of Loading **DAMMAM PORT, SAUDI ARABIA**	
Port of Discharge	Place of delivery	Freight payable at	Number of original B/L 3

Container, Seal No. or Marks and Nos.	Number and kind of Packages	Description of Goods	Gross weight (kgs)	Measurement (m³)
N.E OT NEO2010/026 DAMMAM PORT B/N 1-600 **TMSH5247**	**600 BUNDLES**	**400 BUNDLES TEXTILE FABRIC** **200 BUNDLES LADIES' SUIT**	8700KGS	M3

SAY,SIX HUNDRED **BUNDLES** ONLY
ABOVE PARTICULARS FURNISHED BY SHIPPER

FREIGHT & CHARGES FREIHT GPREPAID TO **DAMMAM** FREIGHT CHARGE: **USD58000.00**	IN WITNESS where of the number of original Bills of Lading stated above have been signed ,one of which being accomplished, the other (s) to be void.
	Place and date of issue HANGZHOU,AUG.25,2010
	Signed for or on behalf of the Carrier B SHIPPING COMPANY AS AGENT FOR THE CARRIER:COSCO

图 7-3 海 运 提 单

（2）内容不知悉条款。内容不知悉条款表明承运人对于托运人在提单上填写的货物重量、数量等内容不知情，对其正确与否不负核对之责，通常表示为"Weight，measure，marks，number，quality，contents and value，although declared by the shipper in the bill of lading，are to be considered unknown"。

（3）承认接受条款。承认接受条款表明有关当事人接受了提单就等于接受了提单上的一切记载，包括接受提单背面的内容，通常表示为"The shipper, consignee and holder of this bill of lading hereby express ly accept and agree to all printed, written or stamped provisions, exceptions and conditions on the back of this bill of lading"。

（4）签署条款。签署条款表明签发的正本提单份数，其中一份正本提单凭以提货后，其余各份正本提单均自动失效，通常表示为"I n witness whereof, the carrier or his agent has signed… bills of lading all of this tenor and date, one of which being accomplished, the others to stand void"。

▶ 2. 海运提单背面的条款

海运提单背面事先印好的是承运人和托运人之间的运输合同条款，涉及承运人的义务、权利和责任的豁免，成为承运人和托运人处理争议时的依据。银行审单时不需要审核提单背面的条款。

二、海运提单的种类

（一）按提单签发时货物是否已经装上船舶分类

按提单签发时货物是否已经装上船舶，可分为已装船提单和备运提单。

▶ 1. 已装船提单

已装船提单（shipped on board B/L）是指托运人把货物交付承运人，承运人将收到的货物装上船舶后签发的提单。已装船提单上事先印有"shipped on board the apparent good order and condition"（已装船货物表面状况良好），有装运船舶名称、装船日期、船长及其代理人的签字。已装船提单的签发日视为货物的发运日期，信用证下要求的是已装船提单，它表示货物出运，收货人可根据提单日期推算货物的到岸日期，方便及时提货。

▶ 2. 备运提单

备运提单（received for shipment B/L）亦称收妥备运提单，是指承运人已收到托运人的货物，但是货物还未装船，在等待装运期间所签发的提单。备运提单上事先印有"Received for shipment the apparent good order and condition"（收到表面状况良好的货物待运），由于货物还未装船，上面没有装运船舶名称和装船日期。承运人不对之后货物装船时产生的风险负责，且收货人无法确定货物的实际装运日期和到岸时间，进口方和银行一般不接受备运提单。但是备运提单可以转换成已装船提单而被银行接受，只要当货物实际装船时由承运人在提单上加注装船批注即可。装船批注包括"on board"字样、装运船舶名称、装船日期及提单签发人的签字。备运提单上的装船批注日期视为货物的发运日期。

（二）按运输过程中是否转换船只或转换运输工具分类

按运输过程中是否转换船只或转换运输工具，可分为直达提单、转船提单和联运提单。

▶ 1. 直达提单

直达提单（direct B/L）是指货物用同一艘船舶直接由装货港运达目的港，中途不在任何港口转船而签发的提单。直达提单中承运人及实际运输人为同一海运公司，权责明确，运输业务较易处理。提单上只注明装货港和卸货港名称，没有转船"transshipment at ＿＿＿＿"的批注。

若信用证规定不准转船,则受益人只能提交直达提单,否则将遭银行拒付。

▶ 2. 转船提单

转船提单(transshipment B/L)是指货物在装运港装载后至目的港的运输过程中,将在中途转运港把货物卸下来并装上另一艘船而签发的提单。提单上有转船"shipped from ____ to ____ by transshipment at ____"的批注。收货人一般不同意转船,因为转船时货物风险增加,还会增加转船附加费,但由于没有哪个港口能直接通往世界其他所有港口,所以国际贸易中转船提单还是比较常见的。

▶ 3. 联运提单

联运提单(through B/L)是指须经包括海陆、海河、海空、海海等两种或两种以上运输方式联运的货物,由第一承运人收取全程运费后,在起运地签发到目的港的全程运输提单。联运提单虽然包括全程运输,但签发提单的各程承运人只对自己运输的一段航程中所发生的货损负责。

(三) 按海运提单上是否加注有对货物和包装状况的缺陷或瑕疵批注分类

按海运提单上是否加注有对货物和包装状况的缺陷或瑕疵批注,可分为清洁提单和不清洁提单

▶ 1. 清洁提单

清洁提单(clean B/L)是指没有货物和包装存在缺陷和瑕疵批注的提单。信用证规定银行只接受清洁提单。需要注意的是,清洁提单上不会出现"清洁"一词。

▶ 2. 不清洁提单

不清洁提单(unclean B/L 或 foul B/L)是指当承运人检查托运人交来的货物时,发现货物或包装存在缺陷或瑕疵,将此情况加以批注而签发的提单。UCP600 规定银行不接受不清洁运输单据。

(四) 按船舶营运方式的不同分类

按船舶营运方式的不同,可分为班轮提单和租船提单。

▶ 1. 班轮提单

班轮提单(liner B/L)是指货物由班轮承运时,出班轮运输公司作为承运人向托运人签发的一种提单。如果信用证中加注了班轮条件,则受益人必须提交班轮提单。

▶ 2. 租船提单

租船提单(charter party B/L)是指货主向船东租赁船只将货物运往目的地,船东根据租船合约签发的提单。它不是完整的独立文件,该提单仅规定了船、程双方的权利和义务,没有详细的提单条款,无法明确货主和船东之间的权利义务,且必须受到租船合约的约束。所以,除非信用证有特别规定,一般银行和收货人不接受租船提单。

(五) 按提单上运输条款的详细情况分类

按提单上运输条款的详细情况,可分为全式提单和简式提单。

▶ 1. 全式提单

全式提单(long form B/L)是指不仅有齐全的正面条款,而且还在背面详细记载了承运

人与货主责任、权利和义务的完整条款的提单。在国际贸易中，使用较多的是全式提单。

▶ 2. 简式提单

简式提单（short form B/L）是指提单只有正面内容，背面没有关于承运人与货主的责任、权利和义务等条款，或仅摘其中重要条款扼要列出的提单。提单正面印有"Short Form B/L"字样并注明该货物的收管、运输、费用均按全式提单条款办理，承运人和托运人的权责、免责等也均按全式提单条款办理。按照国际贸易惯例，简式提单与全式提单具有法律上的同等效力。

此外，根据提单抬头人的不同，提单还可以划分为记名抬头提单、指示性抬头提单、来人抬头提单。此内容在提单当事人中已做了介绍，此处不再赘述。

三、海运提单的审核

（一）信用证条款中有关海运提单的要求

信用证单据条款中常见的海运提单要求为"Full set of clean on board original Bill of lading made out to order with blank endorsed，marked with Freight prepaid I paid Ito collect，，notifying …"（全套的、清洁的、已装船正本提单，空白抬头、空白背书，写明运费预付/已付/代收，被通知人为……）。

（二）海运提单审核的要点

▶ 1. 全套的正本提单

正本提单上有承运人的签字，此种提单具有物权单据的性质，可以流通、议付、转让，而没有承运人签字的副本提单则不具有物权单据的性质。因此，为了控制物权，降低风险，银行应要求受益人提交代表物权的正本提单。有的信用证若规定受益人还应提交副本提单时，则受益人应按照信用证规定提交相应的副本提单。

根据提单正面的签署条款可知，当承运人一次签发多份正本提单时，每份提单的内容和效力相同，都具有物权单据的性质，持单人可凭以到轮船公司提货。如果一张正本提单被使用提货后，则其余各份正本提单失效。为了控制物权，银行应要求受益人提交代表物权的所有正本提单。银行可通过提单正面签署条款中注明的份数来核对受益人交来的提单是否为全套。

▶ 2. 清洁的提单

受益人只能向银行提交清洁提单，而不能提交批注有货物和包装存在缺陷和瑕疵的不清洁提单。

▶ 3. 已装船的提单

受益人必须向银行提交已装船提单。如果承运人签发的是备运提单，则需要通过加注装船批注表明收到的货物已装船，将备运提单转化成已装船提单而被银行接受。

受益人备齐信用证规定的单据后必须在规定的时间内完成交单，UCP600第十四条规定：受益人或其代表在不迟于本惯例所指的发运日之后的21个日历日内交单，但是在任何情况下都不得迟于信用证的截止日。如一张信用证对受益人的交单日没有具体规定，则应按照UCP600规定的发运日后21天内交单，其中已装船提单的发运日为提单签发日，备运提单的发运日为装船批注的时间。

▶ 4. 提单的签发人

提单是由承运人向托运人签发的，表明收到货物并将货物运至指定目的地的运输契约，上面必须有承运人名称，并由承运人或其具名代理人，或者由船长或其具名代理人签字。其中，承运人、船长或代理人的签字必须标明其承运人、船长或代理人的身份，代理人的签字必须标明其是代表承运人还是代表船长签字。

▶ 5. 转运

如果信用证规定"transshipment allowed"，即货物可以转运，则受益人可以提交转运提单，提单上注明的转运港应与信用证规定的转运港一致。如果信用证规定"transshipment not allowed"，即不允许货物转运，则受益人只能提交直达提单。但是如果货物由集装箱、拖车或子船运输，则即使信用证禁止转运，注明将要或可能发生转运的提单还是能够被银行接受的。

▶ 6. 分运

如果信用证规定"partial shipment allowed"，即受益人可以将货物分期分批装运，则受益人提交表明货物分运的提单可以被接受。如果信用证规定"partial shipment not allowed"，即受益人不能将货物分批装运，则受益人只能一次性全部将货物装船发运。

▶ 7. 货装舱面

装在舱面甲板上的货物遭受的风险较大，且承运人在提单背面还会加注免责条款，除非信用证有特别规定，银行不接受注明货物装于舱面的提单。但是，声明货物可能装于舱面，而未特别注明货物已装舱面或将装舱面的海运提单是可以接受的。

▶ 8. 运费支付情况

提单正面注明的运费支付情况，如"运费已付"(freight paid)或"运费代收"(freight to collect)应与信用证一致。"运费可预付"(freight prepayable)或"运费将预付"(freight to be paid)不能视为运费已付的证据。

此外，海运提单上的内容应该与信用证保持一致，货物描述可以使用与信用证规定不矛盾的货物统称。

UCP600中有关海运提单审核的要点如表7-3所示。

表7-3 UCP600中有关海运提单审核的要点

项目	UCP600	要求
签发人	第二十条a款	表明承运人名称，并由下列人员签署：承运人或其具名代理人，或者船长或其具名代理人。承运人、船长或代理人的任何签字必须标明其承运人、船长或代理人的身份。代理人的任何签字必须标明其系代表承运人还是船长签字
全套正本	第二十条a款	为唯一的正本提单，或假如以多份正本出具，为提单中表明的全套正本
清洁	第二十七条	银行只接受清洁运输单据，清洁运输单据指未载有明确宣称货物或包装有缺陷的条款或批注的运输单据。"清洁"一词并不需要在运输单据上出现，即使信用证要求运输单据为"清洁已装船"的

续表

项目	UCP600	要求
已装船	第二十条a款	通过以下方式表明货物已在信用证规定的装货港装上具名船只：预先印就的文字，或已装船批注注明货物的装运日期。提单的出具日期将被视为发运日期，除非提单载有表明发运日期的已装船批注，此时已装船批注中显示的日期将被视为发运日期
转运	第二十条c款	提单可以表明货物将要或可能被转运，只要全程运输由同一提单涵盖
转运	第二十条c款	即使信用证禁止转运，注明将要或可能发生转运的提单仍可接受，只要其表明货物由集装箱、拖车或子船运输
分运	第三十一条b款	表明使用同一运输工具并经由同次航程运输的数套运输单据在同一次提交时，只要显示相同目的地，将不视为部分发运，即使运输单据上表明的发运日期、装货港、接管地或发运地点不同
交单日	第十四条c款	假如单据中包含一份或多份受第十九、二十、二十一、二十二、二十三、二十四条或第二十五条规制的正本运输单据，则须由受益人或其代表在不迟于本惯例所指的发运日之后的21个日历日内交单，但是在任何情况下都不得迟于信用证的截止日
不接受提单	第二十六条a款	运输单据不得表明货物装于或者将装于舱面，声明可能被装于舱面的运输单据条款可以接受

四、海运提单审核中常见的不符点

(1) 不清洁提单。

(2) 提单为无装船日期的备运提单。

(3) 无"已装船"的证明。

(4) 提单上的"已装船"批注没有日期，或批注的日期迟于信用证规定的装运期。

(5) 收货人名称与信用证不符。

(6) 被通知人与信用证规定不一致。

(7) 货物与信用证所列货物不一致。

(8) 提单上的数量与信用证规定不符，为短装或超装。

(9) 提单上的唛头与信用证不一致。

(10) 起运港与信用证不符。

(11) 卸货港与信用证不符。

(12) 提单上的转运路线与信用证规定不符。

(13) 提单上未注明运费是已付还是未付。

(14) 信用证规定的价格条件为CIF或CFR（运费、保险费在内或运费在内）时，提单上未有"运费已付"字样。

（15）提单的背书有误。
（16）信用证禁止转运，却提交转运提单。
（17）违反信用证规定使用租船提单。
（18）提单上有"货装甲板"的批注。
（19）提单未在有效期内提示。

拓展案例

一份不可撤销跟单信用证的规定如下：全套正本三份提单，抬头做成发至申请人的指定人。一份正本提单由载货船只的船长交给申请人，而此时当单据按信用证提交时，开证行因单证不符拒付，但申请人已经用从船长手中得到的正本提单提走了货物，受益人钱货两空。

分析： 该案例中信用证规定，受益人应将三份正本提单中的一份，由船长直接交给申请人，以便申请人可以在信用证项下付款前掌握货物，这种信用证对受益人非常不利，接受此类信用证条款的受益人应自负风险，这是因为，申请人可以用三份正本提单中的一份提取货物，而不必等到从开证行获取另外两份正本提单才能提货，万一到时开证行认为受益人向开证行提交的单据与信用证规定不符，则受益人将落得钱货两空的结果。另外，将提单做成申请人的指定人的抬头时，一旦单据遭到开证行拒付，收益人将失去将提单另行转让给第三者的可能性，对受益人也非常不利。

第四节 保险单据

一、保险单据概述

（一）保险单据的概念

保险单据是保险人与投保人订立的保险合同的证明文件，是保险人对投保人的承保证明，反映了双方权利义务的契约关系。当被保险货物发生保险责任范围内的损失时，保险单据是保险索赔和理赔的重要依据。因此，在货物出险后，只有掌握了提单和保险单据才能真正控制物权。

（二）保险单据的内容

由于保险单据是索赔和理赔的重要依据，所以保险单据的内容应该记载清楚和完整。保险单据正面主要记载与保险相关的内容，包括保险人和被保险人的名称、保险标的、包装及数量、保险金额、保险费和费率、保险期限、运输工具、承保险别、赔款地点和币别、查勘代理人、出单日期和出单地点、保险人签章，如图7-4所示。保险单据背面记载的是保险人的责任范围，以及保险人和投保人权利义务的保险合同条款。银行只审核保险单据正面条款，不需要审核背面条款。

中国人民保险公司
The People's Insurance Company of China

PICC

总公司设于北京　　　　　一九四九年创立
Head Office Beijing　　　Established in 1949

货物运输保险单
CARGO TRANSPORTATION INSURANCE POLICY

发票号(INVOICE NO.)　GW2005M06-2
合同号(CONTRACT NO.)　GW2005M06
信用证号(L/C NO.)　LRT9802457

保单号次
POLICY NO. ******

被保险人：TO THE ORDER OF GREAT WALL TRADING CO., LTD.
INSURED: RM201, HUASHENG BUILDING, NINGBO, P. R CHINA

中国人民保险公司(以下简称本公司)根据被保险人的要求，由被保险人向本公司缴付约定的保险费，按照本保险单承保险别和背面所载条款与下列特款承保下述货物运输保险，特立本保险单。

THIS POLICY OF INSURANCE WITNESSES THAT THE PEOPLE'S INSURANCE COMPANY OF CHINA (HEREINAFTER CALLED "THE COMPANY") AT THE REQUEST OF THE INSURED AND IN CONSIDERATION OF THE AGREED PREMIUM PAID TO THE COMPANY BY THE INSURED, UNDERTAKES TO INSURE THE UNDERMENTIONED GOODS IN TRANSPORTATION SUBJECT TO THE CONDITIONS OF THIS OF THIS POLICY AS PER THE CLAUSES PRINTED OVERLEAF AND OTHER SPECIAL CLAUSES ATTACHED HEREON.

标　记 MARKS&NOS	包装及数量 QUANTITY	保险货物项目 DESCRIPTION OF GOODS	保险金额 AMOUNT INSURED
ROYAL 05AR225031 JEDDAH C/N: 1-UP	ZL0322+BC05 230CTNS ZL0319+BC01 230CTNS TOTAL	P. P INJECTION CASES ZL0322+BC05 230SETS ZL0319+BC01 230SETS DETALS AS PER SALES CONTRACT GW2005M06 DATED APR.22,2005 　　　　ZL0322+BC05 　　　　ZL0319+BC01	 USD10626.00 USD10373.00 US$20999.00

总保险金额
TOTAL AMOUNT INSURED: SAY TWENTY THOUSAND NINE HUNDRED AND NINTYNINE ONLY

保费：　　　AS　　　　启运日期　　　　　　　　　装载运输工具：
PERMIUM: ARRANGED　　DATE OF
　　　　　　　　　　　COMMENCEMENT: MAY 25, 2015　PER CONVEYANCE: YANGFNA V.009W

自　　　　　　　　　　经　　　　　　　　至
FROM:　　NINGBO　　　VIA　　　*****　　　TO　　HELSINKI

承保险别：
CONDITIONS: COVERING ALL RISKS AND WAR RISKS

所保货物，如发生保险单项下可能引起索赔的损失或损坏，应立即通知本公司下述代理人查勘。如有索赔，应向本公司提交保单正本(本保险单共有＿＿＿份正本)及有关文件。如一份正本已用于索赔，其余正本自动失效。

IN THE EVENT OF LOSS OR DAMAGE WITCH MAY RESULT IN A CLAIM UNDER THIS POLICY, IMMEDIATE NOTICE MUST BE GIVEN TO THE
COMPANY'S AGENT AS MENTIONED HEREUNDER. CLAIMS, IF ANY, ONE OF THE ORIGINAL ORIGINAL(S)
POLICY WHICH HAS BEEN ISSUED IN
TOGETHER WITH THE RELEVANT DOCUMENTS SHALL BE SURRENDERED TO THE COMPANY. IF ONE OF THE ORIGINAL POLICY HAS BEEN
ACCOMPLISHED. THE OTHERS TO BE VOID.

中国人民保险公司
The People's Insurance Company of China

赔款偿付地点
CLAIM PAYABLE AT　IN HELSINKI

ANDYLVKING

出单日期
ISSUING DATE　MAY 25, 2015

Authorized Signature ***

图 7-4　保　险　单　据

二、保险单据的种类

按照不同的标准，保险单据可以划分为很多种类。与信用证审单相关的各种常见保险单据如下。

（一）保险单

保险单（insurance policy）亦称正式保单或大保单，它既有正面记载的保险相关内容，也有背面记载的保险人与投保人权利义务的保险合同条款。保险单记载内容齐全，是国际贸易实务中使用最多的一种保险单据。

（二）预约保险单

预约保险单（open cover）亦称开口保单，是进出口商进行长期或多次运输时，为了避免多次投保的繁杂手续而与保险人订立的一种保险约定。预约保险单载明保险货物的范围、承保险别、保险费率、每批运输货物的最高保险金额以及保险费的计算办法。凡属预约保险单规定范围内的货物，一经起运保险合同，即自动按预约保单上的承保条件生效，但要求投保人必须向保险人发出每批货物运输起运通知书，将每批货物的名称、数量、保险金额、运输工具的种类和名称、航程起始点、开航或起运日期通知保险人，保险人据此签发正式的保险单据。投保人有大量进出口货物运输时可使用预约保险单，不仅可以节省手续，而且可以避免漏保的损失。

（三）保险凭证

保险凭证（insurance certificate）亦称小保单，是保险人出具的一种简化的保险契约，只有正面记载的保险相关内容，没有背面记载的保险人与投保人权利义务的保险合同条款。保险凭证具有保险效力。

（四）保险声明

保险声明（insurance declaration）是在预约保险项下的一种保险单据，是投保人在确定货物详情、装运日期、运输工具等细节后，把这些资料填写在印有保险人预先签字并注明其号码的声明格式上，向保险人做出的单向申报。其内容与装运通知书类似，实际上是投保人在货物发运后向保险人发出的投保通知书，具有保险效力。

（五）联合凭证

联合凭证（combined certificate）是一种更为简化的保险凭证，保险公司只在出口公司的商业发票上加注保险编号、险别、金额，并加盖保险公司印章。联合凭证仅在我国大陆对港、澳地区的部分交易中使用。联合凭证具有保险效力。

（六）暂保单

暂保单（cover note）亦称临时保单，它是保险人或其代理人在正式保险单签发之前出具给被保险人的临时保险凭证。它表明保险人或其代理人已接受了保险，等待出立正式保险单。暂保单的内容比较简单，只载明被保险人的姓名、承保危险的种类、保险标的等重要事项，凡未列明的，均以正式保险单的内容为准。暂保单不是保险公司签发的有效保险合同，银行不接受暂保单。

三、保险单据的审核

(一) 信用证条款中有关保险单据的要求

信用证单据条款中常见的保险单据要求为"Insurance Policy/Certificate in ____ copies for ____% of the invoice value showing claims payable in ____ In Currency of the draft, blank endorsed, covering ____"(保险单/保险凭证一式____份,投保金额为发票金额的____%,索赔地点在____,币别与汇票币别一致,空白背书,投保____险)。

(二) 保险单据审核的要点

▶ 1. 保险单据的类别

银行只接受具有保险效力的保险单据,暂保单将不被接受。若信用证规定出具保险单,则不能以保险凭证代替;若信用证规定出具保险凭证,则既可交保险凭证,也可交保险单。

▶ 2. 保险单据份数

除非信用证另有授权,如保险单据表明所出具正本单据系一份以上,则必须提交全部正本保险单据。

▶ 3. 保险金额和总保险金额

保险金额为小写,总保险金额为大写,两者应一致。除非信用证另有规定,保险币别应与信用证所用货币相同。若信用证规定了最低投保金额,则应按信用证规定办理,否则,最低保险金额应是货物 CIF 或 CIP 价的 110%。

从单据中若不能确定 CIF 或 CIP 价格,则最低保险金额必须基于要求承付或议付的金额,或者基于发票上显示的货物总值来计算,两者之中取金额较高者作为保险金额。

▶ 4. 索赔地点

保险单据索赔地点应符合信用证的规定,一般在进口地国家索赔。

▶ 5. 背书

保险单据背书应符合信用证的规定,一般要求保险单据进行空白背书。

▶ 6. 投保险别

投保的险别应与信用证规定的险别一致。若信用证中要求投保"通常险""惯常险"一类意义不明确的险别时,或对投保险别未做规定,银行可按照所提交保险单据填列的险别予以接受,而不负任何险别漏保之责。当信用证规定投保"一切险"时,如保险单据载有任何"一切险"批注或条款,无论是否有"一切险"标题,均将被接受,即使其声明任何风险除外。

▶ 7. 保险单据日期

保险单据签发日期不得晚于货物发运日,除非保险单据表明保险责任不迟于发运日生效。通常情况下,保险单据的签发日期就是保险责任生效的日期。如果这个日期晚于运输单据上货物装船、发运或接受监管的日期,即货物已经装船、发运或接受监管,而保险还未生效,则在此期间发生的货物损害或灭失将不在保险时段之内,被保险人将无法获得赔偿,故要求先投保,再装运货物。

▶ 8. 保险人名称

保险单或预约保险项下的保险证明书或者声明书,必须看似由保险公司或承保人或其代理人或代表出具并签署。

▶ 9. 被保险人名称

被保险人应符合信用证的规定。在 CIF 条件下，一般为信用证的受益人，然后再由其做成空白背书。

▶ 10. 装载工具名称、开航日期

货物装载工具名称应与提单一致。开航日期前一般应加"on or about"字样，银行将其解释为于所述日期前后各 5 天内装运，起讫日期均包括在内。

▶ 11. 保险区间

保险单据须表明承保的风险区间至少涵盖从信用证规定的货物接管地或发运地开始到卸货地或最终目的地为止，一般从卖方仓库到买方仓库。如果信用证有特别规定者，应与信用证要求保持一致。

此外，货物运输的唛头、货物名称、包装、数量应与信用证和商业发票、提单、其他单据一致。

保险单据审核要点如表 7-4 所示。

表 7-4　保险单据审核的要点

项目	UCP600	要　　求
签发人	第二十八条 a 款	保险单据，例如保险单或预约保险项下的保险证明书或者声明书，必须看似由保险公司或承保人或其代理人或代表出具并签署
份数	第二十八条 b 款	如果保险单据表明其以多份正本出具，所有正本均须提交
类型及接受性	第二十八条 c 款	暂保单将不被接受
	第二十八条 d 款	可以接受保险单代预约保险项下的保险证明书或声明书
签发日期	第二十八条 e 款	保险单据日期不得晚于发运日期，除非保险单据表明保险责任不迟于发运日生效
投保币别	第二十八条 f 款	保险单据必须表明投保金额并以与信用证相同的货币表示
保险金额	第二十八条 f 款	信用证对于投保金额为货物价值、发票金额或类似金额的某一比例的要求，将被视为对最低保额的要求。如果信用证对投保金额未做规定，投保金额须至少为货物的 CIF 或 CIP 价格的 110%。如果从单据中不能确定 CIF 或者 CIP 价格，投保金额必须基于要求承付或议付的金额，或者基于发票上显示的货物总值来计算，两者之中取金额较高者
投保险别	第二十八条 g 款	信用证应规定所需投保的险别及附加险（如有的话）。如果信用证使用诸如"通常风险"或"惯常风险"等含义不确切的用语，则无论是否有漏保之风险，保险单据将被照样接受
	第二十八条 h 款	当信用证规定投保"一切险"时，如保险单据载有任何"一切险"批注或条款，无论是否有"一切险"标题，均将被接受，即使其声明任何风险除外
投保区间	第二十八条 f 款	保险单据须表明承保的风险区间至少涵盖从信用证规定的货物接管地或发运地开始到卸货地或最终目的地为止

四、保险单据审核中常见的不符点

（1）保险单据种类与信用证的要求不符。
（2）保险凭证次于信用证所要求的级别。
（3）保险的币别与信用证的币别不一致。
（4）保险金额与信用证规定不符。
（5）保险不足额。
（6）保险的种类与信用证规定不符。
（7）保障项目少于信用证规定的保险险别。
（8）保险日期迟于装运日期。
（9）受益人未在保险单上背书。
（10）保险单的背书不正确。
（11）保险单上的理赔地点与信用证规定不符。
（12）保险单漏载理赔地点。
（13）保险单的受益人与信用证规定不符。
（14）保险单上的装运港和卸货港与信用证规定不一致。
（15）保险单上的货物描述与信用证有矛盾。
（16）保险单上的唛头和件数与提单不符。
（17）承保的公司与信用证要求不一致。
（18）未提交全套保险单据。

拓展案例

我国A公司向加拿大B公司以CIF条件出口一批货物。国外来证中单据条款规定："商业发票一式两份；全套清洁已装船提单，注明运费预付，做成指示抬头空白背书；保险单一式两份，根据中国人民保险公司2008年1月1日海洋运输货物保险条款投保一切险和战争险。"信用证内注明按照UCP600办理。A公司在信用证规定的装运期内将货物装上船，并于到期日前向议付行交单议付，议付行随即向开证行寄单索偿。开证行收到单据后，来电表示拒付，其理由是单证有下列不符点：
（1）商业发票上没有受益人的签字；
（2）正本提单由一份组成，不符合全套的要求；
（3）保险单上的保险金额与发票金额相等，因为投保金额不足。

问：开证行所列单证不符的理由是否成立？并说明理由。

分析：
（1）不符理由不成立。UCP600规定，除非信用证特别规定，商业发票可以不进行手签。
（2）不符理由不成立。UCP600规定，除非信用证特别规定，全套正本提单由一份或以上构成均可。
（3）不符理由成立。UCP600规定，保险单上保险金额应该至少为CIF或发票金额的110%。

第五节 其他单据

一、汇票的审核

汇票作为受益人开立的代表收款权的单据,如图 7-5 所示,其审核要点如下。

```
                          BILL OF EXCHANGE
No.              ****
For        USD15272
      (amount in figure)              (place and date of issue)
At            AT SIGHT           sight of this  FIRST  Bill of exchange (SECOND being unpaid)
pay         TO THE ORDER OF BANK OF CHINA ,NINGBO BRANCH         or order the sum of
to
              FIFTEEN THOUSAND TWO HUNDRED AND SEVENTY TWO ONLY
                              (amount in words)
Value received for      US$15272             of            ROYAL
                 (quantity)                      (name of commodity)
Drawn under    METITA BANK LTD. , FINLAND
L/CNo.         LRT9802457            dated         APRIL 28, 2005
To:   METITA BANK LTD. , FINLAND.        For and on behalf of
                                          GREAT WALL TRADING CO. , LTD.
                                          RM201, HUASHENG BUILDING, NINGBO,
                                          P. R CHINA
                                          (Signature)
                                          ANDYLVKING
```

图 7-5 汇　票

(1) 汇票的出票人应该是信用证的受益人。

(2) 汇票的收款人是受益人或议付行。

(3) 汇票的付款人应该与信用证中指定的付款银行一致。根据 UCP600 第六条 c 款中不得开立以申请人为汇票付款人的信用证的规定,汇票的付款人不能是申请人,而应该是银行。即期付款信用证中如需要汇票,汇票的付款人应该是指定付款行,承兑信用证中的汇票付款人是指定承兑行。

(4) 汇票的金额应该不超过信用证金额或信用证项下允许的金额。汇票金额的大小写应一致。

(5) 汇票金额应与发票金额一致,若信用证有特别规定者除外。

(6) 汇票的开立日期在信用证效期内,如果是议付信用证,汇票的出票日一般为受益人到银行议付当天的日期。

(7) 汇票期限应符合信用证的规定。

(8) 如果需要背书,汇票应经正确的背书。

(9)若信用证规定开立出票条款时,出票条款中的信用证号码、开证行名称和开证日期应符合信用证规定。

二、商品检验证书的审核

商品检验证书(inspection certificate)是由有权检验部门对出口商品进行检验后所出具的公证鉴定,用于证明货物已经经过查验,说明货物品质、数量和其他检测内容情况的证明文件。常见的商品检验证明书有品质/数量证书、熏蒸/消毒证书、健康证书/卫生检验证书、重量证书、产地证明书、分析检验证书和包装检验证书等。

商品检验证书审核的要点如下。

(1)商品检验证书的类别应该符合信用证的要求。

(2)检验的项目齐全并应该符合信用证的要求。

(3)检验证书中商品的检验结果应该符合信用证的要求,并与发票或者其他单据的记载不相矛盾。

(4)检验证书应由符合信用证规定的检验机构出具并有检验人的签署,证明货物已经检验合格。

(5)应在货物装船之前进行检验,检验证书的出单日应早于提单日期。

三、包装单据的审核

包装单据(packing documents)是对货物各包装件内商品情况进行详细说明的单据,如图7-6所示。其不仅便于进口商了解和掌握货物的规格、等级、型号和重量,还是货物到达目的港时进口国海关验货、公证机关验货,以及进口商验收货物的主要依据。其中,最常见的是包装单(packing list)、重量单(weight list)和尺码单(measurement list)。

ISSUER WENSLI GROUP. #309 JICHANG RD,HANGZHOU,CHINA TEL:86-25-4729178 FAX:82-25-4715619		装箱单 PACKING LIST				
TO N.E.ORIENTAL TRADING CO.LTD. P.O. BOX 12345 CODE 55400 T-3456789 RIYADH KINGDOM OF SAUDI ARABIA		INVOICE NO. 2010SDT001		DATE 2010.08.22		
Marks and Numbers	Number and kind of package Description of goods	PACKAGE	G.W KG	N.W	Meas. CBM	
N.E OT NEO2010/026 DAMMAM PORT B/N 1-600	400 BUNDLES TEXTILE FABRIC 200 BUNDLES LADIES' SUIT	400 BUNDLES 200 BUNDLES	6000KGS 3000KGS	5800KGS 2900KGS		
TOTAL 600 BUNDLES 9000KGS 8700KGS TOTAL PACKED IN 600 BUNDLES					(出口商签字和盖单据章) WENSLI GROUP.	

图7-6 包 装 单

包装单据审核的要点如下。

（1）包装单据名称和份数应该与信用证要求一致。

（2）货物名称、数量、规格、唛头应与信用证要求一致，并不得与商业发票和其他单据上的内容相矛盾。

（3）符合信用证的要求，一张详细的包装单上要列出每个包装、纸板箱等内容的清单和其他的有关资料。

（4）应该是独立的单据，除非信用证有特别规定，否则不得与其他单据联合使用。

（5）如果信用证要求经签字的包装单据，则应由制单人签字。否则，包装单据无须签字。

四、原产地证书的审核

原产地证书（certificate of origin，C/O）亦称产地证，是证明出口货物的生产来源地，一般供进口国海关采取不同的国别政策和关税待遇的书面证明文件，如图 7-7 所示。它在国际贸易中具有重要和独特的法律效力，在证明原产地方面具有其他单据不可替代的作用。

C.O

1.Exporter WENSLI GROUP. #309 JICHANG RD,HANGZHOU,CHINA TEL:86-25-4729178 FAX:82-25-4715619		Certificate No. **CERTIFICATE OF ORIGIN** OF	
2.Consignee TO ORDER OR SHIPPER		THE PEOPLE'S REPUBLIC OF CHINA	
3.Means of transport and route SHIPMENT FROM SHANGHAI, CHINA To : DAMMAM PORT, SAUDI ARABIA BY SEA		5.For certifying authority use only	
4.Country / region of destination SAUDI ARABIA			
6.Marks and numbers	7.Number and kind of packages; description of goods	8.H.S.Code	9.Quantity	10.Number and date of invoices
N/M	400 BUNDLES TEXTILE FABRIC 200 BUNDLES LADIES' SUIT	6001920000 6110.300090	600 BUNDLES	2001SDT001 Sep. 30, 2015
SAYT OTAL:SIX HUNDRED BUNDLES ONLY. CERTIFICATE OF CHINESE ORIGIN ISSUURED BY C.C.P.I.T. STATING THE NAME AND ADDRESS OF MANUFACTURER OR PRODUCERS AND STATING THAT GOODS EXPORTED ARE WHOLLY OF DOMESTIC ORIGIN.				
11.Declaration by the exporter The undersigned hereby declares that the above details and statements are correct, that all the goods were produced in China and that they comply with the Rules of Origin of the People's Republic of China. WENSLI GROUP. CHINA Sep. 30, 2015 -------------------------- Place and date, signature and stamp of authorized signatory				12.Certification It is hereby certified that the declaration by the exporter is correct. China Council for the Promotion of International Trade Sep. 30, 2015 -------------------------- Place and date, signature and stamp of certifying authority

图 7-7 原产地证明书

原产地证书审核的要点如下。

(1) 产地证应由信用证中指定的机构签署。

(2) 进口商名称、唛头、货名、件数应与信用证一致，并与发票和其他单据一致。

(3) 产地证上记载的产地国家符合信用证的要求。

(4) 除非信用证有特别规定，否则应提供独立的产地证明，不得与其他单据联合使用。

(5) 产地证的签发日期可以迟于发票日期，但不得迟于提单日期和交单期。

思考与练习

一、思考题

1. 单据有哪些种类和作用？
2. 信用证业务中单据审核的基本要求有哪些？
3. 商业发票审核的要点有哪些？商业发票常见的不符点有哪些？
4. 海运提单审核的要点有哪些？海运提单常见的不符点有哪些？
5. 保险单据审核的要点有哪些？保险单据常见的不符点有哪些？

二、选择题

1. 全套单据的中心单据是(　　)，它是银行"单单一致"审核中的标准。
   A. 汇票　　　　　　B. 提单　　　　　　C. 商业发票　　　　D. 保险单据

2. 信用证方式下，商业发票的抬头人一般是(　　)。
   A. 受益人　　　　　B. 开证申请人　　　C. 开证行　　　　　D. 议付行

3. 信用证方式下，商业发票的出票人应是(　　)。
   A. 受益人　　　　　B. 开证申请人　　　C. 议付行　　　　　D. 通知行

4. 以下各项中，(　　)为物权凭证。
   A. 商业发票　　　　B. 装箱单　　　　　C. 保险单　　　　　D. 记名提单

5. 审单时，正常情况下，签发时间最晚的单据是(　　)。
   A. 商品检验证书　　B. 货运单据　　　　C. 汇票　　　　　　D. 发票

6. 某信用证规定应出运 2 500 台工业用缝纫机，总的开证金额为 305 000 美元，每台单价为 120 美元，则出口商最多可发货的数量和索汇金额应为(　　)。
   A. 2 500 台，300 000 美元　　　　　　B. 2530 台，303 600 美元
   C. 2540 台，304 800 美元　　　　　　D. 2 500 台，305 000 美元

7. 一提单对所运货物批注如下："ONE WOODEN CASE BE STRENGTHENED BY TWO IRON STRIPS"，这份提单是(　　)。
   A. 直达提单　　　　B. 清洁提单　　　　C. 肮脏提单　　　　D. 倒签提单

8. 除非 L/C 特别规定，一般说来，"清洁已装船"运输单据即指(　　)。
   A. 单据上有 on board 批注和承运人签章，但没有对货物及/或包装缺陷情况的描述和批注
   B. 既没有 on board 批注和签章，也没有对货物及/或包装缺陷情况的描述和批注
   C. 单据上注明"on deck"字样，并由承运人签章
   D. 表明货物已收妥备运且外表无破损

9. L/C 的开证金额为 30 000 000 日元，发票的 CIF 价为 29 995 000 日元，L/C 规定受益人应按照 110% 的发票金额向保险公司投保，当时汇率为 USD1＝JPY132，则保额为（　　）。
   A. 249 960 美元　　　B. 33 000 000 日元　　　C. 32 994 500 日元　　　D. 250 000 美元

10. L/C 规定的最迟装运期为 3 月 25 日，货物出运后的 15 天内交单，L/C 效期为 4 月 5 日。受益人取得的提单上 "on board" 日期为 3 月 24 日，则受益人最迟应于（　　）交单。
    A. 4 月 9 日　　　B. 3 月 25 日　　　C. 4 月 20 日　　　D. 4 月 5 日

三、判断题

1. 为保证进口商收货，海运提单必须做成记名抬头。（　　）
2. 商业发票中的货物描述要求必须与信用证的描述逐字对应。（　　）
3. 即便信用证不做规定，开证行也将接受转船提单。（　　）
4. 信用证要求提交保险凭证时，受益人可以保险单替代。（　　）
5. 信用证项下汇票的付款人必定是进口商。（　　）
6. 凡是影印、自动或电脑处理、复写而成的单据，银行皆可接受其作为正本。（　　）
7. 通常，为了保证单单一致，如果汇票是开给付款行或开证行的话，则发票的抬头必须相应地做成付款行或开证行。（　　）
8. 记名抬头的提单通常由被通知人凭全套正本的提单就可以向承运人提货。（　　）
9. 共同海损通常由承运人、货主、船舶三方分摊。（　　）
10. 通过背书而获得提单的当事人并不能因此向背书人行使追索权。（　　）

四、案例分析题

1. 我某外贸公司售给某港商一批丝绸服装，金额为 200 万港元。合同规定：装运期为 2012 年 5 月，用集装箱运输，贸易术语为 EXW 广州；目的港为纽约，货款中 80 万港元凭 L/C 支付，其余 120 万港元由买方用支票支付。

合同签订后，买方于 4 月 20 日开来 80 万港元的 L/C，证中规定商检条件是由中国进出口商品检验局（CCIB）检验和出证；另规定议付单据中包含商业发票、装箱单、商检证、产地证以及买方代表签发的货物收据。

买方于 5 月 20 日派货柜车来卖方仓库装货，并随即交付一张金额为 120 万港元的支票。装货完毕由带队司机签回一张货物收据。我外贸公司一方面将支票委托银行代收款项，另一方面将货运单据交议付行议付 80 万港元。

结果，两方面收款都发生问题，支票是空头支票；信用证项下的单据被送到开证行时，开证行提出有两点不符，拒绝付款：①商检证是由广东省进出口商品检验局而不是由中国进出口商品检验局签发；②货物收据上的签字是伪造的。

我公司立即查询货物的下落，据了解该货柜车运港后直接装上海轮驶往美国，其他情况不详。我公司同时又追查买方，但买方已关门搬家。

你认为我方应如何处理此案？应吸取什么教训？

2. 某抽纱厂连续三次自带一个香港客户找我国某外贸公司办理代理出口业务，商品品种、价格数量、支付方式等条件都已由工厂和客户商定，由工厂和外贸公司签订购销合同，由外贸公司同港商签订出口合同，出口合同的支付方式是由港商在香港将银行本票交给外贸公司驻港人员，收票发货。

第一次交易金额10万港元，顺利收汇。第二次交易金额15万港元，也顺利收汇。第三次交易金额达230万港元。第三次交易签约后，港商通知某外贸公司，定于下周末在香港交付银行本票，同时将派货柜车到深圳提货，某外贸公司于是向工厂办理提货手续，并付清人民币货款，备妥待装。

星期六上午11时，该港商约见某外贸公司驻港人员，共进午餐，席间将金额为230万港元的银行本票交给该驻港人员，并要求立即通知深圳发货。该人员查看银行本票的格式和印章与以前两次无异，不疑有他，当即照办，深圳星期六下午将货物发出。饭后，该驻港人员持凭银行本票到有关银行提款，因已过下午一点钟，银行已关门休息。该驻港人员至下星期一上午再到银行提款，才知该银行本票是伪造的，立即通知国内，但货已被提走，不知去向。外贸公司派人按址去找客户，客户已关门搬走。外贸公司去找工厂，工厂说这是外贸公司自己工作失误，收了假票便发货，与工厂无关。

在本案中，我们应当吸取哪些经验和教训？

第八章 国际贸易融资

本章学习要点

- 熟悉国际保理业务的概念及当事人、基本程序和作用；
- 熟悉福费廷业务的概念及当事人、基本程序和作用；
- 了解短期贸易融资业务的种类及一般内容；
- 了解中长期贸易融资业务的种类及一般内容；
- 了解我国对外贸易融资的一般情况。

导入案例

我国某贸易公司是一家中小企业，其业务发展良好，进口渠道稳定，下游生产企业实力雄厚。该公司拟从美国某公司进口一批金额为 600 万美元的生产原料，计划缴纳 100 万美元的开证保证金，其余 500 万美元占用其授信额度，申请对外开立信用证，即申请 500 万美元减免保证金开证的综合授信额度。银行于 2 月 18 日将信用证开至美国，3 月 25 日价值 600 万美元的进口单据到达开证行。该企业接受单据，并将其余 500 万美元划入其在开证行的结算账户，银行于 3 月 21 日对外付汇，该企业综合授信额度重新恢复到 500 万美元。

分析：信用证的开证额度，是银行给予客户核定的减免保证金开证的最高额度，只要客户开立的信用证金额不超过该金额，银行可以减免保证金，减轻进口商的资金压力。开证授信额度的正确使用，可以减免保证金开证，延迟企业的资金占用，加快资金流转，提高企业的资金使用效率，是银行为企业提供的一种非常有效的进口融资便利。

第一节 短期贸易融资

贸易融资是指以真实的进出口货物交易为基础，由交易一方或金融机构向进口商或出口商提供信用或货币资金,以帮助进出口商在贸易货款收回之前改善流动资金状况,从而保证进出口贸易的顺利进行。根据提供信贷主体的不同,对外贸易融资可分为商业信用(commercial credit)和银行信用(bank credit)。前者是进口商和出口商之间相互提供的信贷,如进口商的预付货款和出口商的货到付款;后者是银行或其他金融机构向进口商或出口商提供的贸易信贷。

根据信贷对象的不同,短期贸易融资可分为对出口商的融资和对进口商的融资。

一、对出口商的融资

对出口商的信贷包括进口商对出口商的预付款、经纪人对出口商的短期融资、银行对出口商的信贷融资。

(一)进口商对出口商的预付款

预付款是指进出口商签订贸易合同后,进口商预先将货款付给出口商,实际上是进口商对出口商提供信贷,是国际贸易中进口商对出口商提供的短期融资中的最主要方式。在国际贸易中,只有在一些比较特殊的情况下,如在某些商品极端供不应求,存在异常突出的"卖方市场"或为了取得比较优惠的购货条件(售价低廉等)的情况下,才采用预付货款方式。

预付货款有部分预付和全部预付两种。有时出口商为了防止进口商不履约,要求进口商预付货款的5%~10%作为定金保证,这是部分预付,由于它占货款总额的比重很小,不能算作是真正意义上的进口商对出口商的短期融资。只有预付全部货款或预付相当大部分货款才是真正融资,因为这时出口商才能有效地利用这笔预付货款。

(二)经纪人对出口商的短期融资

在西方国家的对外贸易中,特别是在粮食和原材料的进出口方面,经纪人发挥很大的作用。出口商的出口贸易需同国外经纪人合作,以利销售。在一定条件下,也可要求经纪人提供资金融通。经纪人对出口商的短期融资有无抵押采购商品贷款、货物单据抵押贷款和承兑出口商汇票等形式。

▶ 1. 无抵押采购商品贷款

经纪人通常在与出口商签订合同时,便对出口商发放无抵押采购商品贷款。合同规定,在一定时期内出口商必须通过经纪人经销一定的商品。这种贷款常以出口商签发的期票作为还款担保,贷款金额相当于交售给经纪人货价的25%~50%,以未来的商品抵押贷款为偿还。

▶ 2. 货物单据抵押贷款

货物单据抵押贷款是经纪人凭出口商提供的货物单据作为抵押品发放贷款。按货物所在地的不同,经纪人所提供的货物单据抵押贷款可分为:出口商国内货物抵押贷款、在途货物抵押贷款、运抵经纪人所在国家的货物抵押贷款以及运抵某第三国的货物抵押贷款。这些货物抵押贷款通常用于偿还无抵押贷款。

▶ 3. 承兑出口商汇票

经纪人承兑出口商开立的、以经纪人为付款人的远期汇票,出口商就可以将已承兑的汇票至银行或贴现公司进行贴现,取得现款。实际上,这是经纪人通过承兑汇票的方式,向出口商提供的一种短期融资。经纪人在办理承兑的过程中收取手续费。

经纪人通过提供信贷，以加强对出口商的联系和控制。因为这种信贷诱使出口商必须通过经纪人出售货物，甚至在他们有可能将货物直接卖给进口商的情况下，也要通过经纪人出售。

（三）银行对出口商的信贷融资

国内外银行都积极支持对出口商的信贷。在整个出口过程的各个环节都可以为出口商提供各种名目的信贷服务。银行对出口商的信贷融资可分为装运出口前融资和装运出口后融资。装运出口前融资一般不另外要求提供抵押品，但为了证明交易的真实性，银行常要求提供信用证、销售合同或仓单等。装运出口后融资多以半年为限，最长不超过一年，银行凭货运单据，主要是提单给予融资。

银行对出口商的短期融资有无抵押品贷款、出口商品抵押贷款、凭信托收据贷款、打包贷款、出口押汇、票据信贷等。

▶ 1. 无抵押品贷款

无抵押品贷款（unsecured ioans）即出口地银行给得到国外订单的生产厂商提供的无抵押的用于安排出口商品生产的专用贷款。这种贷款，既可以允许通过支票账户透支的方式来办理（又称为透支信贷），也可以通过开立特种账户的方式来办理。

▶ 2. 出口商品抵押贷款

出口商品抵押贷款即出口地银行给出口商提供的、以出口商的出口储备货物为抵押、用于继续采购或日常营运的专用贷款。这种贷款一般以透支方式进行。按抵押货物市价的50%～70%放贷，如果货价下跌，银行便要求出口商偿还部分贷款，以维持符合抵押贷款与原货价的比例；否则也可以提供其他商品作为保证。

▶ 3. 凭信托收据贷款

国内生产商发货给出口商后，委托银行向出口商代收货款。这时出口商货未销出，无款可付，就可凭信托收据（trust receipt，T/R）先借提单提货，出口地银行为出口商垫付货款。这里，银行向出口商提供的是一种商品信贷而非货币信贷，且在出口商还清银行的垫款之前，凭单所提取的货物的所有权属于银行。

▶ 4. 打包贷款

打包贷款（packing credit）也叫装船前贷款，是银行对出口商在接受国外订货到货物装运前这段时间所需流动资金的一种贷款。银行向出口商发放打包贷款的依据是进口商开来的信用证、得到认可的出口成交合同、订单或表明最终开出信用证的证明。从形式上看，打包贷款属于抵押贷款。实际上，其抵押对象是尚在包装中，还没有达到可以装运出口程度的货物。贷款的期限通常为3～6个月。办理这种贷款多在信用证项下，并且另立户头由出口商陆续支用，非一次提取。在出口商完成装运，并向银行交付装运单据后，贷款银行将出口打包贷款改为出口押汇，从出口押汇款中扣除打包贷款的本息。

▶ 5. 出口押汇

出口押汇即在途货物抵押贷款，是出口地银行给出口商提供的，以装船提单及/或汇票的转让或抵押为条件，用于偿还前期贷款的专用贷款。出口押汇又分为净额押汇和部分押汇。净额押汇是指银行将信用证项下货款或托收货款在预先扣除利息和押汇费用之后的净额垫付给出口商的行为。部分押汇则是指银行只垫付部分信用证项下货款或托收货款给出口商的行为。银行在单证相符的条件下叙做出口押汇,且对出口商保留追索权。

▶ 6. 票据信贷

票据信贷是指银行(多为出口地银行)给出口商提供的单纯以票据为依托的各种信贷或融通,包括承兑信用额度、贴现和押款等多种形式。

(1) 承兑信用额度,是指托收项下出口地银行为出口商承兑其出具的融资汇票,或者是卖方远期信用证项下付款行(开证行或代付行)为出口商承兑其信用证项下的汇票等融通行为。

(2) 贴现,是指出口地银行按一定贴现率扣除贴现息之后的净额受让出口商持有的远期汇票。一般来说,银行只贴现经过高资信银行承兑的远期汇票。

(3) 押款,是指出口商在取得装船提单抵押贷款时,也将进口商签发的汇票交给银行作为补充担保品。汇票有即期汇票和远期汇票之分。对于即期汇票,若出现进口商拒不赎单时,银行可向出口商行使追索权,要求出口商兑付汇票,并对船上货物进行质押;对于远期汇票,在进口商承兑汇票后,装船提单便移交进口商,银行只留下进口商的承兑汇票,因此,银行提供的贷款实际上是汇票抵押贷款。银行做押款格外慎重,尤其是对于进口商承兑的汇票只能做部分押款,并且最好要求进口商银行提供担保。

二、对进口商的融资

对进口商的融资有出口商对进口商提供的融资和银行对进口商提供的融资。

(一) 出口商对进口商提供的融资

出口商对进口商提供的信贷主要是赊账融资,即出口商给予进口商的各种延期付款便利。它有多种不同的具体方式。

▶ 1. 记账信贷(open book account credit)

进出口双方商定相互间的贸易采用货到后汇款的支付方式,并互开账户,出口方将出口商品发运后,将进口商应付货款借记进口商账户,而进口商则将这笔货款贷记出口商账户,然后按约定期限进行清算。这种信贷方式需要交易双方有可靠的贸易伙伴关系,尤其适用于双方有长期的经常性往来关系。

▶ 2. 票据信贷(bill credit)

出口商向进口商做 D/A 托收,或者是出口商直接将货物/货物单据寄交进口商,然后再凭经过进口商承兑的远期汇票向进口商做光票托收等都属于出口商给予进口商的票据信贷。这时,出口商也可以要求进口商提供延期付款银行保函或银行的票据保证等来为自己的商业信贷提供支持。

▶ 3. 信用证融资

出口商同意进口商出具远期信用证(包括延期付款信用证、卖方远期信用证和带远期汇票的议付信用证)来延期付款就属于出口商给予进口商的信用证信贷。

▶ 4. "D/P,T/R"信贷

出口商授权进口方银行向进口商做"D/P,T/R"托收就属于出口商给予进口商的"D/P,T/R"信贷。

（二）银行对进口商提供的融资

银行对进口商提供的短期贸易融资也有多种形式。

1. 无抵押贷款

进口地银行向进口商提供的无抵押的用于日常营运的专用贷款。这种贷款多以允许支票账户透支的方式来办理，即银行允许给关系密切的进口商提供透支信用，允许企业向银行签发超过其账户余额金额的支票以融通急需的资金。

2. 提供信用证融资额度

提供信用证融资额度是进口地银行根据客户融资额度以不收取或少收取开证押金的形式，为进口商开立信用证的融资形式。

3. 进口押汇

进口押汇即进口货物抵押信贷，指进口地银行在信用证项下或 D/P 托收项下，凭受益人提交的货运单据为抵押替进口商垫付货款的融资形式。

4. T/R 信贷

T/R 信贷是进口地银行在信用证项下或 D/P 托收项下，为进口商垫付货款后凭信托收据借单提货的融资形式。

5. 票据信贷

票据信贷是指进口地银行给进口商提供的单纯以票据为依托的各种信贷或融通活动，包括承兑信用、汇票担保和承兑信用贴现等多种形式。

（1）承兑信用即银行承兑，是银行对外贸融通资金的主要方式，指托收项下进口地银行为进口商承兑由出口商出具的汇票，或者是买方远期信用证项下开证行为进口商承兑其信用证项下的融资汇票等融通行为。在国际贸易中，出口商为了避免进口商无力付款造成损失，常要求汇票由银行承兑。在进口商与进口地银行商妥后，由进口地银行承兑汇票，就等于进口方银行对进口商提供信用，但银行无须垫付资金。

（2）汇票担保指进口地银行给进口商承兑的汇票提供保证或保函等融资方便。银行无须垫付资金。

（3）承兑汇票贴现。在出口商要求进口商用现金支付的情况下，进口商可以通过银行的信用，与银行协议，向银行签发汇票，由银行承兑，进口商持银行的承兑汇票在市场贴现，以贴现所得现款支付给出口商。

三、国际保理

（一）国际保理的概念

国际保理（international factoring）是在以赊销为支付方式的贸易中，由保理商向出口商提供的将出口贸易融资、销售账务处理、收取应收账款和买方信用担保融为一体的综合性的贸易支付方式。这一金融业务又称为承购应收账款或保付代理等。

（二）国际保理业务的特点

1. 保理业务中，保理商所承购的票据是一种无追索权的票据

出口商对票据的出售是一种卖断，如进口商在票据到期时拒付货款，保理商不能向出

口商行使追索权,全部信贷风险均由保理商承担。这是保付代理业务与银行一般票据业务的根本区别。

▶ 2. 保理业务是一项集资信调查、托收催收账款、代办会计处理等为一体的综合性业务

出售应收账款的出口商多为中小企业,对国际市场状况不甚了解,保理商需代他们对进口商的资信情况进行调查,并承担托收、催收货款的任务。有时保理商为了解进口商的负债状况和偿还能力,还要求出口商提交与进口商交易磋商的全部记录并代为保管。对每年出口业务相对集中的季节性出口企业,保理商还往往为其办理会计处理等业务。此外,保理商有时还代出口商编制单据。

▶ 3. 保理业务促进了国际贸易的增长

保理业务主要用于承兑交单或赊销结算方式的国际贸易,出口商将应收账款卖断给保理商后,一旦海外进口商拒付货款,全部风险将由保理商承担。即使支付货币与本国货币不一致,由此形成的外汇风险也由保理商单独承担。

▶ 4. 保理商只承担进口商的信用风险,不承担商业风险和国家风险

保理商只承担进口商破产倒闭或应付而不付的信用风险,但不承担如货物质量、数量、交货期不符等违约行为导致进口商拒付或少付的商业风险。保理商也不承担进口商国家发生动乱、实行外汇管制等国家风险。

(三) 国际保理的基本运行程序

国际保理业务根据其运作机制可分为单保理方式和双保理方式。单保理方式仅涉及一方保理商。双保理方式涉及买卖双方保理商。双保理是国际上通行的做法,其业务流程如图 8-1 所示。

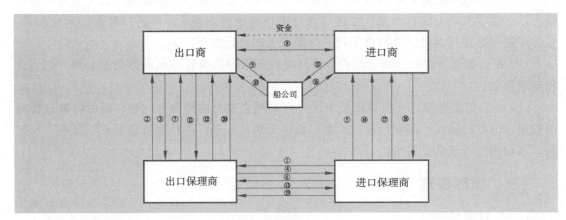

图 8-1 双保理业务流程

① 签订保理代理协议;
② 签订出口保理业务协议;
③ 申请进口商信用额度;
④ 传递信用额度申请表;
⑤ 调查进口商信用额度;

⑥ 反馈信用额度调查结论（确认额度或拒绝）；
⑦ 通知信用额度调查结论；
⑧ 洽商并签订贸易合同；
⑨ 出运货物；
⑩ 提单；
⑪ 应收账款转让通知书及发票或单据，申请融资；
⑫ 无追索权融资；
⑬ 应收账款转让通知书及发票或单据；
⑭ 传递单据；
⑮ 提单；
⑯ 交货；
⑰ 到期索取应收账款；
⑱ 付款；
⑲ 汇交货款；
⑳ 结汇，扣还融资本息。

在这个过程中，出口商只需同本国的保理商接触，进口商也只同进口保理商打交道，非常方便，不存在语言、文化、习惯等方面的障碍。

无论是单保理还是双保理，如果进口商未在到期日付款，则保理商要在到期后的第90天无条件地付款。双保理时，进口保理商要向出口保理商付款。

（四）国际保理的功能

▶ 1. 对进口商进行资信调查及评估

对进口商进行资信调查及评估即保理商代出口商对进口商资信情况及商品的市场情况进行调查。由于缺乏广泛的信息网络，对一个出口商来说，调查进口商的注册资本、经营作风、资产负债比例、近期经营状况、所在国的外汇管制、金融政策、国家政局等是难以做到的，而保理商却可以很容易地解决这个问题。进口保理商和进口商同在一地，可通过多种渠道和手段获得最新的资料，使保理商对进口商的资信做出较为客观的评估，并根据资信情况，对进口商核定一个合理的信用额度。资信越高，信用额度就越大。出口商可根据进口保理商核定的信用额度签订销售合同，从而将收汇风险降到最低。

▶ 2. 代收账款

在赊销和承兑交单方式下，出口商要受环境、法律、商业习惯、语言等因素的限制，能否安全收回货款，全凭商业信用，风险很大。而货款能否及时收回，又直接影响到出口商的资金周转。采用保理方式，保理商设有专门的收债人员，拥有专门的收债技术和丰富的经验，并利用所属大银行的威慑力来收债，所以收债率极高。

▶ 3. 账务管理

保理商一般均为大商业银行的附属机构，拥有完善的账务管理制度。出口商发出货物后，将有关的售后账务管理交给保理商。保理商即在计算机中设立有关分账户，输入有关债务人、金额、支付方式、付款期限等信息，以后就由计算机自动记账、催收、清算、计息、收费、打印报表等。这样就为出口商减少了管理人员和办公设备,并且由于保理商负责收款,寄送账单和查询、催收工作,还能节省大量的邮电费等开支。

▶ 4. 风险担保

风险担保又称坏账担保。如果进口商在付款到期日拒付或无力付款,进口保理商将在付款到期日后的第 90 天无条件地向出口保理商支付不超过其核定的信用额度的货款。卖方只要在信用额度内销售,保理商将提供百分之百的信用担保。也就是说,只要出口商对进口商的销售控制在信用额度之内,向保理商提供的是正当的、无争议的债务请求权,就可以完全消除因买方信用造成的坏账风险。但如果因商品质量、服务水平、交货期限等引起进口商的拒付而造成的坏账,保理商将不负责赔偿。

▶ 5. 贸易融资

贸易融资是保理业务最大的优点,保理商可以向出口商提供无追索权的融资,融资的期限一般不超过 180 天,且简单易行、手续简便。卖方在发货后将发票副本提交给保理商,就可以立即获得不超过 80% 发票金额的无追索权的预付款融资,不必像贷款那样办理复杂的审批手续,也不像抵押贷款那样需办理抵押品的移交和过户手续。

知识拓展

国际保理业务的利弊

1. 对出口商的利处

(1) 有利于扩大销售。利用保理业务,出口商可以通过提供最有吸引力的结算方式(O/A 和 D/A)来增强市场竞争力,增加贸易机会,扩大出口。

(2) 提供综合性的服务。保理业务是一种集融资、结算、财务管理、信用担保于一体的结算方式。

(3) 有利于出口商加速资金周转,降低管理费用。保理商提供贸易融资,能减少资金占用以满足营运需求,加速资金周转,进而促进利润增加。同时,保理商提供账务管理,减轻了出口商的负担和管理费用。

(4) 降低风险。在保理公司承购了出口商的票据后,便对出口商无追索权,出口商的债权可以获得 100% 的保障,排除了坏账损失。

(5) 手续简便。在保理业务项下,出口商可以避免信用证项下最烦琐的单证手续和信用证条款的约束,避免了因非实质性不符而遭拒付的风险。

(6) 有利于企业的有价证券上市与进一步融资。出口商利用保理业务,出卖票据后,立即收回现金,使其资产负债表中的资产增加了,从而改善了资产负债的比率,有利于企业的有价证券上市与进一步融资。

2. 对出口商的弊端

(1) 保理商只承担信用额度内的风险,对超过的部分不予担保。

(2) 对于因货物质量、数量、交货期不符等违约行为引起的拒付、少付不予担保。

(3) 费用高,对业务量有一定的要求,使一些小企业无力享受这项服务。

(4) 出口商必须向保理商出售全部合格的应收账款,没有选择的余地。

(5) 保理商收取的手续费标准可能较高。

第二节 中长期贸易融资

对外贸易短期融资期限一般均在1年以内，只能满足商品周转较迅速、成交金额不大的资金需要。一些大型机械设备周转期长、成交额大，进出口商需期限较长的信贷支持。因此，经济发达国家的商业银行和对外贸易银行常常向本国的出口商或国外的进口商发放期限在1～5年或5年以上的对外贸易中长期融资，以促进本国大型机械设备或成套项目的出口。与对外贸易短期融资相比，对外贸易中长期融资不仅向进出口商融资，而且还是垄断资本争夺销售市场的武器。

对外贸易中长期融资中，出口信贷占据主要地位，所以人们也把国际贸易中长期融资简称为出口信贷。

一、出口信贷概述

（一）出口信贷的概念

出口信贷是一种国际信贷方式，是出口国的官方金融机构或商业银行以优惠利率向本国出口商、进口方银行或进口商提供的信贷。具体地说，是发达资本主义国家为支持和扩大本国商品出口，特别是大型机器设备的出口，增强出口商品的国际竞争能力，争夺海外市场，以对本国的出口给予利息补贴并提供信贷担保的方法，鼓励本国的银行对本国出口商或外国进口商（或进口方银行）提供低息贷款，解决本国出口商资金周转的困难，以达到增加本国出口的目的的一种融资方式。

（二）出口信贷的特点

▶ 1. 贷款的用途被严格限定

必须与出口项目相联系，即贷款只限于购买贷款国生产的资本类货物（一般规定出口商品的价值构成至少要有50%以上是由提供贷款国制造的）。

▶ 2. 贷款的期限较长，一般为分期偿还

贷款期限多为1～5年，甚至有的长达30年以上。

▶ 3. 贷款金额的起点较高

不同出口国及其对不同进口国提供出口信贷金额的起点各不相同，另外不同种类出口信贷的起点金额也不相同。目前，我国向外国以及外国向我国提供买方信贷的最低起点均为5万美元。

▶ 4. 贷款的利率较低

通常低于一般中长期信贷的市场利率，利差由政府补贴。

▶ 5. 贷款金额

贷款金额一般只能占合同金额的85%，其余15%要求买方用现汇支付。

▶ 6. 一般要求与出口信用保险相结合

由政府支持的出口信用保险机构提供保险，这样，信贷风险完全由政府承担，参与提

供贷款的银行就没有了后顾之忧。

出口信贷不仅是信贷融资,而且还包括保险与担保两项业务内容。出口信用保险不但为出口商提供了出口收汇安全的保障,而且为出口商从银行(或金融机构)取得贷款奠定了基础。而担保是政府以更直接有效的方式支持商业银行(或金融机构)向出口商或国外进口商提供贷款。由此可见,保险或担保是出口信贷的基础,融资是出口信贷的核心。

出口信贷按接受对象不同可分为卖方信贷和买方信贷两种。

二、卖方信贷

(一)卖方信贷的概念

出口方银行为支持出口商在出口贸易中以延期付款方式出售大型或成套的资本类货物,而对出口商提供的中长期优惠信贷。

(二)卖方信贷的业务程序

(1)出口商与进口商签订以延期付款或赊销方式买卖大型机器设备或配套设施的合同;

(2)进口商先支付10%~15%的定金,在分批交货、验收和保证期满时再分期付给10%~15%的货款,其余70%~80%的货款在全都交货后分期偿还,并付给延期付款期间的利息;

(3)出口商根据买卖合同向其所在国的出口信贷机构申请卖方信贷;

(4)出口信贷机构对出口商的申请与其他资料进行审查,如符合有关条件,即可签订贷款协议,并支付贷款资金;

(5)进口商按合同规定分期偿还货款;

(6)出口商按协议要求分期偿还出口信贷机构的贷款本金与利息。

(三)卖方信贷的利弊

▶ 1. 对于进口商

采用卖方信贷对进口商有利的是:手续简便,进口商只要与出口商洽谈商品、价款、延期付款的利率,并签订一次合同就行了,而且不必一边商谈,一边解决进口商品的资金。不利的是在出口商的报价问题上。如果买方要采用延期付款的方式,出口商的出口商品报价除了考虑汇价风险外,还要把向出口方银行申请贷款时所发生的一切费用都加到货价内一并报出。因此,进口商不可能了解到该商品的真实货价,无法与其他国家的同类产品进行比较。

▶ 2. 对于出口商

采用卖方信贷对出口商有利的是:出口商在成交前或成交后,资金来源没有问题,而且可以利用延期付款的加价手段来谋取超额利润。不利的是:由于出口商允许买方延期付款,这就有可能出现进口商到时不能按期归还贷款及利息的问题,使出口商受到损失。因此,出口商在使用卖方信贷获得融资时,要加强对进口商的资信调查,采取一定的保护性措施,防范买方的信用风险。

三、买方信贷

(一) 买方信贷的概念

出口方银行为支持本国大型或成套的资本类货物的出口贸易,而对外国进口商或通过进口方银行向进口商提供的中长期优惠信贷。买方信贷的基本要求是,借款方必须将所得到的贷款资金用于购买贷款国的出口商品,因此,买方信贷也称为约束性贷款。

(二) 买方信贷的程序

买方信贷包括直接贷款给进口商或通过进口商所在国银行向进口商转贷款两种方式。

1. 直接贷款给进口商的买方信贷

(1) 买卖双方以即期现汇成交,合同签订后,买方先付相当于货价15％的定金;
(2) 买方再与出口方银行签订贷款合同;
(3) 85％货款由出口方银行贷给进口商,用于按即期现汇条件支付给出口商;
(4) 进口商按贷款协议分期偿还出口商所在国银行,并支付利息。

2. 由进口商所在国银行转贷款的买方信贷

(1) 买卖双方以即期现汇成交,合同签订后,买方先付相当于货价15％的定金;
(2) 根据进出口银行间签订的贷款合同,由出口方银行直接向进口方银行提供信贷;
(3) 进口方银行转贷给进口商使用;
(4) 进口商利用这笔贷款向出口商支付现汇;
(5) 进口商分期向进口方银行偿还贷款;
(6) 进口方银行按贷款协议分期偿还出口方银行,并支付利息;
(7) 进口方银行与进口商按双方商定的办法清偿结算。

(三) 买方信贷的优点

目前,买方信贷是国际上采用的出口信贷的主要形式,其主要原因是这一方式对进口商、出口商、出口方银行及进口方银行都比较有利。

1. 对于出口商

(1) 可以促成需要长期占用巨额资金的大宗贸易。因为卖方信贷须由出口商向进口商提供延期付款,是建立在商业信用基础上,而商业信用有其自身的周转资金实力上的局限性,那些需要长期占用巨额周转资金的贸易项目,会给出口厂商造成周转资金方面的巨大困难,使卖方信贷难以实现。而买方信贷则是直接以银行信用为基础的(直接由银行向进口方提供贷款),银行有着雄厚的资金实力,从而可以促成使用卖方信贷难以做成的大宗贸易项目。
(2) 避免了由自己筹资的困难和麻烦。
(3) 风险较小,资金周转较快。利用买方信贷,出口商可以较快收回货款,避免了在卖方信贷下卖方要承担买方到期不付款的风险,同时加快了自己的资金周转。
(4) 可以改善其资产负债表。利用买方信贷可以减少出口商资产负债表上的应收账款和负债。

2. 对于进口商

(1) 可以得到真实的货价,可避免在价格谈判中对延期付款的价格构成难以确切了解。

（2）由于不涉及延期付款的加价问题，可以把更多的精力放在对于技术条款的谈判上，避免因价格谈判纠缠不清而分散了注意力。

（3）使用买方信贷的借贷成本通常低于使用卖方信贷的延期付款加价成本。

（4）可以长期借用利率优惠的外国贷款。

▶ 3. 对于出口地银行

（1）发放买方信贷的风险小于卖方信贷。因为贷款给进口地银行或经进口地银行担保而贷款给进口商时，都有银行信用作为保证，其风险一般小于贷款给国内企业的商业信用信贷。

（2）发放买方信贷比卖方信贷省事。因为在卖方信贷下，出口地银行需要经常关注出口商的应收货款收回情况甚至其生产经营情况。而在买方信贷下，出口地银行只须关注进口地银行的资信情况就可以了，相对要省事一些。

（3）买方信贷为出口国银行资金在国外的运用开拓了出路。

▶ 4. 对于进口地银行

可以为进口地银行增加信贷业务，同时，与出口地银行直接打交道，彼此有一定的业务往来，就贷款方面的一些问题可进一步协商，争取较为有利的贷款条件。

四、福费廷

（一）福费廷业务的定义及其当事人

福费廷（forfaiting 的音译）又称包买票据业务，是指包买商（forfaitor，通常是商业银行或银行的附属机构）从出口商那里无追索权地购买已经承兑的并经进口商所在地银行担保的远期汇票或本票。即包买商对未到期的应收账款进行无追索权的贴现，这种应收账款采用远期汇票或本票的形式，产生于正当贸易。由进口商所在地的一流银行在票据上加签担保，以便出口商向当地银行或金融机构进行贴现融资，且贴现机构对出口商无追索权。

福费廷是一种非常重要的中长期融资业务，融资期限至少是 180 天，以 5~6 年的较多，最长达 10 年。

福费廷属于担保业务的一种类型，是票据担保业务中最常见的形式。当事人主要有四个：

（1）进口商，福费廷交易的债务人，承担到期支付票据款项的主要责任。

（2）出口商，福费廷汇票的卖主，为保护自己不受追索，将有关票据无追索权地售给包买商以提前取得现款，是出口信贷的一种类型。由于远期汇票的期限一般都较长，所以福费廷交易也被译为"中长期出口票据贴现融资"。

（3）担保人，一般是进口商所在地的一流银行，为进口商的按期支付提供不可撤销的、无条件的银行担保。

（4）包买商，即福费廷融资者，通常为出口地的银行或其附属机构，对出口商持有的由进口商承诺支付并经过担保的远期汇票进行贴现，且对出口商无追索权。

（二）福费廷业务的程序

福费廷业务的程序：福费廷协议→提交单据→寄单→承兑→买断→到期日付款。

(三) 福费廷业务的作用

▶ 1. 对出口商的作用

(1) 终局性的贸易融资便利。福费廷是一种无追索权的终局性的贸易融资便利，出口商一旦取得融资款项，就不必再对债务人偿债与否负责，同时不占用银行授信额度。

(2) 改善现金流量。出口商叙做福费廷，实际上是将赊销变成了一次现金交易，有效地解决了应收账款的资金占压问题，有利于出口商改善财务状况和清偿能力，从而改善出口商的资产负债表，有利于其有价证券的发行。

(3) 提前办理退税。出口商可提前办理退税，根据国家外汇管理局规定，只有出口商实际收汇后，才允许银行为企业出具出口核销联，办理出口退税。而出口商获得包买商无追索权的贴现款后，就视为正常收汇，即可办理外汇核销及出口退税手续。而在其他的融资业务（如打包放款、出口押汇、出口贴现等）中，均不能出具核销专用联。

(4) 保护出口商的利益。福费廷业务的保密程度好，没有商业贷款的公开性，有利于保护出口商的利益。

(5) 节约管理费用。出口商不再承担资产管理和应收账款回收的工作及费用，从而大大降低管理费用。

(6) 规避各类风险。出口商叙做福费廷后，不再承担远期付款项下可能产生的利率、汇率、信用及国家等方面的风险。

(7) 增加贸易机会。出口商能以延期付款的条件促成与进口商的交易，避免了因进口商资金短缺无法开展贸易的局面。

(8) 实现价格转移。出口商可以提前了解包买商的报价，可将报价相应地转移到商品的货价中去，从而规避融资成本。

但是，叙做福费廷业务成本较高，可以说它属于批发性融资工具，最适合100万美元以上的大中型出口合同，如机械设备出口合同等。对金额小的项目而言，其优越性不明显。

▶ 2. 对进口商的作用

对于进口商来说，有利的方面在于，不像利用买方信贷那样，进口商要多方联系、多方洽谈、签订多份合同。叙做福费廷业务手续简便，而且进口商可使用延期付款。不利的方面在于，出口商可能将叙做福费廷业务有关部门的费用都计算在货价内，使货价较高。而且进口商要寻找担保银行，对出口商开出的远期汇票进行担保，为此进口商要向担保银行交付一定的保费或抵押品。

(四) 福费廷业务与保理业务的比较

福费廷业务与保理业务都属于融资结算业务，在融资担保和支付条件融为一体的今天，这两种新型的结算方式在我国将被越来越广泛地应用。两者的出口商都可以在贸易合同规定的收款期之前获得部分或全部货款，而且是无追索权的，只要出口商提供的债权（无论是应收账款还是应收票据）是由正当交易引起的、不受争议的，而且符合保理商和包买商的其他规定，那么即使进口商违约或破产倒闭而产生信用风险，或因进口国政局政策发生变化而产生国家风险，都由保理商和包买商承担。但由于它们各自的特点不同，这两种融资方式在融资领域、融资期限、风险承担方式上有着不同，如表8-1所示。

表 8-1 福费廷与国际保理比较

项　　目	福费廷业务	保理业务
融资领域	主要适用于资本性货物交易及大型项目交易	主要适用于日常消费品或劳务的交易
融资金额	每笔交易金额相对较小，一般是经常性持续进行的	每笔交易金额较大，是一次性交易
融资期限	短期贸易融资	中长期贸易融资
融资风险	风险较大	风险小
融资比例	出口商按票面金额100%获得融资，不承担任何风险	出口商按发票金额80%的融资，承担20%的残留风险
融资所需单据	可流通的票据（如信用证、远期汇票或本票）	不可流通的票据（如账面应收款项）

第三节 我国的对外贸易融资

国际贸易融资业务已经成为我国商业银行拓展国际市场的重要契机，已日益为国内商业银行所重视。正因为如此，一些银行正致力于新型贸易融资业务的发展。所谓的新型贸易融资业务是相对而言的，这些业务之所以称为新型，主要是因为国内尚未开展或尚未普及推广。发展新型贸易融资业务，对商业银行具有重大的意义。它有助于增强银行在同业竞争中的地位，也有助于迎接入世后外国银行及外资银行的挑战。由于贸易融资品种丰富多样，其风险也各异，所以采取充分有效的措施来防范、控制和规避风险是极为重要的。

一、出口买方信贷

（一）贷款对象

出口买方信贷贷款对象为银行认可的从中国进口商品的进口方（买方）银行。在特殊情况下，也可以是进口商。出口买方信贷主要适用于支持我国进出口公司和出口企业出口国家允许的由中国制造的机电产品、成套设备、单机和其他机电产品。贷款所支持的出口设备应以我国制造的设备为主，其国产率成套设备应不低于70%，船舶不低于50%。

（二）贷款的条件

各家银行在具体要求上存在一定的差异，如中国银行出口买方信贷办法规定，商务合同、出口方和借款人需满足有关的贷款要求，主要条件如下：

(1) 商务合同项下进口方应支付15%的预付款；
(2) 贷款金额最高不超过商务合同价的80%～85%；
(3) 借款人需向保险公司投保出口信用险；
(4) 按贷款人的要求签订贷款协议；
(5) 由借款国的中央银行或财政部出具贷款担保；
(6) 根据商务合同的期限确定支款期限；

（7）商务合同符合双方政府的有关规定，并取得了双方政府的有关批准；

（8）贷款货币为美元；

（9）商务合同的金额不低于100万美元；

（10）商务合同项下的出口结算应在我行进行；

（11）商务合同应先于贷款协议生效。

（三）贷款金额、利率与期限

成套设备及其他机电产品的贷款金额不超过商务合同总价的85%，船舶不超过商务合同总价的80%。贷款金额中可包括适当比例的技术服务费、当地费用和第三国采购费用。

出口买方信贷的利率本着优惠的原则，参考经济合作发展组织每月公布一次的商业参考利率(CIRR)来确定。中国银行通常采用贷款协议签署当月的商业参考利率。该利率为固定利率。在某些情况下，中国银行也采用浮动利率。

中国银行出口买方信贷办法规定，贷款期限的上限是自贷款协议签订之日起至还清贷款本息之日止，一般不超过10年。

（四）费用

中国银行出口买方信贷项下的费用主要有两项：承担费和管理费。

（1）承担费。该费用自贷款协议签署之日至贷款全部支完为止，按贷款未支用余额计收，每半年支付一次。

（2）管理费。该费用按贷款金额一次性收取，一般在贷款协议签署之后30天之内支付。

根据商务合同和贷款条件的不同，贷款人有时也要求借款人或出口方支付出口信贷项下的律师费和差旅费。

二、出口卖方信贷

（一）出口卖方信贷的对象

出口卖方信贷的对象应是具有法人资格、经国家批准有权经营机电产品出口的进出口企业和生产企业。凡出口成套设备、船舶及其他机电产品，合同金额在100万美元以上，并采用一年以上延期付款方式的资金需求，均可申请使用出口卖方信贷贷款。

（二）申请出口卖方信贷应具备的条件

（1）借款企业经营管理正常，财务信用状况良好，有履行出口合同的能力，能落实可靠的还款保证并在中国银行开立账户；

（2）出口项目符合国家有关政策和企业的法定经营范围，经有关部门审查批准并有已生效的合同；

（3）出口项目经济效益好，换汇成本合理，各项配套条件落实；

（4）合同的商务条款在签约前征得中国银行认可；

（5）进口商资信可靠，并能提供中国银行可接受的国外银行付款保证或其他付款保证。

（三）出口卖方信贷币种、金额、期限和利率

（1）贷款币种和金额。出口卖方信贷为人民币贷款，贷款金额最高不超过出口合同总金额的85%。

（2）贷款期限。贷款期限自签订借款合同之日起，至还清贷款本息日止，最长不超过

10年(含宽限期)。

(3) 贷款利率。贷款利率根据中国人民银行的有关规定执行优惠利率，如果中国人民银行调整利率则随之做相应变动。

三、打包放款

打包放款是与信用证有关的贸易融资形式之一，是一种装船前短期融资，指出口地银行为支持出口商按期履行合同、出运交货，向收到合格信用证的出口商提供的用于采购、生产和装运信用证项下货物的专项贷款。在国外进口商不接受预付货款条件但同意开立信用证，出口商流动资金短缺时，出口商可向银行申请打包放款。这样，出口商在自有资金不足的情况下仍然可以办理采购、备料、加工，从而顺利地开展贸易。

四、出口押汇

出口押汇是在出口商发出货物并交来符合合同要求（若是信用证结算方式，则以信用证要求为依据）的单据后，银行应出口商要求向其提供的以出口单据为抵押的在途资金融通。出口押汇包括信用证出口押汇和托收出口押汇。前者银行收款的对象是开证行，其风险小；后者银行收款的对象是进口商，风险较大。我国商业银行在国际出口信用证业务中大多有出口押汇的实践，且倾向于做信用证项下的出口押汇。

五、出口贴现

出口贴现是银行保留追索权地买入已经银行承兑、未到期的远期票据，为出口商提供短期资金融通的业务。在承兑信用证项下，远期汇票被银行承兑后，出口商如遇临时资金周转困难而需要短期资金融通时可选择出口贴现。出口贴现业务是目前商业银行最愿意提供的贸易融资业务，其手续也最简便。

六、进口押汇

进口押汇是指进口商以单据为抵押向进口地银行申请的一种融资业务。一般银行不用直接贷款给进口商，而是根据进口商的请求，开立以银行担保付款的保证文件，以银行信用向国外出口商或出口方银行担保。进口押汇包括托收业务下的进口代收押汇和进口信用证押汇两种类型。

办理进口押汇，是国外出口方银行寄来汇票和单据后，进口地银行代进口商购买汇票及单据，然后向进口商提示付款。由于进口方银行有汇票及单据为抵押，进口商如拒付，则银行不予交单，并有权处理货物以抵偿垫款。

进口押汇的融资比例为发票或汇票金额的100%，押汇期限一般为1～3个月，押汇利率由双方协商决定。利息支付采用"后收利息法"，即在押汇到期后，银行从企业的账户扣除押汇本金及利息。进口押汇一般使用托收业务和信用证业务下的货币直接对外付款，不可兑换成本币使用。

七、提货担保

提货担保是指在信用证结算方式下，载货船舶早于运输单据到达卸货港时，进口商为了及时提货，避免货物滞港，由进口商或其代理人出具并由银行加签凭以向承运人办理提货手续的一种保函。

实务中，只有运输方式为海运，信用证规定提交全套提单且仅限于信用证项下的进口货物，才能申请这种担保。进口商凭提货担保提取货物后，即使将来收到的单据存在不符点，也不能对银行拒付。

由于进口商在未付款之前就能取得代表货物所有权的单据，将单据提交到轮船公司提取货物后经销售，于到期日再向银行付款，不仅可以缓解进口商资金周转困难，增加进口商净现金流入量，提高偿债能力，而且还能使进口商把握市场先机，节约时间。

八、授信开证

授信开证是指进口商到银行申请开立信用证时，在免交开证保证金或不提供抵押、质押或免交信用担保的情况下，开证行对其在确定的信用额度内开立信用证的一种融资方式。授信开证可以满足进口商在信用证项下短期资金融通的需求，能减少进口商资金占压，加快资金周转，提高资金使用效率和增加资金使用效益。通常情况下，银行在进口商申请开立信用证时，为了避免因进口商破产倒闭无力付款带来的风险，会要求其提供开证保证金或提供抵押、质押或信用担保而开证。但对于资信良好的长期往来客户，开证行通常可根据客户的资信、经营状况和业务量确定开证额度。银行内部对开证额度按余额进行控制，只要进口商申请开立信用证的金额不超过这一限额，开证行就可以免收保证金、抵押品、质押品或免交信用担保。对于超过信用证额度部分的金额仍按正常开证手续办理。

九、假远期信用证

假远期信用证是指开证行应进口商的要求，向出口商开立的，要求出口商提交远期汇票，但却由开证行或出口地议付银行即期付款的信用证。假远期信用证通常是在买卖双方签订了即期交易，但进口商却面临资金困难的情况下使用的。进口商只要支付银行提前付款的利息和相关费用后，就可以远期付款，通过假远期信用证的使用可以解决进口商资金周转的困难，从而有利于进出口贸易的发展。

思考与练习

一、思考题

1. 分析各种短期贸易融资的特点。
2. 分析各种中长期贸易融资的特点。
3. 银行办理国际保理和福费廷业务中面临的主要风险有哪些？应如何防范？
4. 我国对外贸易融资的方式有哪些？

二、选择题

1. 托收出口押汇是（　　）。
   A. 出口地银行对出口商的资金融通　　B. 出口地银行对进口商的资金融通
   C. 进口地银行对出口商的资金融通　　D. 进口地银行对进口商的资金融通

2. 打包贷款是（   ）。
   A. 对出口商的装运后融资　　　　　　B. 对出口商的装运前融资
   C. 对进口商的融资　　　　　　　　　D. 对船公司的融资
3. 在凭信托收据借单提货的融资方式中，受托人是（   ）。
   A. 进口商的银行　　B. 进口商　　　C. 出口商的银行　　D. 出口商
4. 在国际贸易短期融资中，商业银行对进口商的短期信贷业务包括（   ）。
   A. 托收汇票　　　　B. 假远期信用证　　C. 进口押汇　　　　D. 抵押贷款
5. 票据贴现的特点是（   ）。
   A. 流动性大　　　　　　　　　　　　B. 无因性
   C. 付款期限不得更改　　　　　　　　D. 贴现利息于垫款前扣除
6. 银行拒绝接受客户办理出口押汇申请的原因有（   ）。
   A. 来证限制他行议付　　　　　　　　B. 信用证付款超过90天
   C. 信用证带有软条款　　　　　　　　D. 未能提供全套物权凭证
7. 进口押汇的融资比例为发票或汇票金额的（   ）。
   A. 30%　　　　　　B. 50%　　　　　C. 70%　　　　　　D. 100%

三、案例分析题

1. B公司（出口商）是中国境内一家从事无机化工产品生产的民营科技型小企业。受自身规模等因素影响，该公司无法从银行获得足够的投信额度，因此在产品出口时均要求其境外客户采取预付款和付款交单等方式支付货款。但从2013年年初开始，受国际金融危机的影响，B公司境外老客户出现资金紧张，要求以赊销和承兑交单等方式替代原有的结算方式。面对境外客户的要求，B公司陷入两难境地：一方面希望通过改变结算方式留住老客户；另一方面又担心货款回收期限拉长使企业资金链出现问题，更担心境外客户出现信誉不佳或偿付能力不足等情况，使自身应收账款面临较大风险。F银行（出口保理商）敏锐地捕捉到B公司面临的困境，及时向其推荐了买断型融资性出口双保理业务，解决了B公司的困境。

   请问：F银行如何运作该笔保理业务，其面临的风险是什么？应如何规避？

2. C银行与丙公司签订了包买票据的协议。2015年10月，C银行收到W国A银行N国分行开立的180天远期信用证一份，受益人为该客户丙公司，金额为413 000美元，信用证于2015年11月25日到期，装运期为2015年11月15日之前。2015年11月4日，丙公司发货后，通过C银行将货运单据寄交开证行，以换取开证行A银行N分行担保的远期承兑汇票。2015年12月，丙公司将福费廷所需单据提交C银行卖断，包括"无追索权"背书的已经A银行担保的承兑汇票。2016年2月，W国A银行突然倒闭，A银行N国分行于2017年3月停止营业，全部资金被N国政府冻结，致使C银行垫款无法收回，利益严重受损。

   请问：本案例中，C银行利益严重受损的原因是什么？

第九章 跨境贸易人民币结算

本章学习要点

- 掌握跨境贸易人民币结算的概念和主要内容；
- 熟悉跨境贸易人民币清算模式；
- 了解跨境贸易人民币估算流程；
- 了解跨境贸易人民币估算风险及其防范。

导入案例

A公司是一家具有进出口经营权的国内生产企业，该公司的产品主要销往中国香港地区以港币计价结算。2007年美国"次贷危机"爆发后，受美元汇率波动的影响，港币相对人民币出现了大幅贬值，A公司出口收入急剧下降。2009年7月，我国开始实施跨境贸易人民币结算，A公司积极申请并成为首批试点企业。随后，A公司对香港地区的出口也全部采用人民币计价结算。2010年上半年，A公司的出口收入达到了1.5亿元人民币，与2009年同期相比增长了35%，金融危机对A公司影响甚微。

分析： 跨境贸易人民币结算是金融危机爆发后，我国实施的一项重要的应对危机的举措，对有效降低企业汇兑风险，增强产品竞争力发挥了重要作用。因此，企业应该全面了解该政策，并熟悉各种传统贸易结算工具在跨境贸易人民币结算中的使用。

第一节 跨境贸易人民币结算概述

2008年全球性金融危机爆发后，人民币国际化问题从理论研究层面提升到实际应用的层次，2008年12月—2009年3月中国人民银行先后同韩国、中国香港、马来西亚、白俄罗斯、印度尼西亚和阿根廷6个国家和地区签署了总额6 500亿元人民币的货币互换协议。执行这些互换协议能够将人民币的流动性传送至海外市场，推动以人民币进行贸易结算，向海外银行提供从国内市场购买和借到人民币的手段，这可能会成为向海外市场传送人民币流动性的主要手段。2009年4月，中国政府决定在上海市和广东省内四城市开展跨境贸易人民币结算试点。在汇丰银行和东亚银行在香港相继发行人民币债券后，7月2日，中国人民银行等六部门下发了《跨境贸易人民币结算试点管理办法》，为跨境贸易人民币结算提供了法律依据。

跨境贸易人民币结算试点自2009年7月正式启动至今，各项工作进展顺利，外贸企业和银行对人民币进行跨境贸易结算的需求不断增长。尤其是自2010年6月试点范围扩大以来，人民币跨境结算量呈现平稳较快增长，参与跨境贸易人民币结算试点的企业也不断增多，极大地推动了跨境贸易人民币结算业务的发展，切实促进贸易与投资便利化。

一、跨境贸易人民币结算的概念

跨境贸易人民币结算是指境内符合条件的企业在自愿的基础上以人民币进行跨境贸易的结算，商业银行在人民银行规定的政策范围内，直接为企业提供跨境贸易人民币结算服务。简单地说，是指在跨境贸易活动中以人民币报关，并以人民币结算的国际贸易结算。

由商业银行提供的各种跨境贸易人民币结算相关业务，具体包括汇款、托收、信用证等多种结算方式。具体包括以下含义：

（1）从事跨境贸易人民币结算的企业必须符合规定条件。根据《跨境贸易人民币结算试点管理办法》规定，申请企业须通过所在地省级政府并协调当地有关部门推荐，由中国人民银行会同相关管理部门审核同意后，方可从事跨境贸易人民币结算业务。

（2）从事该项业务应满足自愿原则。因此，相关管理部门既不能强制也不能无故禁止企业从事跨境贸易人民币结算。

二、跨境贸易人民币结算出台的背景与实施过程

（一）实施跨境贸易人民币结算的背景

之所以实施跨境贸易人民币结算，主要与人民币地位、结算需要以及逐步成熟的技术条件有关，具体背景如下。

（1）使用人民币结算与人民币在周边国家或地区的地位紧密相关，特别是2005年人民币汇率形成机制改革后，人民币币值稳中有升，人民币在周边国家或地区广受欢迎。

（2）使用人民币结算有利于国内企业出口。受2007年爆发的国际金融危机影响，美元、欧元等主要结算货币汇率大幅波动，国内企业面临较大的汇率风险。在严峻的国际贸易形势下，使用人民币结算将有利于国内企业规避汇率风险，改善贸易条件，确保对外贸易的稳定增长。

（3）使用人民币结算需通过国内的人民币支付清算系统来实现，经过多年的发展，我国已初步具备了所需的技术条件，且完全有能力满足跨境贸易人民币结算的需要。与此同

时，由于人民币是我国的法定货币，使用人民币结算对拓宽境内金融机构业务范围、增加业务收入将发挥作用。

除此之外，使用人民币结算是落实我国负责任大国形象，并向周边国家或地区提供金融支持以应对金融危机的重要举措。自 2007 年以来，中国人民银行先后与韩国、中国香港、新加坡、马来西亚等国家或地区的货币当局签署了双边本币互换协议，因此只有允许在跨境贸易中使用人民币结算，才能使外国货币当局从货币互换中获得的人民币成为可使用通货。

（二）跨境贸易人民币结算的实施过程

针对金融危机后我国出口大幅下滑的状况，同时为降低因使用第三方货币计价结算所带来的成本和汇率风险，2008 年 12 月，我国首次提出要在广东和长三角地区、我国港澳地区、云南、广西与东盟地区的货物贸易中试行人民币结算的方案，同时还制定了具体详细的实施步骤和细则并付之行动。2009 年 4 月 8 日，国务院决定在上海、广州、深圳、珠海、东莞五个城市开展跨境贸易人民币结算试点工作，并将境外地域范围暂定为我国港澳地区和东盟国家；2009 年 7 月 2 日，中国人民银行、财政部、商务部、海关总署、税务总局、银监会等六部委共同制定了《跨境贸易人民币结算试点管理办法》（以下简称《办法》）并正式对外公布，标志着我国跨境贸易人民币结算业务正式进入实质的运作阶段。2010 年 6 月，中国人民银行、财政部等六部委又联合发布了《关于扩大跨境贸易人民币结算试点有关问题的通知》，将跨境贸易人民币结算的试点地区扩大到 20 个省（自治区、直辖市）。此外，中国还不断加强与境外国家和地区的经济金融合作，从而为跨境贸易人民币结算提供资金支持。2011 年 8 月 22 日，中国人民银行等六部委再次联合下发《关于扩大跨境贸易人民币结算地区的通知》，至此，跨境贸易人民币结算的境内地域范围扩大到全国，而境外地域范围也扩展到所有国家和地区。

我国跨境人民币业务重要政策发展历程如表 9-1 所示。

表 9-1 跨境人民币业务重要政策发展历程

时间	主要事件
2009 年 4 月 8 日	国务院决定在广州、深圳、珠海、东莞、上海 5 个城市先行试点跨境贸易人民币结算
2009 年 7 月 1 日	中国人民银行会同财政部、商务部、海关总署、税务总局、银监会五部委发布《跨境贸易人民币结算试点管理办法》
2009 年 7 月 3 日	中国人民银行发布《"跨境贸易人民币结算试点管理办法"实施细则》
2009 年 7 月 6—7 日	试点工作相继在上海及广东的 4 个城市正式启动
2009 年 7 月 14 日	人民银行会同五个部委下发对 5 市 365 家首批试点企业名单的同意函
2009 年 8 月 25 日	国家税务总局发布《关于跨境贸易人民币结算出口货物退（免）税有关事项的通知》
2009 年 9 月 8 日	海关总署发布《海关总署监管司关于跨境贸易人民币结算试点有关问题的通知》
2009 年 10 月	上海与广东分别上报 963 家和 3293 家第二批试点企业名单

续表

时间	主要事件
2010年6月17日	六部委发布《关于扩大跨境贸易人民币结算试点有关问题的通知》，扩大国内试点范围至20个省区市，并取消境外地域限制
2011年8月22日	中国人民银行会同五部委发布《关于扩大跨境贸易人民币结算地区的通知》，将跨境贸易人民币结算境内地域范围扩大至全国

三、《跨境贸易人民币结算试点管理办法》主要内容

2009年7月1日发布的《办法》共计27条，对跨境贸易人民币结算中涉及的主体、业务程序，以及信息监测与监管等多项内容进行了较为全面的规定，具体包括以下八个方面的内容。

（一）试点企业的选择与银行分类的规定

试点地区政府负责协调商务、人民银行、海关、税务等部门，并确定跨境贸易人民币结算试点企业。为试点企业提供人民币结算服务的境内银行，包括为试点企业开户的境内结算银行(domestic settlement bank)和为境外参加银行(overseas participating bank)开户的境内代理银行(domestic agent bank)，这些境内银行须向中国人民银行当地分支机构备案，以落实相关监测管理规定。

境内结算银行是指境内具有国际结算能力、为试点企业开户的银行，其具体业务包括：按照中国人民银行的规定，对交易单证的真实性及与人民币收支的一致性进行合理审查；按有关规定办理跨境贸易人民币结算国际收支统计申报；按中国人民银行相关要求接入人民币跨境收付信息管理系统并报送人民币跨境收付信息。境内代理银行是指为境外参加银行开立人民币同业往来账户的境内银行，境内代理银行可以同时作为境内结算银行，并为试点企业办理人民币结算业务，但境内结算银行却不一定是境内代理银行。境外参加银行是指直接或间接为境外企业提供开户服务，以及跨境人民币结算服务的商业银行。

（二）对人民币跨境清算渠道的规定

《办法》规定，试点企业既可以通过中国港澳地区人民币业务清算行（以下简称港澳清算行），又可以通过境内代理银行进行贸易项下人民币清算。在这里，港澳清算行是指经中国人民银行和中国香港、中国澳门金融管理局认可，已加入中国人民银行现代化支付系统并办理港澳人民币清算业务的商业银行。目前，中国香港的人民币清算行是中国银行（香港）有限公司，澳门地区人民币清算行是中国银行（澳门）有限公司。

（三）对开立人民币账户的规定

境内代理银行可以与境外参加银行签订人民币代理结算协议，为其开立人民币同业往来账户。利用该账户，境外参加银行可以为开户企业提供人民币收支服务。

（四）对兑换和融资的规定

允许境外参加银行在一定限额内向境内代理银行购买人民币铺底资金。境内代理银行可依境外参加银行要求兑换人民币，并可为境外参加银行办理贸易结算项下的人民币融资

业务，用于贸易及账户头寸临时性需求。港澳人民币清算行可以从境内外汇市场、银行间同业拆借市场兑换人民币或融资。上述兑换比例和融资限额均由中国人民银行规定。此外，明确了境内结算银行可以为境外企业提供人民币贸易融资，但融资额度以贸易合同金额为限。

（五）对贸易真实性审核和反洗钱要求的规定

境内结算银行应当按照中国人民银行的规定，对交易单证的真实及其与人民币收支的一致性进行合理性审查。境内结算银行和境内代理银行应当按照反洗钱的相关规定，采取有效措施，了解客户交易目的和交易性质，确保能重现每笔交易。

（六）对出口货物退（免）税和不纳入外汇核销管理的规定

使用人民币结算的出口贸易，享受出口货物退（免）税政策。试点企业的跨境贸易人民币收支不纳入外汇核销管理，办理报关和出口货物退（免）税时无须提供外汇核销单。

（七）对国际收支统计申报和外债登记管理的规定

对跨境贸易人民币结算业务中涉及的国际收支，试点企业和境内银行应当按照有关规定办理统计申报。由跨境贸易人民币结算所形成的外债无须办理登记与核准手续。

（八）对信息监测和监督管理的规定

中国人民银行建立人民币跨境收付信息管理系统（RCPMIS），对人民币跨境收付情况进行统计、分析与监测。同时，有权对境内结算银行、境内代理银行和试点企业开展业务检查。一旦发现违规情况，可依法进行处罚。中国人民银行与其他管理部门还建立了必要的信息共享机制，以形成对跨境贸易人民币结算的合理监管。

四、开展跨境贸易人民币结算的意义

跨境贸易人民币结算业务涉及我国进出口企业和参与结算的银行，因此这项业务的开展将促进我国进出口企业的健康发展，有利于我国银行业的境外市场扩展和改善我国外贸的宏观经济环境。

（一）人民币跨境结算有利于企业有效规避汇率风险

中国境内企业与国外企业之间的贸易，通常以美元等主要货币进行计价结算，由此带来的结算货币汇率风险通常主要由两地企业承担。如果能以人民币进行国际结算，则国内企业在国际贸易中可占据有利地位，从而避免承受汇率结算风险。

（二）人民币跨境结算有助于企业营运成果清晰化

当境外企业与境内关联企业以人民币进行国际结算时，通常其经营成果更为透明，表现为进口企业的成本和出口企业的收益能够较为清晰地固定下来，有利于企业进行财务核算，避免由此造成的财务风险。

（三）人民币跨境结算节省了企业在进行外向衍生品交易时的有关费用

企业在贸易中以美元进行结算时，通常为规避汇率风险而委托银行进行衍生品交易，因此承担了大量的外向衍生产品交易费用，增加了企业的交易成本。如果人民币用于国际结算，则企业可在避免汇率风险的同时消除为规避汇率风险而承担的衍生交易费用。

（四）人民币跨境结算节省了企业一次汇兑所引起的部分汇兑成本

境外企业与境内企业之间的贸易大都采用美元结算，结算通常要经过本币→美元→本币的两次兑换，这也将增加汇兑成本。如果以人民币结算，其生产或采购成本主要以人民币支付，不仅能够加快企业结算速度，提高资金使用效率，而且可减少其中一次兑换的相关费用。

（五）人民币跨境结算提高了企业在跨境贸易中的定价权

人民币结算的最大好处就是减少了汇率变化带来的定价成本，可以在贸易谈判中一次性锁定价格，以减少以往企业以美元或欧元收款的汇率风险和汇兑成本，从而令贸易中定价的透明度大大提高。

因此，以目前的国际汇率发展情况来看，之前以美元、日元和欧元为结算货币的国内企业，采用跨境人民币业务能够给企业带来更大的利益。

第二节 跨境贸易人民币结算流程及清算模式

目前，跨境贸易人民币结算系统由试点企业、境内结算银行、境内代理银行、港澳人民币清算行和境外参加行等组成。在跨境贸易人民币结算的过程中，由商业银行提供的人民币跨境支付清算渠道，需要中资银行和外资银行的柜台合作才能完成。《跨境贸易人民币结算试点管理办法》明确指出，跨境贸易人民币结算业务可以采取代理行模式和清算行模式。其中，清算行模式主要适用于我国港澳地区，其主要功能就是为境内企业提供结算服务；而代理行模式主要针对东盟地区，主要功能是为境外商业银行开立人民币同业往来账户。

一、跨境贸易人民币结算中的参与银行

在跨境贸易人民币结算的过程中，商业银行提供最为关键的人民币跨境支付清算渠道，需要境内银行和境外银行合作完成。所有参与跨境人民币结算的银行可分为以下四类。

（一）境外清算行

经境外当地金融管理当局认可并由中国人民银行授权的进行境外人民币清算业务的境外商业银行。境外清算行与境外参加银行签订人民币代理结算协议，为其开立人民币同业往来账户，代理境外参加银行进行跨境人民币收付清算。经中国香港金融管理局、中国澳门金融管理局、老挝国家银行、中国台湾金融监督管理委员会和台湾中央银行、新加坡金融管理局分别认可，中国人民银行已先后授权中国银行（香港）有限公司、中国银行澳门分行、中国工商银行万象分行、中国银行台北分行和中国工商银行新加坡分行担任境外人民币清算行。其中，最先成为清算行的中国银行（香港）有限公司和中国银行澳门分行已加入中国人民银行中国现代化支付系统（CNAPS）。

（二）境内代理银行

境内具备国际结算业务能力的商业银行，可以与境外参加银行签订人民币代理结算协议，为其开立人民币同业往来账户，代理境外参加银行进行跨境人民币收付；同时，也可直接为客户（公司或金融机构）提供跨境人民币结算和融资服务。

（三）境内结算银行

境内具备国际结算业务能力的商业银行，遵守跨境人民币结算的有关规定，可以为境内客户提供跨境人民币结算和融资业务。如境外参加银行未在该银行开立人民币同业往来账户，其跨境人民币清算需委托境内代理银行或境外人民币清算行进行资金清算。

（四）境外参加银行

为境外客户（公司或金融机构）提供跨境人民币结算或融资服务的境外银行，在境内代理银行或境外人民币清算行开有人民币清算账户。

需要指出的是，境外人民币清算行也可充当境外参加行的角色，为境外客户（公司或金融机构）提供跨境人民币结算或融资服务。同样，境内代理行也可以充当境内结算银行的角色，为境内客户提供跨境人民币结算和融资业务。

二、跨境贸易人民币结算业务流程

跨境人民币业务的业务流程可以分为货到付款、预付货款、货到收款、预收账款四种。

▶ 1. 货到付款模式（见图9-1）

图 9-1　货到付款模式下的跨境人民币结算办理流程

▶ 2. 预付货款模式（见图9-2）

图 9-2　预付货款模式下的跨境人民币结算办理流程

▶ 3. 货到收款模式（见图9-3）

图 9-3　货到收款模式下的跨境人民币结算办理流程

▶ 4. 预收账款模式（见图9-4）

图 9-4 预收账款模式下的跨境人民币结算办理流程

由于使用人民币进行相应的支付，从而使企业避免了汇率波动带来的汇兑损失。

知识拓展

境内代理行在为企业办理跨境人民币业务时，按照央行要求，要注意以下内容。

1. 业务方面

境内代理银行可以对境外参加银行开立的账户设定铺底资金要求，并可为境外参加银行提供铺底资金兑换服务。对境内代理银行与境外参加银行之间的人民币购售业务，实行年度人民币购售日终累计净额双向规模管理。境外参加银行办理的人民币购售交易纳入境内代理银行的结售汇综合头寸管理，相应的人民币头寸可在银行间外汇市场平盘。

境内代理银行可以为在其开有人民币同业往来账户的境外参加银行提供人民币账户融资，用于满足账户头寸临时性需求。境内代理银行对境外参加银行的账户融资总余额不得超过其人民币各项存款上年末余额的1%，融资期限不得超过1个月。

2. 流程方面

境内代理银行应通过人民币跨境收付信息管理系统向人民银行报送规定的信息。

境内结算银行应对每一笔交易单证的真实性及其与人民币收支的一致性进行审核，并于业务日终后向管理系统报送人民币资金收付、进出口报关日期或报关单号等信息。银行办理业务时，对于在管理系统中查询到的"关注类"企业，应审慎地为其办理人民币收付业务。

企业在预收预付对应货物报关后，或对应货物未按照预计时间报关的，应当及时通知境内结算银行实际报关时间或调整后的预计报关时间。境内结算银行应当将相应的报关时间报送管理系统。

企业应当确保跨境贸易人民币结算的贸易真实性，应当建立跨境贸易人民币结算台账，准确记录进出口报关信息和人民币资金收付信息。人民银行可对企业跨境贸易人民币结算台账及相关信息依法进行检查。

企业在货物出口后210天时仍未将人民币货款收回境内的，应当自到期之日起5个工作日内向主报告银行报告未收回货款金额及对应的出口报关单号，并提交书面情况说明和相关未收款证明材料的原件、复印件，主报告银行应通过管理系统向人民银行报送相关信息。

企业拟将出口人民币收入存放境外的，应当通过其主报告银行向人民银行当地分支机构备案，并向主报告银行提交书面情况说明，提供存放境外的人民币资金金额、开户银行、账号、用途及对应的出口报关单号等信息，主报告银行应通过管理系统向人民银行报送相关信息。

三、跨境贸易人民币清算模式

（一）跨境贸易人民币业务"清算行"模式

跨境贸易人民币"清算行"模式，是指企业与境外企业以人民币结算的进出口贸易，可以通过我国香港、澳门地区人民币业务清算行进行人民币资金的跨境结算和清算，如图9-5所示。

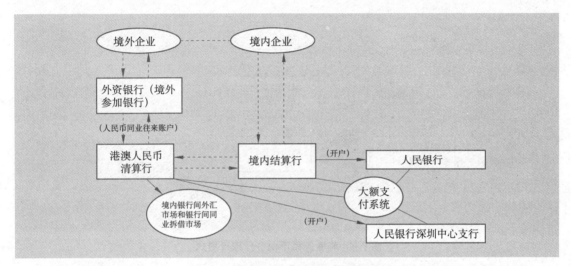

图 9-5　跨境人民币业务清算行模式

而对于跨境贸易人民币业务的参与清算行，需要注意以下几点。

▶ 1. 境外参加银行

境外参加银行是为境外客户（公司或金融机构）提供跨境贸易人民币结算或融资服务的境外银行，可以是外国金融机构，也可以是我海外分支机构；在境内代理行或港澳人民币清算行开有人民币清算账户；在不同境内代理银行开立的人民币同业往来账户之间可以进行资金汇划，在境内代理行开立的同业往来账户与在港澳人民币清算行开立的人民币账户之间可以进行资金汇划。

▶ 2. 境内结算银行（又称境内参加行）

境内结算银行为境内地区商业银行，具备国际结算业务能力；为境内企业办理跨境贸易人民币结算或融资服务；为境外企业提供人民币贸易融资，融资金额以企业与境外企业之间的贸易合同金额为限；每日日终将人民币跨境收支信息、进出口日期或报关单号和人民币贸易融资等信息报送人民币跨境收付信息管理系统。

▶ 3. 港澳清算银行

经人民银行和中国香港金融管理局、中国澳门金融管理局认可，已加入人民银行大额支付系统并进行港澳人民币清算业务；可以按照中国人民银行的有关规定从境内银行间外汇市场、银行间同业拆借市场兑换人民币和拆借资金，兑换人民币和拆借限额、期限等由中国人民银行确定；经批准后可加入全国银行间同业拆借市场，按照有关规定开展同业拆借业务，余额均不得超过该清算银行所吸收人民币存款上年末余额的8%，期限不得超过3个月；每日日终将当日拆借发生额、余额等情况如实报送人民币跨境收付信息管理系统。

（二）跨境贸易人民币业务"代理行"模式

代理行模式下，境外参加行与境内代理行通过 SWIFT（环球同业银行金融电讯协会）的系统发送交易指示。境内代理行与境内同业之间通过人民银行 CNAPS 系统完成清算，境内代理行与银行境内分行之间通过行内清算系统完成清算，如图9-6所示。

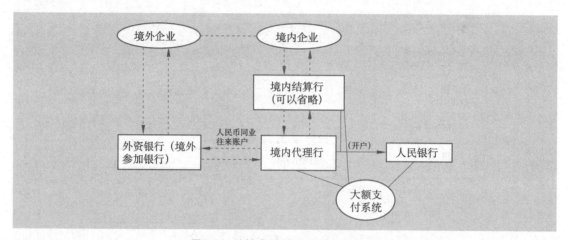

图9-6 跨境人民币业务代理行模式

对于境内代理行有以下要求：

（1）境内试点地区结算银行，与境外参加行签订人民币代理结算协议、开立人民币同业往来账户，约定双方的权利义务、账户开立的条件、账户变更撤销的处理手续、信息报送授权等内容；

（2）通过中国人民银行的大额支付系统代理境内、境外参加行办理人民币跨境清算业务；

（3）对境外参加银行开立的账户设定铺底资金要求，为境外参加行提供铺底资金兑换服务；

（4）为境外参加行在限额内购售人民币，购售限额由中国人民银行确定；

（5）为境外参加行提供人民币账户融资，用于满足账户头寸临时性需求，融资额度与期限由中国人民银行确定；

（6）每日日终向人民币跨境收付信息管理系统报送同业往来账户的收支和余额、拆借及人民币购售业务等情况。

（三）跨境人民币"NRA账户"模式

NRA账户（non-resident account），境外机构境内外汇账户，是指境外机构按规定在境内银行开立的境内外汇账户，不包括境外机构境内离岸账户。人民币NRA账户则指的是以人民币为币种的境内银行为境外机构开立的境内外汇账户。

尽管NRA账户不是一种人民币结算模式，但是通过开立人民币NRA账户，境外企业和机构,与境内企业的跨境人民币结算业务就可在这个账户内转账完成。从而使开户企业或机构不仅能使企业享受跨境贸易人民币结算的诸多便利,使贸易投资便利化,同时还能有效地防范金融风险。境外机构开立 NRA 账户进行结算的优势有以下四点。

▶ 1. 节约企业成本

人民币作为贸易结算币种,进出口收付款无须兑换,节约企业汇兑、结算和套期保值等方面的成本,同时对于跨境集团客户,使用人民币进行结算将使企业更灵活高效地管理集团资金,提高整个集团的使用效率。

▶ 2. 扩大融资渠道

特别是在目前国内银行面临着外币资金紧张,短债指标普遍吃紧的情况下,外币贸易融资相对比较困难。而对外支付人民币与对外支付外币不同,不再占用外债,可以延长付款期限,因此人民币贸易结算为企业提供了新的贸易融资渠道。

▶ 3. 简化手续、提高效率

使用人民币结算,无须办理进出口外汇核销,无须向海关提交核销单,异地付汇时不再需要备案。出口收汇无须待核查,退税与收款同时进行,申报币种与退税币种一致,避免汇率折算损失,减少原有操作环节;而结算资金在国内进行清算,收付路径清晰,无时差影响,从而提高客户资金使用效率,加快整个结算速度。

▶ 4. 规避汇率风险,提高企业收益

在人民币升值预期和境外美元融资成本明显低于境内的市场环境下,NRA 将为境外企业带来利率、汇率的套利空间,并且减少了货币兑换的损失。一方面,开通人民币 NRA 账户的企业可以将其在境外的外币直接在当地转换成人民币,然后存入其拥有的 NRA 账户内,不仅可以分享人民币升值带来的资产增长,还可以享受境内的高利率;另一方面,企业可以远期购汇取代即期购汇,赚取人民币升值收益,同时可以人民币 NAR 账户内的定期存款质押,通过在境内外银行贷款外币进行支付并使用境外不可交割远期合约(NDF)对冲汇率风险,在获取可观的套利收入的同时也规避了金融风险。

四、我国商业银行跨境人民币产品体系

(一)跨境人民币结算产品体系

就目前来看,跨境人民币的结算产品体系大致可以分为人民币开立信用证、人民币汇款以及人民币 NRA 账户转账三种。

▶ 1. 人民币开立信用证(见图 9-7)

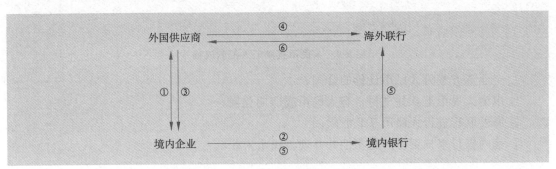

图 9-7 人民币开立信用证流程

① 企业双方签订人民币计价合同；
② 境内企业申请开立人民币信用证；
③ 外国供应商发货；
④ 进行交单；
⑤ 支付给境内银行人民币或即期兑换外币，银行方面支付给海外银行银行承兑汇票或人民币货款；
⑥ 办理人民币入账或兑换成外币。

▶ 2. 人民币汇款

(1) 人民币直接汇出汇款流程如图 9-8 所示。

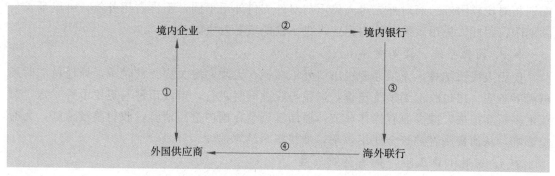

资料来源：银联信

图 9-8　人民币直接汇出汇款流程

① 双方签订人民币计价的合同；
② 境内企业申请人民币汇款；
③ 境内银行进行人民币 TT 汇款；
④ 人民币汇款入账。

(2) 人民币直接汇入汇款流程如图 9-9 所示。

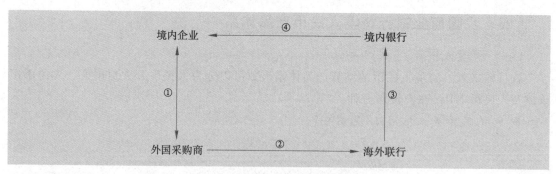

图 9-9　人民币直接汇入汇款流程

① 企业双方签订人民币计价的合同；
② 申请人民币汇款并支付自有人民币或即期兑换；
③ 海外联行进行人民币 TT 汇款；
④ 境内银行审核贸易的真实性并办理人民币入账。

(3) 通过海外机构优惠汇率购汇汇出流程如图 9-10 所示。

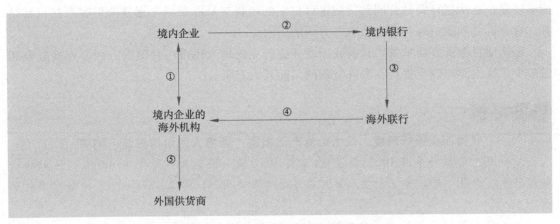

图 9-10　通过海外机构优惠汇率购汇汇出

① 企业双方签订人民币计价的合同；
② 境内企业申请人民币汇款；
③ 境内银行进行人民币 TT 汇款；
④ 优惠汇率即期兑换外币；
⑤ 外币 TT 对外付款。

▶ 3. 人民币 NRA 账户（见图 9-11）

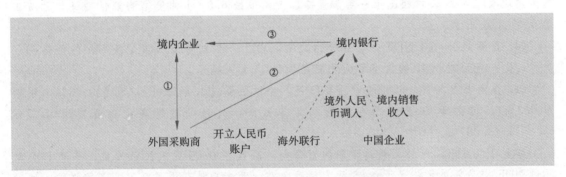

图 9-11　人民币 NRA 账户汇款流程

① 企业双方签订人民币计价的合同；
② 外国采购商申请开立 NRA 账户；
③ 从 NRA 账户支付人民币。

采用跨境人民币进行结算，最大的优势在于完全避开了汇率风险，有效提升企业的结算速度。特别是 NRA 账户的应用，使不同国家企业间的结算基本上达到了与本国企业间结算相同的简洁程度。

(二) 跨境人民币融资产品体系

就跨境人民币融资产品方面来讲，主要以跨境人民币结算和贸易融资相结合的方式进行的贷款较多。

目前，较为常用的跨境人民币融资产品主要有人民币远期进口开证、进口信用证押汇、进口代收押汇、人民币进口代付、人民币预付贷款融资等多种跨境人民币融资产品，能够贯穿企业从签订贸易合同到货物进口付汇的全程交易链条，可充分满足客户在贸易结算、资金汇兑和融资等各项金融服务方面的需求。

但就项目融资方面来讲，目前我国商业银行在跨境人民币项目融资方面办理的业务相对较少，这主要与商业银行在海外贷款的风险较大有关。

拓展案例

我国商业银行跨境人民币结算产品案例：跨境人民币信用证＋NDF

A公司在C银行申请100％保证金（定期）或全额人民币质押开立1 000万人民币的远期信用证，期限一年，开证收益人为其香港的关联公司B，则A公司一年的定期存款收益为3.25％。

香港B公司凭C银行承兑信用证向境外银行申请美元贴现融资，贴现利息为2.78％（约等于Libor＋200bp），手续费为0.3％，两者合计3.08％。

此时，人民币对美元的外汇牌价是6.5∶1，一年期人民币对美元NDF价格是6.4。

操作流程：

（1）受益人B即时申请一笔NDF购汇（即受益人B买入美元），价格为6.4。一年后，人民币对美元的实际外汇牌价为6.45∶1。

（2）A公司的信用证到期，所存的人民币保证金解押，汇到境外以6.45∶1的价格结算美元还款，则A公司相比于一年前直接以人民币按6.5∶1的价格购汇付款每美元节省了0.05元人民币。

（3）香港B公司对NDF的盈亏进行交割，由于一年前香港公司是按6.4的价格买入美元，比一年后的6.45的价格每美元便宜了0.05元人民币。

（4）香港B公司的外币融资款需要归还，外币融资成本为3.08％（利息2.78％＋手续费0.3％），但由于A公司的存款利息为3.25％，故存款利息高于融资费用0.17％（3.25％－3.08％）。

综上可以看出，A公司通过延期购汇每美元获得了0.05元人民币收益，香港B公司通过NDF交易每美元获得了0.05元人民币收益，两者合计获得了0.1个点的收益。通过这种人民币预期升值套利，比A公司一年前直接按6.5的价格购汇收益率增加了1.54％（0.1/6.5）。不仅如此，A、B两公司还由于内存外贷获得存贷利差0.17％。

因此，A、B两公司在本笔交易中，共获得汇差和利差收益1.54％＋0.17％＝1.71％。同时，C银行也因此获得1 000万一年期的稳定的保证金存款。

拓展案例

我国商业银行跨境人民币融资产品案例：
跨境人民币远期信用证＋人民币协议付款

A公司是四川省一家以生产原材料为主的大型冶金企业，同时也是国家大力扶持发展的重要企业，2010年下半年该企业拟向欧洲进口一批设备，货物金额近千万欧元。因该设备从进口安装、使用到生产出产成品、销售，资金回笼周期较长，企业存在较大的资金缺口。

中国银行四川省分行得知情况后，立即派出国际结算业务专家和客户经理深入了解客户实际需求，并结合业务实际情况，发挥中国银行拥有984家海外分支机构的优势，以跨境人民币业务为"桥梁"向客户推出了跨境人民币结算创新产品组合跨境人民币远期信用证十人民币协议付款。这一创新产品组合是基于中国银行在海外拥有众多的分支机构，内部能实现全球"一体化"运作，当国内分行资金和贷款规模因宏观调控而紧张时，可借助跨境人民币业务，由海外分行代替国内分行在客户进口付汇业务项下进行融资。

该方案一推出立即得到国内进口企业的高度认可，随即迅速与欧洲卖方达成一致，签订了以人民币计价的合同。2010年12月，中国银行四川省分行成功为该企业开出了付款期为半年的跨境人民币远期信用证，并于2011年5月信用证付款到期日为其叙做了一年期的人民币协议付款融资业务。

该方案不仅有效地解决了客户的资金困难，延缓了付款期，还为A公司带来了以下好处：

(1) 利用中国银行海外分行的优势，大大降低了融资成本近百万元；
(2) 有效规避了因汇率波动给客户带来的汇率损失；
(3) 不占用短期外债指标，无须进行外债登记，满足客户较长期限的融资需求。

第三节 跨境贸易人民币结算的风险及其防范

一、跨境贸易人民币结算中的风险

（一）系统性风险

▶ 1. 人民币政策调控风险

随着人民币用于跨境贸易结算业务量扩大，境外人民币债权增加，债权累积达到相应的规模，一是必然导致货币供应量不断增加，二是人民币境外债权债务管理难度增加。一旦我国企业进口外国货物需向外支付人民币，通过银行之间的清算划转到外国出口商的账户中，该笔人民币将被作为对我国的债权存在。一系列问题就会随之出现，例如，外国交易方即出口商持有的人民币如何兑换成自由外汇？如果外国交易方即出口商当时不兑换，则会成为境外人民币存款，是否必须纳入资本项目兑换管理？境外所有出口商拥有人民币的数量如何有效回流？境外所有出口商拥有人民币再进行各种投资对人民币供应量的影响有多大？以目前的情况来看，由于我国的汇率制度还是相对固定，同时资本的管控依旧十分严格，因此跨境人民币业务的快速增长将会在很大程度上影响我国货币政策的独立性，使宏观货币调控政策的效力减弱。

▶ 2. 境外热钱流入风险

尽管政策规定，跨境人民币投资不能参与股票、金融衍生品，以及委托贷款等方面的操作，但是由于我国实行的并非是市场化的利率政策，从而使跨境人民币业务出现了通过融资来进行套利的行为，同时也有部分资本通过汇率差价进行投机的活动。尽管央行在不断对类似行为进行打压,但是由于固定的利率与汇率制度的实施,在短期内将难以彻底封杀境外热钱通过跨境人民币业务流入的现象。总体来看,目前我国的跨境人民币结算业务量还不是很大,因此热钱的流入对目前的市场影响不大。

(二) 操作风险

▶ 1. 他行系统对接风险

就他行系统对接风险方面来看,主要是由于两行系统间不匹配所导致。为了减少该风险的发生,目前跨境人民币业务系统都是对接到央行"人民币跨境收付信息管理系统"上进行操作的。

▶ 2. 外汇管理风险

现阶段用人民币结算在客商意愿中存在两种区域性特征:一是欧美外商对人民币结算的需求在现阶段并不强烈;二是东盟国家很愿意接受人民币作为主要贸易和投资的结算工具。由于中国与东盟之间经济联系日益密切,中国经济增长的稳定性使人民币在东盟国家受欢迎。这样,人民币在国际上总体的跨境流通还无法形成一个完整的回路,导致境外企业在选择人民币结算时有可能面临两种困难:一是缺乏人民币来源而无法用人民币支付,主要是指只从中国进口而不对中国出口的国外企业;二是拥有人民币却无法花掉人民币,主要是指国外企业只向中国出口而不从中国进口。这就是跨境贸易人民币结算附带形成的外汇管理问题。我国实施严格的外汇管理制度,而人民币用于跨境贸易结算一方面会出现出口收汇收到的是人民币,另一方面进口付汇支付的也是人民币,并可能出现多次转汇后支付渠道与国内支付渠道混淆的状况,如何界定人民币"输出输入"渠道,特别是如何核查是否"热钱"流入,都有较大的难度。

▶ 3. 贸易真实性的风险

从国际惯例的角度出发,跨境贸易人民币结算没有采取类似外汇核销管理的方式审核贸易真实性,试点企业人民币报关、结算和出口退税不用提交核销单,出口收入也不用先进待核查账户,简化了试点企业的业务办理手续,也缩短了资金到账时间。这就意味着申报出口退(免)税手续相对简化,使得税务部门对这些业务的监管风险加大,同时也给了试点企业涉税违规的便利,出口骗退税的风险也会随之增加。

(三) 法律合规风险

▶ 1. 外债管理风险

与外商直接投资管理、境内机构境外直接投资管理及对外债务管理相比,境内机构对外债权管理尚不完善,相关规定零散分布在诸如《国家外汇管理局关于境内企业境外放款外汇管理有关问题的通知》(汇发〔2009〕24号)、《国家外汇管理局关于跨国公司外汇资金内部运营管理有关问题的通知》(汇发〔2004〕104号)及《银行外汇业务管理规定》(1993年规定的修订版)等法律法规中,对于商业银行是否能提供跨境人民币放款、跨境人民币放款后境外机构偿还币种等问题没有具体的规定,更缺少完善的商业银行跨境人民币放款统计监测体系,如果以人民币方式对外放款,国际收支统计申报也无法处理。

▶ 2. 监控国际游资的风险

近年来,国际游资大量流向发展中国家的外汇、股票和债券市场,已成为国际金融市场动荡不安和触发金融危机的重要因素。无论是流入还是流出，它首先体现于一国的国际收支中，并主要表现为资本项目中短期资本的变动，但是在国际短期资本流动中，投机性流动、安全性流动不仅数额巨大而且变动频繁，造成国际短期资本流动变化迅速且缺乏规律性，难以进行有效分析。使用人民币进行结算以后，中国经济与世界经济的联系将更加紧密，国际金融市场上的任何波动都会对中国的金融市场产生不同程度的影响。加之已经允许用人民币对境内进行投资，人民币跨境流通必将扩容，这也给国际游资的进入创造了可乘之机，毫无疑问会对中国金融体系的稳定性带来挑战。

▶ 3. 洗钱风险

境内外地下钱庄、地摊银行的存在，为人民币跨境流通、洗钱提供了隐形通道。调研中发现，境内商业银行在边境一线提供货币兑换业务及结算业务还处于起步阶段，基本都还未经营双边货币兑换业务及结算业务，由此催生了境外地下钱庄和地摊银行的大量存在，以及境内地下钱庄的隐形存在和地摊银行的显形存在。边境中方商业银行在不经营双边货币兑换业务及结算业务的条件下，境内外地摊银行和地下钱庄的存在便利了双边货币兑换及款项的结算，同时也为走私、洗钱和贩毒等各种非法活动提供了便利。由于境内地摊银行、地下钱庄的非合法性，使人民币的跨境流通逃离于人民银行和银监会等监管机构的监管范围，加大了反洗钱的难度。

二、跨境贸易人民币结算的风险防范措施

（一）严格审查试点企业和境外银行资质

严格进行试点企业的选择。在目前各方面防控还不很完善的情况下，试点企业优良的资质对于风险防控尤其重要。选择资信良好、国际贸易经验丰富，且能够严格遵守财税、商务、海关和外汇管理等各项规定的企业进行试点，可以大大降低试点的风险。因此必须有一整套严格的准入制度和评价制度来选择试点企业，严格审查境外参加银行的资格。在为境外参加银行开立人民币同业往来账户时，应当要求境外参加银行提供其在本国或本地区的登记注册文件或者本国监管部门批准其成立的证明、法定代表人或指定签字人的有效身份证等作为开户证明文件，并对上述文件的真实性、完整性及合规性进行认真审查和备案。

（二）确保双方银行协议得到有效落实

为境外参加银行开立人民币同业往来账户，境内银行应与境外参加银行签订代理结算协议，约定双方权利义务、账户开立的条件、账户变更撤销的处理手续、信息报送授权等内容，将整个代理结算置于严格的协议框架范围内，有效防控法律风险。

（三）严格账户使用管理和预警分析

严格试点结算人民币账户的使用范围，规定境外参加银行的同业往来账户只能用于跨境人民币结算，防止利用人民币进行非法支付结算。同时，要探索将境外参加银行的同业往来账户纳入人民币银行结算账户系统进行统一监控。严格账户融资余额和期限控制，必须根据人民币存款总额，建立风险评价指标，确定适当的融资风险比例，规定境内代理银行对境外参加银行的人民币账户融资总余额和融资期限，防止超资金实力的超额融资风险。

（四）加强贸易全过程管理和真实性审核

严格监督试点企业落实贸易支付措施，监督试点企业依法诚信经营，确保跨境贸易人民币结算的贸易真实性，试点企业申请人民币支付业务应当向其境内结算银行提供进出口收款说明和进出口付款说明，配合境内结算银行进行贸易单证真实性和一致性审核工作；试点企业应当建立跨境人民币结算台账，准确记录进出口报关信息和人民币资金收付信息，详细记录和反映真实的贸易情况。严格对境内结算银行进行监管，境内结算银行必须对办理的跨境人民币资金收付逐笔进行贸易单证真实性和一致性审核。未完成贸易单证真实性、一致性审核前，不得为试点企业办理人民币资金支付。加强贸易全过程管理。严格贸易过程预收、预付资金的控制与管理，确保预收、预付资金有真实的贸易基础和收支的合规性。对试点企业的预收、预付人民币资金，境内结算银行应当逐笔审核和记录资金的预收、预付性质及试点企业提供的预计报关时间，并对资金性质和报关时间变化情况进行及时更新；对试点企业预收、预付人民币资金超过合同金额一定比例的，应当向其境内结算银行提供贸易合同、报关单等足以证明贸易真实性的贸易单证。确保贸易背景真实性，境内结算银行向试点企业和境外企业提供各种形式的人民币贸易融资，也应当具有真实的贸易背景，融资金额严格控制在试点企业与境外企业之间的贸易合同金额之内。

（五）加强部门协调和建立有效监管网络

完善人民银行、财政、商务、海关、税务、银监等相关部门的信息共享和管理机制，加大事后检查力度，形成对跨境贸易人民币结算试点工作的有效监管网络。同时，加强跨境人民币资金流动的监测、分析等基础工作，及时指导结算业务工作。强化结算业务办理过程的常规监管，按照反洗钱和反恐融资的有关规定，采取有效措施，通过结算业务办理过程的常规监管，了解客户及其交易目的和交易性质，了解实际客户的自然人和交易的实际受益人，妥善保存客户身份资料和交易记录，确保能及时了解每项交易的具体情况。强化中国人民银行对境内结算银行、境内代理银行、试点企业开展跨境贸易人民币结算业务情况的检查监督，发现违反有关规定的，严格依法进行处罚，确保跨境贸易人民币结算业务健康规范发展。

思考与练习

一、思考题

1. 什么是跨境贸易人民币结算？
2. 简述跨境贸易人民币结算业务流程。
3. 跨境贸易人民币结算清算模式有哪些？
4. 跨境贸易人民币结算有哪些风险？应采取哪些相应的防范措施？
5. 请查阅相关书籍资料，结合跨境贸易人民币结算，谈谈你对人民币国际化的看法。

二、案例分析题

1. 国内A公司是一家外商独资企业，是首批成为跨境贸易人民币结算试点企业，专门从事医药进出口，近年来由于业务发展较快且利润丰厚，资金状况较为宽裕。2007年国际金融危机爆发后，其母公司B出现了严重的经营困难，但A公司仍然源源不断地与B公司开展出口人民币结算交易，且账期明显拉长。监管部门随后对A公司进行了检查，发现 A 公司对 B 公司的多笔出口人民币的账期均超过了 1 年，且未向监管部门汇报。A 公司还将其他出口已收的人民币款项擅自拆借给 B 公司。

请问：A 公司主要违反了哪些规定？其可能造成的影响有哪些？

2. 国内 A 公司是一家专门从事进出口的贸易公司，客户主要集中在美国与欧洲，贸易结算是通过当地中资银行分支机构办理。2007 年国际金融危机爆发后，美元与欧元汇率波动非常大，该公司试图采用购买汇率保值工具的方式来规避汇率风险，但效果有限，最近决定推出采用跨境人民币结算。

请问：如果该公司采用跨境人民币贸易结算，使用哪种模式比较好？

第十章
跨境电商支付与结算

本章学习要点

- 掌握跨境电商支付的定义和分类；
- 了解第三方支付的含义；
- 熟悉主要的第三方支付的流程；
- 了解跨境电商支付存在的风险。

导入案例

2015年12月12日，亚马逊上中国的扭扭车卖方遭遇了黑色星期六。亚马逊几乎移除了所有在卖扭扭车的链接，并且冻结了卖方账户上的大量资金，近100万的扭扭车库存（含运输途中，海外仓、顾客退货等）无法正常销售，价值4亿美元。所有账户冻结资金3个月，冻结资金超过2亿美金。在没有通知卖方的情况下，英国亚马逊突然开始单方面退款给部分买方，有些甚至是三四个月之前成交的订单。除了强制退款、销毁货物、冻结销售，亚马逊还给部分以前交易成功的顾客去信，提醒其主动退货。亚马逊分别发邮件给所有购买过扭扭车的买卖方，并提醒买方如果出于安全考虑可以退货，内容如下：

1. 致亚马逊扭扭车买方：

Hover Board Refund

NATIONAL

If you bought a popular Hover board online for Christmas and weren't pleased… you may be able to get a refund.

Amazon is now offering full refunds for customers who bought Hover boards on its website.

The consumer product safety commission is investigating more than three dozen instances of Hover boards smoking or bursting into flames.

Amazon has agreed to provide full refunds on all Hover boards purchased through its online store at any of the company's sites in the U. S. and Britain.

2. 致亚马逊扭扭车卖方

Hello from Amazon.

We are contacting you because you list "hover boards" (battery powered, self-balancing scooters) on Amazon. Amazon approval is now required to sell these products.

What do I need to do?

Your hover board listings have been removed. If you would like to resume selling hover boards on Amazon, please do the following:

1. Provide documentation demonstrating that all hover boards you list are compliant with applicable safety standards, including UN 38.3 (battery), UL 1642 (battery), and UL 60950-1 (charger).

2. Provide written confirmation that you will indemnify and defend Amazon against any claims of patent infringement, and the contact information of the lawyer that will defend you against any related claims. It has come to our attention that these products are the subject of potential patent litigation by Razor USA LLC in connection with U. S. Patent No. 8,738,278. The terms of your seller agreement require you to indemnify Amazon for any patent infringement claims involving your listings.

All information should be sent to hoverboard-listing@amazon. Please include your seller name, your seller ID number, and a list of ASINs you would like to offer. The safety information you provide should clearly relate to the ASINs you would like to offer.

分析：亚马逊、eBay、Wish 等主流国外电商平台最关心的两个因素分别是：买方体验和知识产权。前者是由经营环境决定，后者是由当地法制环境决定。扭扭车涉及知识产权问题，也产生了恶劣的买方体验，因此，亚马逊对此采取了零容忍的态度，全线下架涉及产品，这是一种紧急状态下的产品召回之举，在欧美商业环境中非常普遍。本案例中所涉及的扭扭车下架事件，一旦发生知识产权纠纷，卖方不但不能结汇当笔交易，以往同类已成功的交易也可能面临无法结汇的风险，这与传统贸易卖方所承担的结汇风险不同。因此，本章我们将分析跨境电商的结算和支付的流程、特点及其风险。

第一节 跨境电商支付与结算概述

一、跨境电子商务的定义

跨境电子商务指分属不同关境的交易主体，通过电子商务平台达成贸易、在线支付，并通过国际物流送达标的的国际商务活动。跨境电子商务作为一种新型的贸易方式借助"互联网+"助力传统国际贸易转型，实现了全球市场"贸易通"，兼具国际贸易和电子商务两方面的特征。跨境电子商务交易避开了传统贸易模式下，纸质单据结汇的烦琐手续，节约了银行手续费，缩短了交易的周期，极大地降低了交易成本。与传统国际贸易相比，其区别如下。

（一）信息流、资金流与物流的融合程度更大

传统贸易下，买卖双方签约、执行合同、办理运输、保险、商检、报关等相关环节的信息沟通多是分别进行，在跨境电子商务模式下，有关的商品的信息流、资金流和物流在跨境电商平台上实现了高度的融合。双方的交易磋商、成交、货款的支付以及物流跟踪完全实现了网络化、无纸化。

（二）合同形式和使用的贸易术语不同

传统贸易下，买卖双方订立书面合同，通常使用 FOB、CFR 和 CIF 等术语成交，风险划分地点在装运港船上。跨境电子商务以买方下单（电子合同）、预付货款表示完成，没有书面合同，通常也不约定贸易术语，卖方在将货物送达买方指定的处所完成交货任务（实质性交货），双方风险的划分地点在进口国买方指定的地点，相当于传统贸易中的 DDP 术语。

（三）买卖双方承担的责任不均衡

在跨境电商模式下，卖方完成发货、托运、投保、进出口清关的全部流程，买方只需完成网上付款和指定地点收货，因此，卖方承担的责任较多。

（四）采用的运输方式不同

传统贸易多采用海洋运输，其次是航空和铁路运输，而跨境电子商务通常采用邮政小包、国际快递和跨境专线等运输方式，由承运人提供门到门服务。

（五）采用的付款方式不同

传统贸易使用电汇、托收、信用证支付方式，卖方按国际惯例需提交相关出口单据。跨境电子商务模式下，买卖双方通过交易平台以及第三方平台进行电子支付。手续相对简单、快捷。

（六）适用的国际法律和惯例不同

传统贸易一般适用《联合国国际货物买卖合同公约》《Incoterms 2010》、UCP600 等国际公约和惯例，而针对跨境电子商务，国际上尚未形成具有全球范围约束力的国际电子商务公约和惯例。

在我国进出口贸易增速总体趋缓的背景下，跨境电子商务发展则逆势而上，传统外贸企业纷纷基于自身的竞争优势，开始大规模进入线上的跨境电子商务市场。一批具有全球影响力的跨境电商服务供应商应运而生，如以速卖通、敦煌网、兰亭集市为代表的中国电商平台，以及以亚马逊、易贝和 Wish 为代表的国外电商平台。

二、跨境电子商务主要支付渠道

跨境电子商务按照交易对象的不同可以分为三种贸易模式，企业对企业（B2B）、企业对消费者（B2C）和买手对消费者（C2C）。三种贸易模式由于交易目的、成交金额和对象的不同，分别采用不同的支付渠道。

在 B2B 模式下，企业运用电子商务以广告和信息发布为主，由于其结算金额较大，很

难适用传统电子商务惯用的"先款后货"的结算方式,所以仍沿用传统国际贸易中常见的结算方式如信用证、保理、T/T等,辅以合同、发票、报关单等单证通过银行进行结汇,尚未实现外汇结算的线上化。在B2C和C2C模式下,电商企业或买手直接面对海外消费者,以销售个人消费品为主,物流方面主要采用航空小包、邮寄、快递等方式,单笔金额不高,且交易频率高,故通常使用线上结算方式。本章讨论的跨境支付与结算主要研究跨境B2C业务和C2C的小额批发交易中的支付与结算业务。

跨境小额批发交易的支付与结算业务目前主要的支付渠道有:银行卡组织和第三方支付。

全球知名的银行卡组织有国内的中国银联公司,国际上的维萨国际组织(VISA International)、万事达卡国际组织(Master Card International)、美国运通国际股份有限公司(America Express)、大莱卡信用卡有限公司(Diners Club)以及JCB日本国际信用卡公司等。银行卡组织的核心作用在于提供跨行转接的网络,在跨行交易的信息转接和资金清算中起了非常大的作用,所以也常常被称为银行卡网络,负责运营这个网络的则被称为银行卡组织。

拓展案例

VISA封堵中国银联境外通道之争

VISA银行卡组织向全球会员银行发函要求,从2010年8月起,凡在中国大陆境外受理带VISA标志的双币种信用卡时,不得走中国银联的清算通道,否则VISA将重罚收单银行。对此,VISA给出的理由是:为了确保VISA的持卡人能够享受到由VISA支付系统提供的安全便捷和可靠的支付体验及服务的保障(包括风险管控、交易纷争的处理等)。VISA还声称VISA的产品除了在卡片上带有VISA的品牌标识外,还带有以"4"字开头的16位BIN号。由于VISA已将"4"字开头的BIN号在国际标准组织ISO进行了注册,所以所有"4"字开头、带VISA标识都应当遵守VISA的规则,这被业界视为"VISA要封堵中国银联境外通道"。银联对此回应:持卡人拥有选择境外支付通道的权利。2010年9月15日,美国贸易代表柯克表示,美国已向世贸组织提出申请,要求就中国对电子支付服务企业的限制问题与中方展开磋商。美国方面的理由是:"根据中国加入世贸组织议定书,中国应在2006年12月11日开始,全部履行其加入世贸组织承诺,取消其在服务领域的市场准入和国民待遇限制。但是,中国的电子支付监管机构——中国人民银行,出台了一系列措施(可以追溯到2001年),指定中国银联垄断处理中国消费者的银行卡交易而排除了其他潜在的供应商。"美国政府方面的动作一度被奥论视为VISA与中国银联持续数年之久的信用卡争端的升级,在此之前,VISA因为无法介入中国国内的清算通道,进而试图封堵与其合作的银联海外通道。

分析: 双方争议的焦点在于银联对于海外消费客户在"货币转换费"上的免费行为,此举使VISA丢掉大批潜在客户及收入。但是VISA却很难追究中国银联之"免费行为"背后的不正当竞争问题,同时发函封堵又会涉嫌构成垄断协议。所以,在双方争执过程中,VISA一度陷入尴尬,对发函之说也不得不一再进行否认。这表明美国并不仅仅就VISA问题才启动WTO的争端磋商程序,更主要的,应该是美国政府借VISA争端为由头,就整个电子支付领域的问题进行试探。此举一旦突破,某种意义上也就突破了中国支付和清算行业的半壁江山,因为在现代金融服务业领域,没有哪一个分支不与电子支付相关。

银行卡组织模式的线上结算是通过信用卡完成支付,其跨境结算流程如图10-1所示。如VISA,它可以通过其在全球的金融机构与商户完成跨境支付业务。金融机构是发卡方,加入VISA组织后,可以发行信用卡、借记卡、公司卡、商务卡、储值卡等形式的支付卡,加入银行卡组织的全球商户则作为收单方,接受具有VISA标志的支付卡作为结算工具。持有合作金融机构银行卡的消费者可以利用银行卡组织进行跨境支付,主要包括无卡形式、3D-Secure认证的网上支付模式以及辅助发卡行认证模式等。以无卡业务形式为例,VISA提供跨境电子商务交易支付时,利用支付卡的有效期以及CVV2等账户的信息进行验证,其安全性较低,黑卡蔓延,存在拒付风险。应用这种结算方式的手续费较高,一般有开户费、年费和手续费等,具体则根据不同的通道而定。

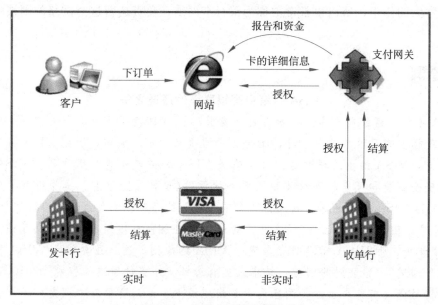

图10-1　信用卡跨境结算流程

通过银行卡组织进行跨境支付,银行卡组织只具备资金的传递功能,不能对交易双方进行约束和监督,交易使用"款到发货"的方式。在整个交易过程中,无论是货物质量问题,还是交易的诚信问题或是退换货都无法得到有效的保障,交易欺诈行为也广泛存在。一般适用于付款额度偏小、独立站卖方的跨境结算业务。对于金额相对较大的跨境电商结算则宜选用第三方支付模式,可以相对降低网络支付风险,解决交易双方的诚信问题。

第三方支付线上结算指通过海外接受度较高的Paypal、国际支付宝Escrow等支付工具完成跨境支付。第三方支付是跨境电子商务结算体系中重要的枢纽,一方面连接银行,处理外汇结算、客户服务和差错处理;另一方面连接买卖双方,保证支付顺利完成。本章第二节将专门对第三方支付进行介绍。

三、跨境结汇

与传统对外贸易不同，跨境电商的商品一般通过快递小包送达买方而非海运运输，因此未被纳入海关的监管和统计，故无法提供报关单来完成正常的结汇。这样一来，就会有大量外汇滞留在境外银行或者第三方平台上。

目前，国内从事跨境电子商务的卖方收妥境外买方支付的外币货款，将账户的外币收入结汇成人民币收入的主要方式有三种：银行结汇、香港账户结汇和第三方结汇。其中，银行结汇是指收款人直接以个人名义将账户中的外币货款结汇成人民币。国内从事小额跨境贸易的企业或者个人一般会采用这种方式。优点是利用国外个人汇款至国内个人名下，交易费用很低，但年结汇额度受到限制，每人每年的结汇额度不得超过 5 万美元。

为了解决大金额的跨境结汇，一些跨境电商采用以国内公司和海外公司为贸易主体进行 B2C 的一般贸易。通过香港银行账户在香港结算，将利润留在香港。一方面可以享受香港比较低的税率，另一方面使用香港银行账户进行全球资金结算和外汇管理较国内更为方便，可以绕开在国内进行跨境收支烦琐的程序和规定。

2015 年 1 月，国家外汇管理局下发《支付机构跨境电子商务外汇支付业务试点指导意见》，决定在上海、北京、重庆、浙江、深圳等地开展试点支付机构跨境电子商务外汇支付业务，目前共有 22 家支付机构获得此牌照，试点业务范围包括货物贸易、留学教育、航空机票、酒店住宿及软件服务，并将跨境电商单笔结算金额的限制从 1 万美元提高到 5 万美元。外汇管理局发放的跨境支付牌照可以理解为是将目前国内第三方支付平台支付能力拓展至跨境业务范围。监管部门以跨境电商为突破口，让国内的支付机构"走出去"，从而推动国内跨境电子商务支付的发展。

四、跨境电商支付的发展前景

（一）我国消费者跨境网购推动跨境电商支付和结算快速发展

2015 年，我国国务院常委会会议明确提出，将消费金融公司试点扩至全国，部署促进跨境电子商务迅速发展。鼓励开展跨境电子支付，推进跨境外汇支付试点，支持境内银行卡清算机构拓展境外业务。随着我国政府对跨境电商的支持力度加大和我国消费者对海淘需求的增长，跨境电子支付和结算必将迅猛发展。

（二）我国第三方跨境支付平台将迎来快速增长

目前，境外支付主要通过 Paypal 等海外第三方支付平台完成，但国内消费者一旦将资金调拨到 Paypal 账户，就无法在国内提取，这导致消费者在跨境消费时产生对交易安全的担忧。国家外管局推进支付机构跨境电子商务外汇支付试点，获得牌照的第三方支付企业可以通过银行为电商提供外汇资金集中收付和结算。一些第三方机构还将打造跨境支付实时处理服务平台，实现客户通过第三方支付平台使用人民币进行海外购物，极大方便了消费者海外购物结算，这些便利措施的出台，会使境内第三方支付平台抢占更大的跨境电商支付业务市场。

（三）一站式综合服务体系将成为未来的发展趋势

随着跨境电商的发展，跨境收汇业务需求不断增加，还出现了一些面向第三方支付机构,开展"第四方"支付业务的企业。通过整合不同的第三方支付网关,成为"第四方"支付机构,为从事国际贸易的商户或个人提供国际收单业务。

第二节 跨境电商第三方支付

针对不同的小额跨境电商支付方式,跨境电商所支付的交易费、银行手续费和提现费的构成不同。第三方支付支付过程相对简单,手续费比传统国际贸易结算方式低,因此,受到跨境电商的青睐。

一、第三方支付的定义

第三方支付(Escrow),有别于银行和其他金融机构,是具备一定实力和信誉保障的独立的第三方机构,采用与各大银行签约的方式,提供与银行支付结算系统接口的交易支持平台的网络支付,并通过为商户和消费者提供支付服务赚取手续费。

在英美法系,Escrow 是民商法范畴的一个法律术语,基本含义是指由第三人保存,待条件满足后交付给受让人的契据。在经贸往来中,可以增进当事人之间的信任度,保障合同履行的功能,因此被广泛使用。

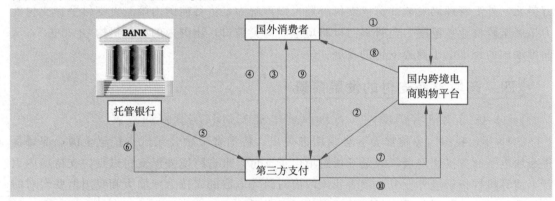

图 10-2 第三方支付跨境支付流程

① 登录跨境电商购物平台;
② 将选购商品信息和价格发给第三方支付平台;
③ 第三方支付平台向消费者获取认证信息;
④ 消费者输入认证信息,选择支付方式,确认支付;
⑤ 托管银行服务端向第三方支付平台确认支付信息;
⑥ 第三方支付平台确认支付金额、付款信息,进行汇兑;
⑦ 第三方支付平台将付款信息反馈给购物平台;
⑧ 发货;
⑨ 检验商品,确认货物;
⑩ 支付货款。

二、第三方支付的特点

(一) 支付中介

跨境电子商务交易的双方不直接发生货款往来,借助第三方支付平台完成货款在付款人、银行、第三方支付机构和收款人之间的转移。第三方支付平台与多家银行合作,提供统一的应用接口。买卖双方无须安装各银行专用接口,就能够利用不同银行的支付通道,简化了流程,同时也节省了各银行网关开发费用。在提供与银行同质服务的同时,费用更为低廉。

(二) 技术中间件

通过第三方支付平台连接多家银行,使银行系统与互联网之间能够加密传输数据,向平台使用的买卖双方提供唯一的支付接口,使买卖双方不需要与各个银行一一签约,就能够使用多家银行支付通道。

(三) 信用保证

规范运营的第三方支付平台,只向合法注册的企业提供支付网关服务,不向个人网站提供服务,从而有效地避免了交易欺诈的发生,同时对双方交易的细节进行详细的记录,可以减少买卖双方可能产生的交易纠纷。

(四) 个性化与增值服务

依靠集成的银行平台,第三方支付可以实现资金在不同币种和不同区域跨境电商卖方间的收付,从而做到同步汇兑、同步到账。第三方支付还可以根据使用客户的业务发展需要和市场竞争情况创造新的商业模式,提供个性化的结算服务。

三、第三方支付的普及情况

对于跨境电商而言,因为第三方的参与使其回收货款多了一重保障,但第三方的付款有赖于买方对货物的满意评价,在一定程度上货款的回收还是受到买方的牵制。就具体费用而言,提供第三方支付服务的费用多为 0.85%~6%,这部分费用通常由买卖双方协商分担。第三方支付的理念是跨境电商支付工具的诞生基础,熟悉第三方的来由、内涵和应用,才能理解各种跨境电商支付工具,如 Paypal 以及国际支付宝的运作。

四、主要的第三方支付平台

(一) Paypal 及其支付和结算流程

Paypal(美国)成立于 1998 年,2002 年被 eBay 公司收购,是全球最大的在线支付提供商,拥有很高的知名度和品牌影响力。作为全球在线支付行业标准的制定者,它支持全球 190 个国家和地区的交易,接受包括美元、加元、欧元、英镑、澳元和日元等 25 种国际主要流通货币,在欧美的普及率极高。在中国,跨境电子商务用户也将其作为首选的支付工具。在跨境交易中,超过 90% 的卖方和 85% 的买方认可并使用 Paypal 提供的电子支付服务。通过 Paypal,付款人支付一笔金额给跨境电商卖方或者收款人的步骤如下。

(1) 通过一个电子邮件地址申请开设 Paypal 账户,通过验证后就正式成为其用户,提供信用卡或者相关银行资料,并将一定数额的款项从其开户时登记的账户(如信用卡)转移至 Paypal 账户下。

（2）当付款人启动向第三人付款程序时，必须先进入 Paypal 账户，指定特定的汇出金额，并提供收款人的电子邮件账号给 Paypal。

（3）Paypal 向跨境电商卖方或者收款人发出电子邮件，通知其有等待领取或转账的款项。

（4）如跨境电商卖方或者收款人也是 Paypal 用户，在他确认收取款项后，付款人所指定的款项即移转给收款人。

（5）若跨境电商卖方或者收款人没有 Paypal 账户，收款人需要按照 Paypal 电子邮件内容指示链接进入网页注册，获得一个 Paypal 账户，收款人可以选择将收到的款项转换成支票寄到指定的处所，或者转入其个人的信用卡账户，或者转入另一个银行账户。

Paypal 首创的使用电子邮件地址作为个人或企业的在线收付款方式，服务构建在现有的银行账户安全和信用卡金融结构之上，利用 Paypal 的防欺诈保护系统，建立了一个安全、快捷的全球实时付款方案。使用 Paypal 收付款通过电子邮件通知获知相关信息，使用者的财务信息绝不会透露给交易的另一方。因此，基于保护隐私的原因，欧美客户都喜欢使用 Paypal 进行付款。

Paypal 的理念是将消费者的利益置于卖方的利益之上，这在一定程度上容易导致卖方账户被冻结，由此带来一定的交易风险。Paypal 账户冻结是指账户的某笔交易被临时冻结，账户使用者不能对这笔交易进行退款、提现等操作，具体原因有：①提现金额过高。例如，收到货款并发货后，卖方一次性把货款全部提现，则可能导致账户被冻结。通常，Paypal 提现金额在 80% 以内比较安全，将 20% 的现金留存是为了防止买方退单。②被客户投诉频繁或退单数量过多。一般投诉率超过 3%，退单率超过 1% 就会被 Paypal 公司终止合作了。③所售产品涉及知识产权纠纷，即在售商品是仿牌或者假货。国外平台对知识产权的保护非常重视，一旦国际品牌商投诉 Paypal，被投诉卖方账户内全部的资金金额都有被冻结的风险。

有的买方甚至会恶意利用 Paypal 这一特点，对卖方进行无理的投诉，通常卖方为了避免更大的损失会做出让步。在使用 Paypal 时，卖方应在履行诚信原则的前提下，注意保留原始凭证单据，如运单号，一旦发生国外客户退款，可以凭相关单据证明自己履行了发货义务，进行进一步的申诉。

（二）国际支付宝及其支付和结算流程

阿里巴巴针对国际贸易线上跨境支付推出的国际支付宝（Escrow Service），其服务模式与国内支付宝类似。阿里巴巴在阿里速卖通平台上沿用国际支付宝一名，但在买方端改名为国际支付宝 Escrow Service，以便于西方消费者更易接受和理解其含义。国际支付宝结汇费用较低，安全系数相对较高，只要消费者确认收货，并且货物妥投，国际支付宝就会直接将货款划入卖方国内支付宝账户或绑定的银行账户。国际支付宝目前只支持消费者美元支付，卖方可选择美元或人民币收款。

国际支付宝使用十分方便，只要跨境电商卖方拥有国内支付宝账户就可以直接申请国际支付宝账户。作为全球速卖通的用户还可以通过后台管理收款账户，直接绑定国内支付宝账户。一旦双方交易达成，由买方支付货款到第三方担保平台的国际支付宝账户中，然后由第三方平台通知卖方发货，买方收到商品确认后，国际支付宝将货款放给卖方。

国际支付宝的使用流程如图 10-3 所示。

图 10-3 国际支付宝使用流程

为了顺利完成结汇，国际支付宝买方还必须创建美元收款账户，在中国大陆开设的企业必须有出口权才能接收美元并结汇，使用公司账户收款的订单，还必须办理正式的报关手续才能结汇。为降低交易过程中产生的交易风险，国际支付宝支持单笔订单金额在 1 万美元以下的交易（产品总价加上运费总额），如果申报交易商品金额在 600 美元以下，快递公司会集中报关，申报交易金额超过 600 美元，则需要提供全套的报关单据委托快递公司报关。国际支付宝支持国际快递方式条件发货的国际贸易业务，暂时不支持海运。在运输方式上，国际支付宝只在交易完成后对卖方收取手续费，买方无须支付任何费用，针对卖方的手续费为每笔订单的 3%～5%，是全球同类支付服务中费用最低的。

除了 Paypal 和国际支付宝外，还有一些有地域特色的第三方支付工具，如俄罗斯的 Web Money、QIWI Wallet、中东和北非的 Cash U。

五、Paypal 与国际支付宝的异同

Paypal 与国际支付宝都是第三方支付平台，采取实名制注册，对交易的双方都提供担保，前者源于 eBay，后者由淘宝的支付宝发展而来。

两者在很多方面拥有共同点：

（1）适用于单笔交易金额不大的跨境交易。

（2）适用于价值大，但体积小，适合使用快递运输的商品。

（3）支持多币种结算，适合跨境收款。

两者也有显著的区别：

（1）两者收款流程不同。Paypal 的收款流程是：确认订单、买方付款、卖方收款、卖方发货、买方收货；国际支付宝的收款流程是：确认订单、买方付款、卖方发货、买方收货、卖方收款。Paypal 交易是先付款再发货的模式，买方后期对商品有任何异议都可以通过 Paypal 投诉，从而保障了买方的权利。

（2）手续费不同。Paypal 的手续费是 3.9%＋USD0.3，国际支付宝的手续费是 3%（针对中国供应商会员）或 5%（针对普通会员）。

第三节　跨境电商支付风险

一、信用风险

网络经济是一种虚拟的经济形态，需要在虚拟空间完成物权和资金的转移，交易者无

法确切知道另一方的真实信息和身份,在交易过程中,商品和资金的流动在时间和空间上存在不对称的情况,导致了双方的不安全感以及对支付服务供应商可能的欺诈的担心。

(一)对于买方的风险

对买方而言,主要是:①卖方提供虚假信息骗取买方下订单,用所谓的促销让利吸引消费者创造点击率,扩大商业影响力,从而赚取利益;②卖方不履行服务承诺,买方付款后收不到货物,或者未能按约定的送货时间、方式提供服务。

(二)对于卖方的风险

对卖方而言,主要的风险来自虚假交易和交易欺诈:①买方在电商平台上注册虚假信息,为日后取消交易创造条件;②买方的恶意退货,如买方对不存在质量问题的商品寻找各种理由退货,卖方为了自己的信誉不得不接受退货,并承担运费的损失。

(三)来自第三方支付的信用风险

目前,大多数支付平台都采用二次清算的模式,导致客户资金在第三方支付账户中的沉淀。随着用户数量的增加,这一沉淀的资金量十分巨大,第三方支付可以直接支配交易资金,甚至发生越权调用资金的风险,一旦第三方携款潜逃,对交易双方将产生极大的损失。目前,国家的政策决定了第三方支付平台既是跨境电子商务交易主体的支付清算服务的提供者,也承担了一部分外汇银行的执行功能,导致其既非金融机构又有外汇监督和执行的功能。

二、物流风险

跨境电子商务的发展中,物流起着重要作用。物流发生在买家支付之后,但实质上是卖家的商品到达买家签收后,支付货款才转给卖家,这样就发生了真正意义上的支付在物流之后的情况。在B2C交易中多使用国际小包邮寄的方式,所以没有被纳入海关登记。当跨境电子商务支付由于物流等原因使得货物没能到达买家手中时,货款不能按照既有的规定打给卖家,但这并不一定是卖家的问题,具体的原因十分复杂,各不相同,物流的因素是其中之一,那么这个风险就直接影响了支付的问题。

三、法律风险

跨境电商业务的迅速发展为跨境支付业务提供了广阔的发展空间,又同时带来了诸多法律上的难题,从而引发了一系列的法律风险。例如,电子支付和电子凭证的有效性,密码技术代替签章及数字签名的合法性;网上交易与支付中,电子票据和电子现金等新型支付工具的可用性;与电子支付有关的纠纷、索赔、保险等,都需要法律上的严格界定和约束,否则将难以保障和约束当事人的权利和义务。

法律风险在实践中主要来自制度的滞后和不完善。我国中国人民银行总行虽然制定了一系列有关小额支付系统业务的管理规定和办法,规范了相关的业务处理和运行行为,明确了支付系统当事人和关系人的权利和义务,明确了造成资金损失的责任,但规定中未明确操作人员岗位职责。对于产生时间较短、发展较迅速的速卖通和国际支付宝而言,相关的法律法规并没有与时俱进的产生,应该及早明确国际支付宝在政府颁布的法规和法令政策下具有怎样的权利和义务。目前国际支付宝主要服务于卖家市场,买家市场是间接的服务关系。对于跨国支付而言，由于支付环节涉及不同的国家，国际法规的订立以及法律冲突的解决也至关重要。总体来看，相关法律法规的制定必然滞后于信息技术支持的跨境结算的发展，即使是发达国家金融行业的立法进程，也普遍滞后于电子商务及线上支付和结算的发展。

四、支付技术风险

跨境电商结算的核心是提供支付服务，产业链中的任何一个环节出现安全的隐患，都可能转移到支付服务供应商一方。随着网络技术的发展，对于提供支付服务的供应商而言，其安全级别不及银行的安全级别，需要不断地对技术进行投入，实时监控，对各种纠纷进行应急处理。从国外的实践来看，支付的经营预算有相当一部分的收入比例用于解决安全性问题。这对于国内的支付供应商而言，对这种不确定风险的防御能力不足，经营压力较大。

五、规范制度风险

跨境电商支付系统掌握了大量的用户数据，如身份资料、银行信用、交易信息，这些数据都属于用户的隐私，可能影响到用户的人身和财产安全。对数据的采集、加密、存储、查询、使用、备份等环节尚未出台严格的制度规范或行业标准，以确保用户信息不被非授权收集和使用，其安全级别应该与银行看齐。

思考与练习

一、思考题
1. 简述传统外贸的支付方式及跨境电商的主要支付方式，并比较其不同点。
2. 什么是第三方支付，有什么特点？
3. 中国跨境电商在使用 Paypal 时需要注意什么？
4. 简述国际支付宝是如何保护买方权益的。

二、练习题
1. 根据 Paypal 支付流程图（见图 10-4），描述 Paypal 支付流程。

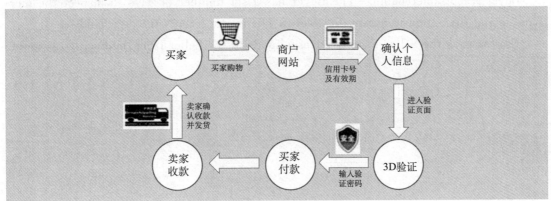

图 10-4　Paypal 支付流程

2. 阅读并翻译下面关于第三方支付的短文。

What is Escrow?

An escrow is a financial arrangement where a third party holds and regulates payment of the funds required for two parties involved in a given transaction. It helps make transactions more secure by keeping the payment in a secure escrow account which is only released when all of the terms of an agreement are met as overseen by the escrow company.

Escrows are very useful in the case of a transaction where a large amount money is involved and a certain number of obligations need to be fulfilled before a payment is released like in the case of a website being built where the buyer might want confirmation of the quality of work being done before making a full payment, and the seller doesn't want to extend a massive amount of work without any assurance that he or she will receive payment. While traditional escrow service is quite difficult and must be obtained through banks and lawyers, Escrow provides online escrow services at affordable rates. While the payment is 'In Escrow' the transaction can be safely carried out without risk of losing money or merchandise due to fraud. This eliminates all legal jargon and allows for secure transactions and confident buyers and sellers.

How does Escrow Work?

Escrow reduces the risk of fraud by acting as a trusted third-party that collects, holds and only disperses funds when both Buyers and Sellers are satisfied.

Buyer and Seller agree to terms-Either the Buyer or Seller begins a transaction. After registering at Escrow, all parties agree to the terms of the transaction.

Buyer pays Escrow. The Buyer submits a payment by approved payment method to our secure Escrow Account, Escrow verifies the payment, the Seller is notified that funds have been secured 'In Escrow'.

Seller ships merchandise to Buyer-Upon payment verification, the Seller is authorized to send the merchandise and submit tracking information. Escrow verifies that the Buyer receives the merchandise.

Buyer accepts merchandise-The Buyer has a set number of days to inspect the merchandise and the option to accept or reject it. The Buyer accepts the merchandise.

Escrow pays the Seller-Escrow releases funds to the Seller from the Escrow Account.

参考文献

[1] 苏宗祥,徐捷. 国际结算[M]. 北京:中国金融出版社,2015.
[2] 徐莉芳,李月娥. 国际结算与贸易融资[M]. 上海:立信会计出版社,2014.
[3] 姚新超. 国际结算与贸易融资[M]. 北京:北京大学出版社,2010.
[4] 肖玲凤. 国际结算[M]. 北京:对外经济贸易大学出版社,2012.
[5] 许南. 国际结算案例与分析[M]. 北京:中国人民大学出版社,2015.
[6] 刘昊虹. 国际结算[M]. 北京:中国金融出版社,2014.
[7] 蒋秦儿,秦定. 国际结算理论. 实务. 案例[M]. 北京:清华大学出版社,2007.
[8] 徐进亮,李俊. 国际结算实务与案例[M]. 北京:机械工业出版社,2011.
[9] 赵明宵. 国际结算[M]. 北京:中国金融出版社,2010.
[10] 徐进亮等. 最新国际结算案例与分析[M]. 北京:对外经济贸易大学出版社,2014.
[11] 李华根. 国际结算与贸易融资实务[M]. 北京:中国海关出版社,2012.
[12] 林孝成. 国际结算实务[M]. 北京:高等教育出版社,2004.
[13] 高程德. 国际票据管理[M]. 北京:北京大学出版社,2003.
[14] 陈岩,刘琳. 国际结算[M]. 北京:高等教育出版社,2012.
[15] 庞红,尹继红,沈瑞年. 国际结算[M]. 北京:中国人民大学出版社,2012.
[16] 李一平,徐珺. 信用证审单有问有答280例[M]. 北京:中国海关出版社,2010.
[17] 林建煌. 品读UCP600[M]. 厦门:厦门大学出版社,2008.
[18] 张东祥. 国际结算[M]. 武汉:武汉大学出版社,2009.
[19] 苏宗祥,徐捷. 国际结算练习[M]. 北京:中国金融出版社,2010.
[20] 徐捷. 国际贸易融资:实务与案例[M]. 北京:中国金融出版社,2013.
[21] 原擒龙. 商业银行国际结算与贸易融资实务[M]. 北京:中国金融出版社,2008.
[22] 阎之大. ISBP深度解读与重要案例300[M]. 北京:中国商务出版社,2009.
[23] 吴国新,孙丽江. 国际结算[M]. 北京:清华大学出版社,2105.
[24] 李道金. 信用证风险防范与纠纷处理技巧[M]. 北京:中国海关出版社,2015.
[25] 陈四清. 贸易金融[M]. 北京:中信出版社,2014.
[26] 王善论. 国际商会信用证案例评析[M]. 厦门:厦门大学出版社,2014.
[27] 国际贸易术语解释通则(Incoterms 2010).
[28] 中华人民共和国票据法.
[29] 托收统一规则. 国际商会出版物第522号.
[30] 跟单信用证统一惯例. 国际商会出版物第600号.
[31] 审核跟单信用证项下的国际标准银行实务. 国际商会出版物第645/681/745号.
[32] 见索即付保函统一规则. 国际商会出版物第458/758号.
[33] 国际备用信用证惯例(ISP98). 国际商会出版物第590号.

教师服务

感谢您选用清华大学出版社的教材！为了更好地服务教学，我们为授课教师提供本书的教学辅助资源，以及本学科重点教材信息。请您扫码获取。

》教辅获取

本书教辅资源，授课教师扫码获取

》样书赠送

国际经济与贸易类重点教材，教师扫码获取样书

清华大学出版社

E-mail: tupfuwu@163.com
电话：010-83470332 / 83470142
地址：北京市海淀区双清路学研大厦 B 座 509

网址：http://www.tup.com.cn/
传真：8610-83470107
邮编：100084